新説 徳川家康

後半生の戦略と決断

野村玄

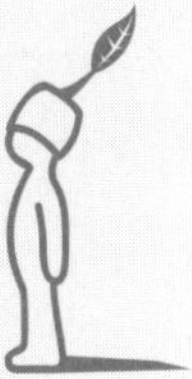

光文社新書
1280

◉東照大権現像（白描）

公益財団法人　徳川記念財団所蔵

◉徳川秀忠像

公益財団法人　徳川記念財団所蔵

新説
徳川家康
後半生の戦略と決断

野村玄

光文社新書

はじめに

令和五年（二〇二三）は、徳川家康《とくがわいえやす》の征夷大将軍《せいいたいしょうぐん》任官から四二〇年の節目の年にあたる。いま、日本と世界は、かなり混迷の中にあるといってよい。政治的にも経済的にも八方ふさがりの状況であり、既存の秩序が崩壊し、さながら地球規模での戦国乱世の観《かん》がある。

ここで四二〇年という年数に言及した意味を説明したい。家康の創始した江戸幕府は、彼の将軍任官から王政復古までとして数えると、二六五年余《あまり》存続したことになる。いっぽう、残りの王政復古から今年までの一五五年間はどのような時代であったろうか。

日本のみに注目すると、すでに日本国憲法下の統治体制は大日本帝国憲法下のそれを年数で超えた。また、大日本帝国憲法施行後と同憲法施行前の王政復古後の体制とを通算しても、令和八年（二〇二六）には日本国憲法の施行期間はその通算七九年間に並ぶ。このような概観のみでも、激変の歴史であったことが明らかとなるし、日本国憲法の施行後七六年間の体制の存続がいかに幸運なことであったかも理解されよう。

しかし、憲法による時代区分を受け容《い》れられない人もいるかもしれない。ならば、王政復古から一五五年という数字で考えてもよい。

私が述べたいことは、まだ王政復古・明治維新から一五五年しか経《た》っていないということである。江戸幕府が倒れてから一五五年ともいえる。我々が家康の創《つく》った体制に並ぶためには、あと一一〇年間この体制を維持しなければならない。だが、果たしてそれは可能なのだろうか。私は、現状のままでは、かなり難しいように思う。

では、諦めるのか。一一〇年後、私はいないが、できることなら現行憲法の体制を維持したいし、維持してほしい。そのためには、地球規模での戦国乱世と国内の混乱を平定し、且《か》つ長期間の安定をもたらし得る傑出した指導者が必要であろう。

私たちには、徳川家康という成功体験がある。これは幸運である。令和三年（二〇二一）のＮＨＫ大河ドラマ『青天《せいてん》を衝《つ》け』の第二十八話「篤太夫《とくだゆう》と八百万《やおよろず》の神」において、明治新政府からの出仕の命令に悩む渋沢栄一《しぶさわえいいち》に、徳川慶喜《とくがわよしのぶ》は、次のように出仕を説得していた。

> まだ日本は危急存亡の時だ。こうなってつくづく思う。東照神君《とうしょうしんくん》は偉大であった。二六〇年だ。あのような国作りをできるお方は千年に一人もおらぬであろう。東照神君なくして国を作るなら、八百万とはいわずとも、多くが力を合わせるしかない。

一視聴者としての聞書のため、文字遣いは脚本と異なるかもしれないが、この台詞《せりふ》を聴いた時、私は膝を打った。これほど的確な徳川家康の歴史的評価に接したことはない。脚本家の大森《おおもり》美香《みか》氏と出演者・制作陣の各氏に敬意を表したい。しかも、公共放送が家康の偉大さを掛け値なしに全国的に放送したのであり、私はそのことにも驚いた。

現行の我が国の体制を明治新政府の延長線上に位置づける人々が依然《いぜん》多い中、やはり幕府の創始者や関係者を積極的に評価することは、倒幕の正当性にも関わることから、戦前・戦中はもちろん、戦後も慎重であらねばならなかった。

しかし、もはや一五〇年余の時間が経過し、ようやく江戸幕府と家康及び幕臣の功績を公式に評価してもよい（評価すべきである）という歴史観の変化が生じ、それが前引の台詞にも反映されていたのかもしれない。新紙幣の肖像画に旧幕臣の渋沢栄一が採用されたことも、そのような流れの中で理解できるのかもしれない。

そして、私も、家康は偉大であると思う。なぜ家康は織田《おだ》信長《のぶなが》や豊臣秀吉《とよとみひでよし》もなし得なかったほどの強力な政権の樹立と長期間の体制存続を実現できたのか。もちろん、それは家康一代で成し遂《と》げたことではなかったが、彼による基盤の形成がなければ不可能であった。家康の偉大さに学び、彼の政治的手腕・技法を歴史的に振り返ることが、今こそ必要ではないか。
ところが、このような私の主張は、学界では少数派かもしれない。なぜなら、近年の学界では、従来の徳川家康への歴史的評価は創られたものだという主張が多くなされているからである。すなわち、これまで江戸幕府の支配下で編纂《へんさん》された歴史書や軍記物などにより、家康の存在が絶対視・英雄視され、彼の権力の形成過程や開幕が必然視されてきた傾向の存在に注意が喚起《かんき》され、そのような傾向は徳川史観と概念化されるに至り、そこからの脱却が研究の目的となっているのである。

この場合、近世における家康像の創出のみならず、江戸幕府の影響下で編《あ》まれた歴史書や軍記物に依拠した戦前・戦中、戦後の歴史学の成果も徳川史観の所産として批判対象となることに留意しなければならない。そして、批判の方法として一次史料による検証が提起され、家康の実像とされるものが提示されるのである。

先行研究におけるそのような議論の一端を示せば[1]、例えば、家康が豊臣政権に組み込まれ、秀吉の政策の実現を支えなければならない立場となり、それまでの自立性を封じられるようになる段階から、秀次《ひでつぐ》事件を経て豊臣政権の後継者問題が顕在化《けんざいか》すると、次第に豊臣政権の弱点を補強するために秀吉によって政権の枢要部《すうようぶ》に引き立てられる過程などが明らかになったことなどは重要な成果である。

そして、秀吉亡き後の豊臣体制[2]における権力闘争の実態とそれに勝ち抜こうとする家康が、彼を危険視する石田三成《いしだみつなり》ら奉行衆《ぶぎょうしゅう》や、前田利家《まえだとしいえ》亡き後の毛利輝元《もうりてるもと》・上杉景勝《うえすぎかげかつ》・宇喜多秀家《うきたひでいえ》の年寄衆《としよりしゅう》との間でいかなる政治的駆け引きを行っていたかもかなり解明されている。

さらに、その豊臣体制における権力闘争の最終形態としての関ヶ原《せきがはら》の戦《たたか》い（以下、本書では後述するが、関ヶ原・山中《やまなか》の戦いと呼称する）についても、この戦いによって家康による全国支配が決定的となったのではなく、あくまでも家康は東国を支配できたに過ぎず、西国は依然として豊臣家とその恩顧の大名によって支配されていることが指摘されている。また、関ヶ原・山中の戦いそのものについても、豊臣体制の奉行衆らによって弾劾《だんがい》された家康は軍勢の動員権を奪われており、家康の行動に正当性はなく、あくまでも彼に従う大名が自発的に家康に与同していた点が重視され、家康は彼らの協力なしには戦うことができなかったことから、家康の政治的立場の限界が強調されている。

関ヶ原・山中の戦況も、双方が互角に戦う中、途中の小早川秀秋《こばやかわひであき》の裏切りにより勝敗が決したという劇的なものではなく、大垣城《おおがきじょう》を出た三成らを徳川方が急襲し、秀秋も最初から大谷吉継《おおたによしつぐ》勢を攻撃したことから、大坂方は短時間で敗退したとされ、関ヶ原・山中の戦いの画期性が否定される。この否定は、家康が正当な軍勢動員権を行使できたわけではないという評価と連動しており、総じて家康の劇的な政治的勝利を強調してきた従来の評価を見なおすことにつながっている。

これらの成果を概観して気づくことは、まず家康が信長・秀吉との関係性に規定され、様々な制約を甘受《かんじゅ》しながらも自らの生き残りをはかり、秀吉亡き後の権力闘争を勝ち抜いたこと自体の歴史的評価・位置づけが、あくまでも当時の政治過程の具体的実証という点にとどまっているということである。そして、その権力闘争を勝ち抜かんとする家康が政治生命をかけて戦った関ヶ原・山中の戦いでさえも、その画期性が否定され、家康の能力と行動への評価は総じて低くなっていることも特徴である。

従来の研究を否定しようとすれば、それまでの高い評価が低下することは必然のようにも見える。だが、このような近年の研究は、本書が前述したような家康の偉業をどのように説明するのであろうか。

もし家康の政治的歩みが従来考えられていたほど劇的で盤石《ばんじゃく》なものではなかったならば、そのような危うい状況下、前後を画する政治的偉業が達成されているのだから、かえって家康の政治的手腕・技法が注目されねばならないはずである。しかし、徳川史観の否定の先にあるものは、政治的能力を低く見積もられ、またその都度の政治状況に対応していたという、ごく当たり前の平板な歴史的評価が与えられる家康の姿である。果たしてそれでよいのであろうか。

しかも、近年の研究のみでは、大坂冬の陣・夏の陣に至る政治過程は到底説明できない。家康が豊臣家を滅亡させ、徳川家による支配を確実化したことは、豊臣家と豊臣恩顧の大名に制約される家康の姿からは大きな飛躍《ひやく》がある。先行研究は、この点を「人間的な観点から」の「家康の豹変《ひょうへん》」とし、「まったく理解不能」で「不可解な謎」とするのみである。[3]すなわち、それは、近年の研究が「人間」としての家康を捉えられていないということなのではないか。我々は、現代の高みから家康を評定するのではなく、我々も家康の立場に身を置き、家康の直面した課題をともに見据え、いつ、何に、いかなる観点から、どのような対応をしたのかを追体験することからのみ、初めて「人間」としての家康に肉迫できるのではなかろうか。

このように考えた時、やはりどうしても説明しなければならないことは、なぜ家康が征夷大将軍に任官したのかということである。もちろん、これについても先行研究の説明はいくつかあるが、ここで問題としたいことは、家康がわずか約二年二ヶ月で辞職し、徳川秀忠《ひでただ》への将軍宣下を朝廷に求めたことである。そして、大坂冬の陣・夏の陣に至る政治過程の大半、すなわち家康の政治家としての独自性は、将軍としてではなく、前将軍（大御所）の時期に遺《い》憾《かん》なく発揮されている。なぜ家康は将軍であり続けることを選ばなかったのか。従来いわれているように、豊臣家に対し、徳川家としての統治権の世襲を示すため(4)だけに、短期間の在職を選んだのであろうか。だとすると、将軍への任官によって武家を統率できる立場を得たという説明(5)はどのようになるのか。

また、先行研究は、領《りょう》知《ち》宛《あてが》行《い》権《けん》の行使について、将軍秀忠の部分的関与をふまえながらも、基本的には将軍在職中はもちろんのこと、大御所となってからも家康によってなされていることから、権限の源泉は将軍職にあったのではなく、関ヶ原・山中の戦いに勝利した天下人としての家康にあったと説明している(6)。これは、大御所に権限があったことの説明にはなるが、家康が短期間ながらも将軍職を経なければならなかったことや、秀忠が将軍に任官した理由の説明にはならない。研究史的に将軍職の位置づけは、ここでもやはり低くなってしまっているのである。

家康が征夷大将軍に任官し、約二年二ヶ月での辞職と秀忠への将軍宣下を朝廷に求め、自らは前将軍（大御所）として政治に関与し続けたことについて、それらを総体として捉え、家康の政治的手腕・技法としての再評価が必要なのではなかろうか。なぜ現職であり続けることなく、現職と前職の併存という、ある意味で危険な二重権力構造を敢《あ》えて選択したのかということである。先行研究は、この点について、両者の「矛盾」としてのみ捉えている。[7]

しかし、二重権力構造の危険性について、家康は、秀吉存命中の秀次事件で認識していたはずである。その危険性を認識しつつも、何らかの政治的利点があったからこそ、家康は危険性の除去・低減を行いながら、そのような選択をしたのではなかろうか。

かつて渋沢栄一は家康について「兎角、成功した人は世間から嫉《ねた》まるるものなので、如何《いか》に義《ただ》しい順当な事ばかりをしても、その当時は素《もと》よりいふまでも無く、後世になつてからまでも老獪《ろうかい》であるかの如《ごと》くに観《み》られ勝《がち》のものである。家康が今日の史論家によつて老獪を以て目《もく》せらるるのは、家康は成功した人であるからだ。」と指摘している。[8]

その成し遂げた偉業にもかかわらず、明治新政府によって否定され、今また研究史的にも新たな主張をせんがため、必要以上に低く評価される憂《う》き目に遭う家康の現状は、憂《うれ》うべきことである。

本書で私は、成功者としての家康について、素直に、ありのままに再評価してみたい。そして、家康の偉業が可能となった所以《ゆえん》を明らかにし、困難に直面する我々は、いかなる観点から物事に対処すべきなのか、そのことを考える手がかりを得たいと思う。

それでは、まず家康が征夷大将軍に任官した当時のことから私の話を始めてみることにしよう。

なお、史料の引用にあたっては、原則すべて読み下し、漢字は常用漢字に改めた。史料の引用文中、現代の人権的観点から問題のある表現等があるが、そのままとした。また、引用の際、典拠の公刊史料の書誌情報や未公刊史料の所蔵機関名を註記し、典拠の文献において付されている記号等は極力そのままとしつつ、本書として適宜ルビを付し、人物比定の情報等を挿入・付加したり、明らかな誤読（読点の誤りを含む）を修正したところがある。「史料稿本」と『大日本史料』については、東京大学史料編纂所「大日本史料総合データベース」登載のものを参照した。

新説　徳川家康――目次

第一章　豊臣秀吉没後の大坂城への道程

第一節　征夷大将軍任退官をめぐる理解の前提

関ヶ原・山中の戦いを経た征夷大将軍任官

周知のように、家康は慶長《けいちょう》五年（一六〇〇）九月十五日の関ヶ原・山中の戦いでの勝利からただちに征夷大将軍となったわけではない。家康と同時代人で織田信長・豊臣秀吉・豊臣秀頼に仕えた太田牛一《おおたぎゅういち》は、彼の著作『太田和泉守記《おおたいずみのかみき》』（名古屋市蓬左文庫所蔵）において、家康が征夷大将軍任官の御礼のために参内した慶長八年（一六〇三）三月二十五日という日付を重視している。

同（慶長八年三月）廿《にじゅう》五日、御昇殿《ごしょうでん》有《あ》りて
天盃《てんぱい》御《ご》拝領《はいりょう》、直《ただち》に御官《おんかん》を進められ
征夷大将軍・淳和《じゅんな》奨学両院別当《しょうがくりょういんべっとう》
氏長者《うじのちょうじゃ》・従一位右大臣源朝臣家康

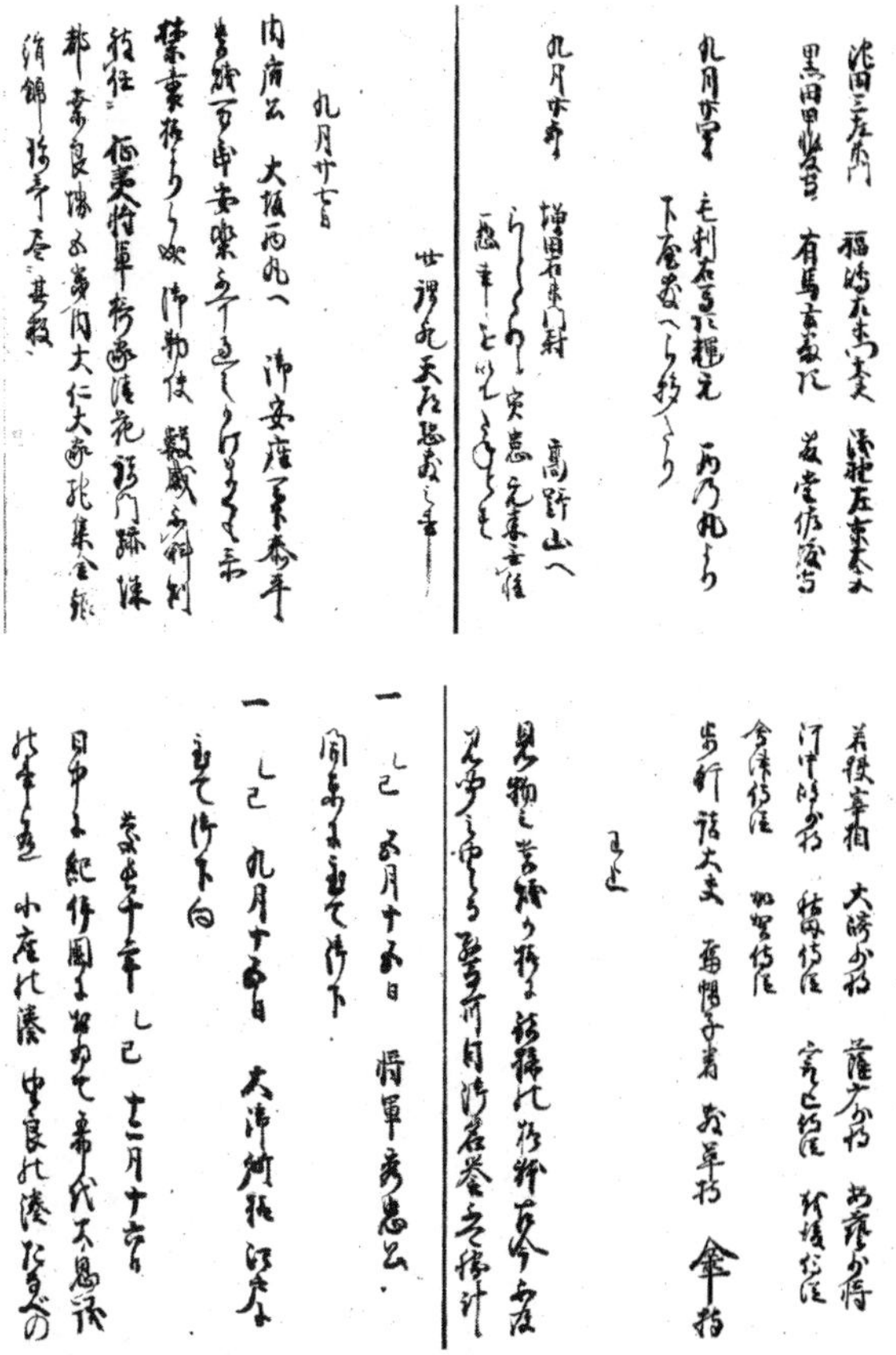

『太田和泉守記』（名古屋市蓬左文庫所蔵）部分：慶長5年9月27日条・慶長10年5月15日条

上段左側のうしろから4行目に「禁裏様」とある。慶長5年9月27日条の文言・表現は諸本で異なる。下段左側の慶長10年5月15日条には「将軍秀忠公関東に至て御下」とある。後掲の『太田和泉守日記』（宮内庁書陵部所蔵）とは文言・表現が異なる。

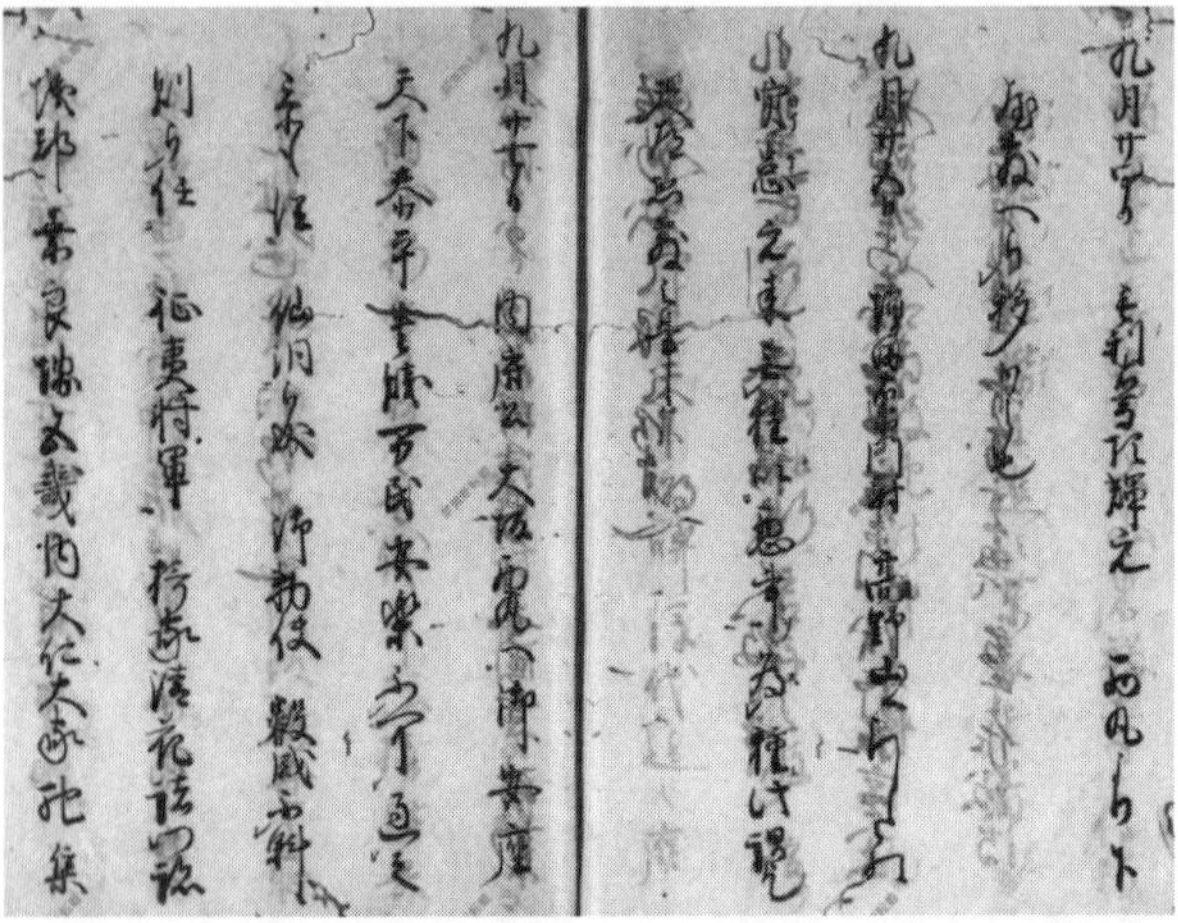

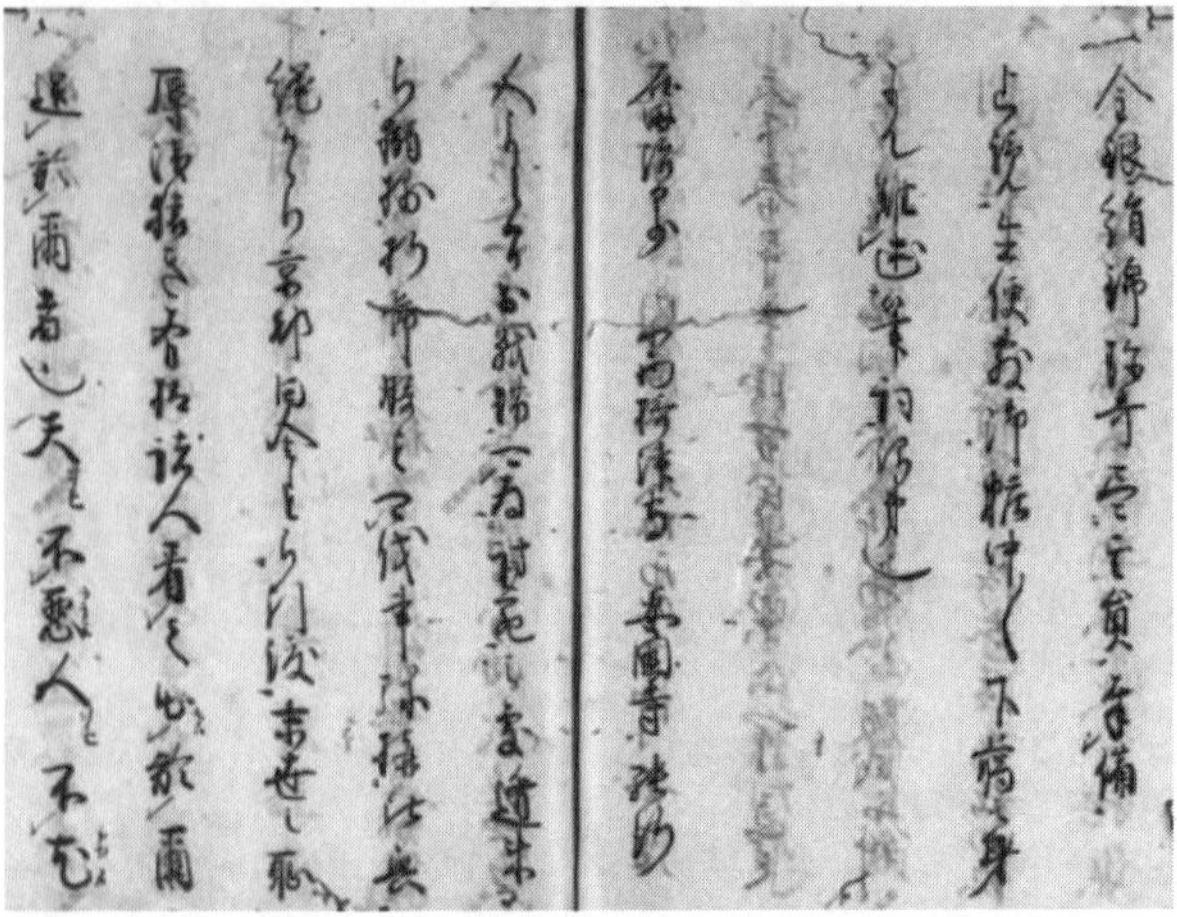

『内府公軍記』（大和文華館所蔵）部分：慶長5年9月27日条
上段右側のうしろから3行目に「仙洞」とある

前代未聞の御名誉、後胤《こういん》の亀鏡《きけい》に備えしめ行うものなり、千秋万歳《せんしゅうばんぜい》、珍重《ちんちょう》〱

すなわち、関ヶ原・山中の戦いの勝利から約二年半を経て、家康は征夷大将軍に任官したのであるが、その約二年半の時間を要した理由については、先行研究においても説明は試みられているものの、確たる説が出されているわけではない。

しかも、家康の征夷大将軍任官をめぐり、太田牛一が『太田和泉守記』において次のような観測を記していることは[9]、先行研究において全く考慮されていない。

（慶長五年）九月廿七日

内府公（徳川家康）大坂西丸へ御安座、天下泰平、貴賤万民安楽これに過ぐるべからず、かけまくも忝《かたじけな》くも禁裏《きんり》様（後陽成天皇《ごようぜいてんのう》）より　御勅使を成され、叡感《えいかん》斜めならず、すなわち征夷将軍に任ぜらる、摂家・清花・諸門跡・城都・奈良・堺・五畿内大仁・大家馳《は》せ集まり、金銀絹錦珍奇その数を尽くす

太田は、関ヶ原・山中の戦い後、家康が慶長五年（一六〇〇）九月二十七日に大坂城へ入

城した際、宮中から勅使《ちょくし》が遣《つか》わされ、家康を「征夷将軍」に任じたと記しており、それを寿《ことほ》ぐ公卿《くぎょう》と高僧、京畿《けいき》の重立った人々の姿を描写している。ところが、実際には、大坂城への入城時に勅使が差遣された事実はおそらくなく、宮中の動静を記録した『お湯殿《ゆどの》の上《うえ》の日記《にっき》』にも言及はない。むしろ、次のように太田も言及するところの、慶長五年（一六〇〇）九月十九日に家康が大津へ軍勢を進めた後、勅使と対面したことのほうが、史実との一致という点では重要となろう[10]。

> 同（慶長五年九月）十九日、大津へ御陣を進めらる、都城・畿内の面々馳せ集まり、門前市を成す、御勅使を成され、生便《おびただ》しき様躰、御手柄御果報御冥加御名誉、勝計すべからず、

それでは、果たして大津で勅使が家康を征夷大将軍に任じたのかといえば、その検証・論証は難しく、またその可能性は限りなく低いといわざるを得ない。そのうえで本書が問題としたいことは、家康と同時代人である太田が、慶長五年（一六〇〇）九月中下旬の動静を叙述する中で、敢えて家康の征夷大将軍任官にふれたことの意味である。

征夷大将軍任官をめぐる豊臣家の認識

太田の著作『太田和泉守記』は、本書も使用する名古屋市蓬左文庫本が太田自筆の善本として知られているが、この著作は複数年次にわたって改訂・増補が施されていることがわかっている。[11] なかでも、その初期のものは早くも慶長六年（一六〇一）十二月までに完成し、すでに家康にも届けられていたことが知られているのである。[12] 家康とも親しかった公家の山科言経《やましなときつね》は日記で次のように述べている。[13]

一、中井宗茂来たる、大坂中納言殿（豊臣秀頼）内太田和泉守（牛一）ヨリ去年（慶長五年）の一乱合戦事一冊与うるの由申し来たりおわんぬ、内府（徳川家康）ニテ一見おわんぬ

慶長六年（一六〇一）十二月七日、中井宗茂なる者が山科邸を訪れ、豊臣秀頼に仕える太田牛一より「去年の一乱合戦事一冊」を与えると申し伝えてきたといい、すでに言経は家康のところでそれを一見していたと読める。ここで太田から「去年の一乱合戦事一冊」を与え

られた者は中井であったのか、それとも言経であったのかは判断しがたいが、少なくともそれに先立って家康にも「去年の一乱合戦事一冊」が届けられており、言経は家康の所で「去年の一乱合戦事一冊」を見ていたということはいえよう。

注目したい点は、太田は言経から秀頼の家臣と認識されており、その秀頼に仕える太田が早くも関ヶ原・山中の戦いの約一年余ののちに合戦記をまとめていたことである。それがどのようなものであったのかは残念ながらわからないが、少なくとも『太田和泉守記』の原初形態にあたるものであったとは考えられよう。そこでは当然ながら、家康の大坂城入城は合戦の締めくくりとして言及されていたであろうし、それが前述のように家康の征夷大将軍任官と関連づけて叙述されていた可能性も排除はできない。

すなわち、このような太田の行動と叙述は、たとえ改訂・増補を重ねた結果であったとしても、秀頼に仕える太田の立場からでさえ、家康の征夷大将軍任官は理解できるものであったということ、しかもそれはもっと早くてもよかったとさえ認識されていたことを示しているのではないかということである。

「関東の将軍」

従来、先行研究は、家康の征夷大将軍任官について、秀頼との対抗関係か、または秀頼を凌《りょう》駕《が》できない併存関係の所産として説明することが多かった。しかし、太田の行動・叙述をふまえると、秀頼側の関係者からも家康の征夷大将軍任官は理解できるもので、またそれはもっと早くてもよかったが、実際には征夷大将軍任官まで約二年半を要したことそのものを歴史的に評価し、説明する必要があるということであろう。家康にとって、また秀頼とその周辺にとって、将軍職とはいかなるものであったのか、ということである。そのことの検討は、家康が大御所として晩年を過ごしたことの理由・意味を考えるうえでも不可避の作業であろう。

また、家康や秀頼らにとっての将軍職の意味を考察しようとするうえで、ぜひとも重要でありながら、先行研究においてもうまく説明できていない点は、なぜ家康はわずか約二年二ヶ月で将軍職を辞職し、徳川秀忠が襲《しゅう》職《しょく》したのかという点である。これについては、徳川家による天下の継承の意思表示とされ、また秀頼の天下人の芽はないことを示すための行動として説明されることが多い。

だが、これについても、名古屋市蓬左文庫本の『太田和泉守記』の別系統本にあたる、太

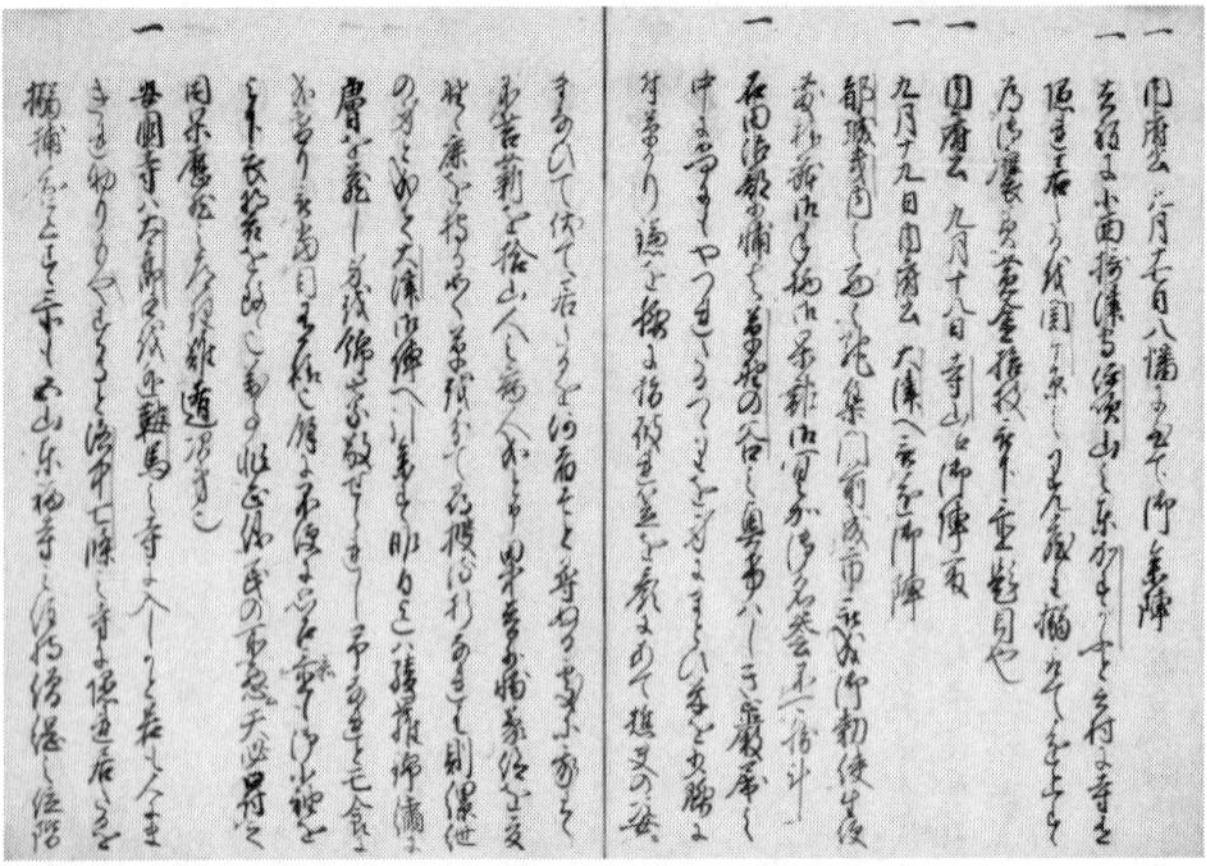

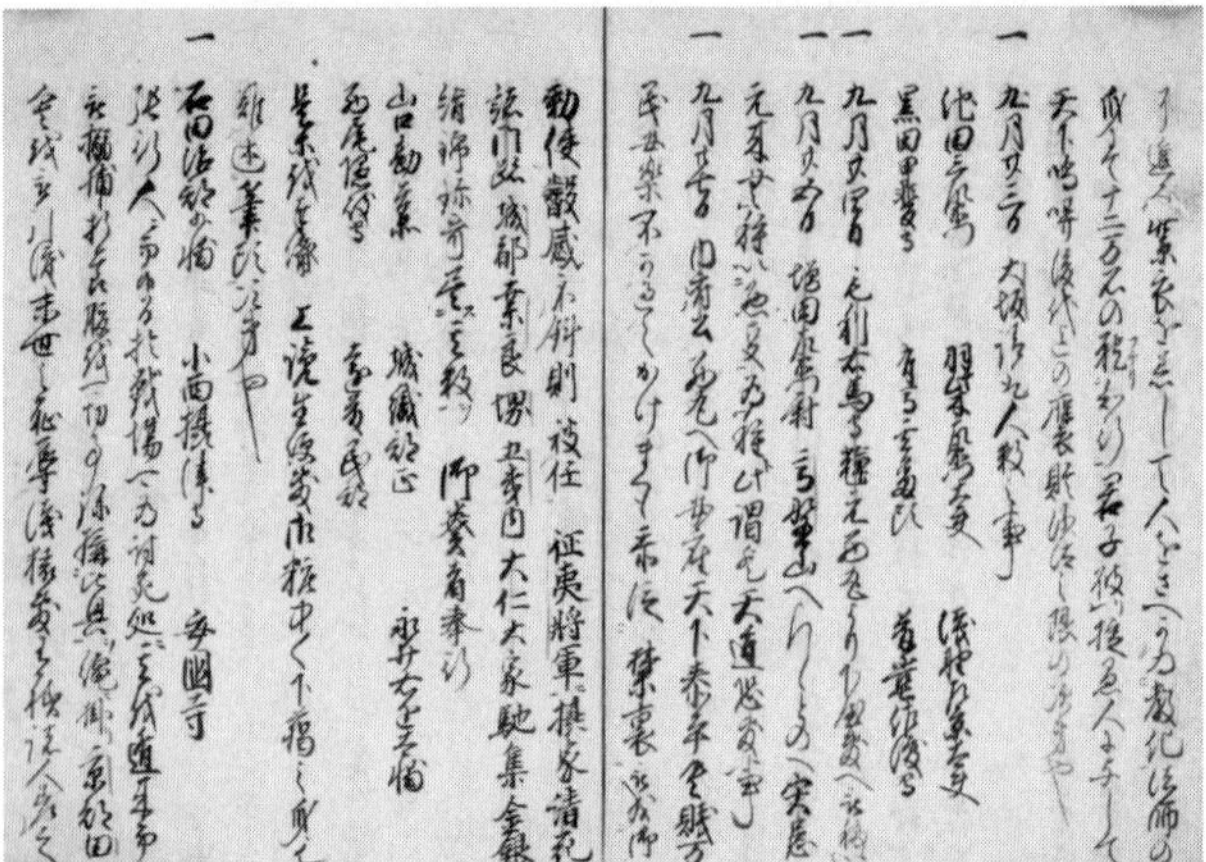

8年2月12日条・慶長8年3月25日条・慶長10年4月17日条・慶長10

15日条には「関東之将軍として御下着也」とある。

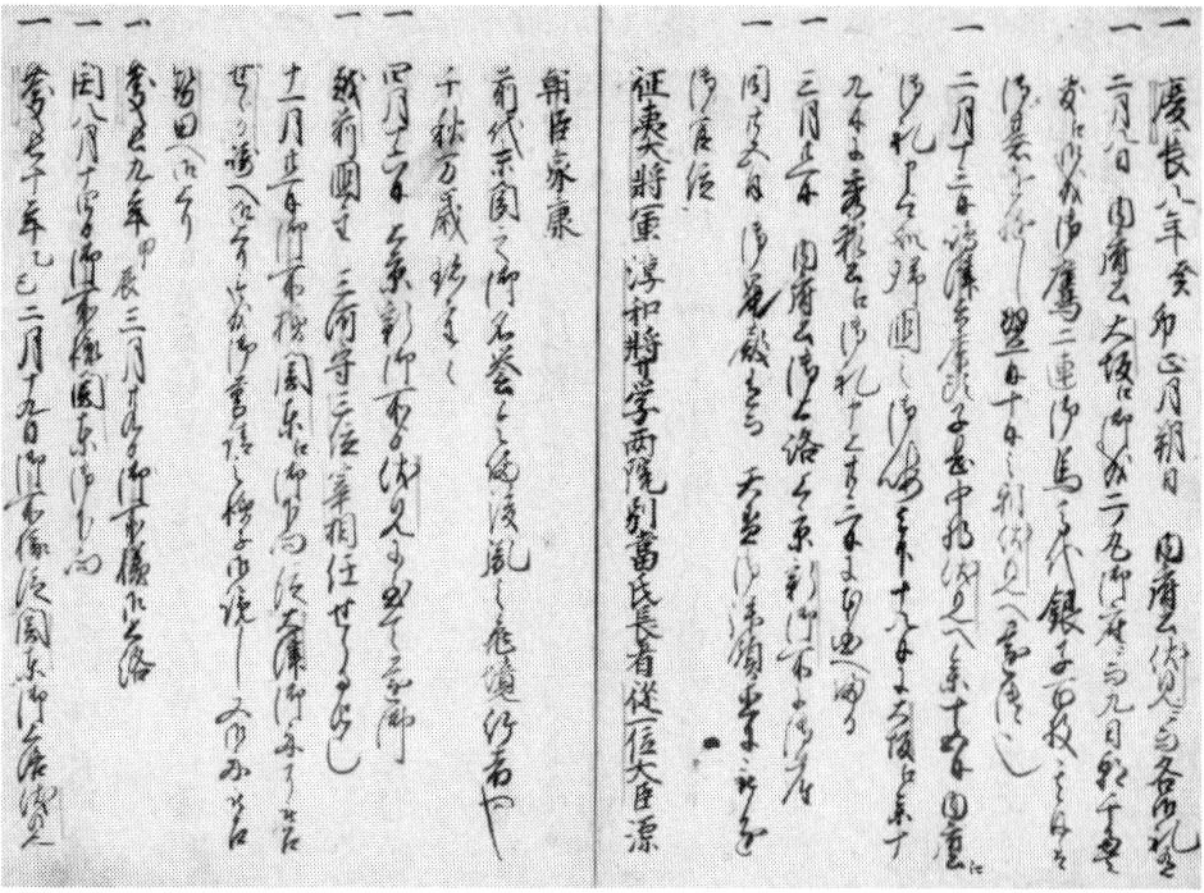

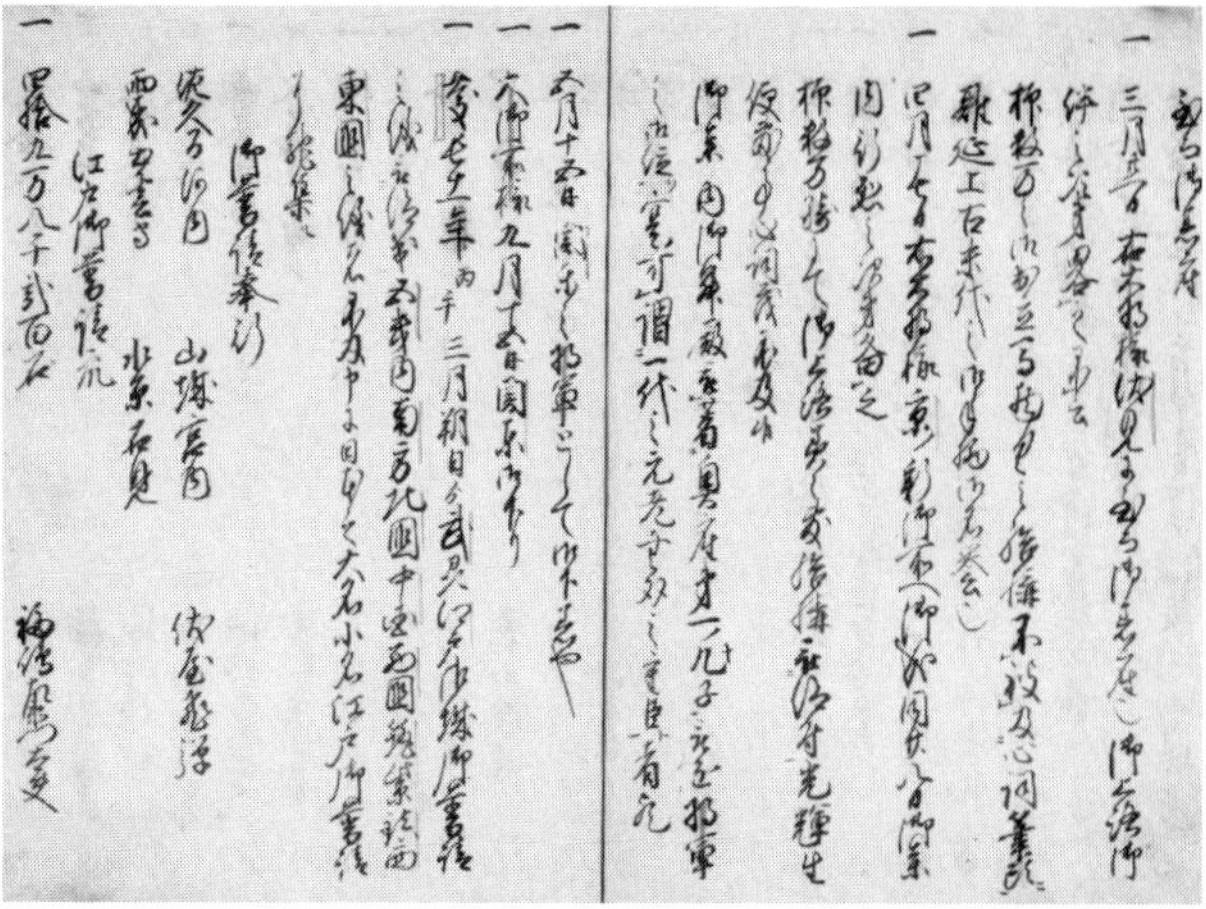

『太田和泉守日記』（宮内庁書陵部所蔵）部分：慶長5年9月27日条・慶長年5月15日条

右頁の下段の中央下部に「禁裏」とある。左頁の下段左側の慶長10年5月田牛一の著作『太田《おおた》和泉守《いずみのかみ》日記《にっき》』（宮内庁書陵部所蔵）に次のような興味深い記述があることを考慮する必要があるのではなかろうか[14]。

御参内、御昇殿、奥座第一ノ几子に著され、将軍の御位ヲ進めらる、まことに一代の元老、無双の重臣ト謂うべきか

太田は、参内・昇殿して将軍に任ぜられた秀忠のことを「一代の元老、無双の重臣」と持ち上げ、賛辞を惜《お》しまない。その太田が将軍秀忠という存在をどのように理解していたのかをうかがわせる記述が、やはり宮内庁書陵部本の『太田和泉守日記』にある[15]。

関東の将軍として御下着也

将軍秀忠が江戸へ下向したことを記した部分だが、将軍は将軍であっても、わざわざ太田は「関東の将軍」と記しているのである。この書きぶりは、前述の、秀頼に仕える太田が家康の将軍任官を理解できた理由、あるいは秀頼らも受け容れざるを得なかった（受け容れ可

能であった）理由を考えるうえで示唆《しさ》的である。将軍職とは、あくまでも関東に依拠して存立しているものであり、関東の支配権の明示としての将軍職という理解を秀頼側はしていたのではないかという仮説を考える余地があるのである。将軍職が即天下人に結びつくのではなく、関東という歴史的・地理的概念を援用することで、秀頼側も家康の政治的立場について主観的ながらも理解に努めていた可能性があるのではないか、ということである。

なぜ「征夷大将軍」だったのか

いっぽう、家康・秀忠父子にあってはどうであろうか。将軍職を経た、あるいは将軍職を襲職したからといって、即天下人であると自任したのであろうか。おそらく実態としてはそうではなく、先行研究は例えば、関ヶ原・山中の戦いを経ても、家康の領知宛行には限界があり、大御所家康・将軍秀忠との関係性についても、「二元的政治」として、両者が大坂城の動向を睨《にら》みながら互いの権力行使のありように神経を用いていたことを明らかにしている[16]。

ということは、家康・秀忠父子においても、将軍職が天下人への階梯《かいてい》を駆け上る重要な一段階であったことは相違ないものの、関ヶ原・山中の戦いを経てもなお、家康が将軍職に任官せず、また任官後もそれを短期間で秀忠に譲ったことの意味は、なお慎重に考慮する必要があるということであろう。その場合、家康・秀忠も、将軍職の就任が秀頼らの批判をかわし得るものであることを理解したうえで事を進めていたものと思われるし、またそうでなければ、豊臣秀吉に恩義のある大名たちを納得させることもできなかったであろう。

従来、なぜ家康が将軍職を選択したのかという問題は、秀頼の就任が予定されていた（と思われるまたは観測される）関白職を横目に見つつ、将軍職が秀頼の立場と抵触することなく大名を統御できる地位として選択されたと観念的・抽象的に説明されてきた。[17] この説明自体は、論理的には首肯《しゅこう》できる部分もあるが、結果論となっていることも否めない。

なぜ将軍職なのかという問題は、当時の観点に立って具体的に考察することが必要である。その当時の政治的観点の一つを提供してくれる史料が、秀頼に仕えた太田の著作なのであろう。家康・秀忠と秀頼らとの間で、さしあたり一致できた点が、関東という歴史的・地理的概念の活用であり、それをふまえての将軍職だったのではないかという太田からの示唆を手がかりに、家康・秀忠父子の行動を段階的に再解釈・再検討してみたい。

第二節　徳川家康による大坂城の掌握

上杉景勝・前田利長の連携の可能性

関ヶ原・山中の戦い後の家康・秀忠父子の行動を再解釈しようとする場合、まず検討を要する点は、家康が関ヶ原・山中の戦いの勃発をどの程度予測・想定し、いかにこの合戦を勝ち抜いたのかという点であろう。

この点を考察するうえで、重要な論点の一つは、慶長三年（一五九八）八月十八日以降、豊臣秀吉没後の集団指導体制（豊臣体制）(18)において家康らの演じた権力闘争との関連であろう。なかでも、その権力闘争の最終段階において、上杉景勝の討伐を目的とした会津攻めと関ヶ原・山中の戦いが連続したことの背景を解明する必要がある。

慶長の役に際して捕虜となり、京都に滞在していた李氏朝鮮の儒者である姜沆《きようこう》は、上杉景勝について次のように記している(19)。

（徳川）家康が秀吉に代るに及んで、肥前守〔前田利長《としなが》〕と家康とが不仲になった。（上杉）景勝は、勝手に自分の領地に帰り、肥前守と兵を連ねて越後の地を攻撃しようとした。〔堀《ほり》〕久太郎《きゅうたろう》（秀治《ひではる》）は大いに懼《おそ》れ、数《しばしば》家康に報告した。家康も根本〔の関東〕を〔景勝が襲うかと〕気にし、数《しばしば》〔景勝に〕手紙を送って京にもどるように勧めたが、景勝は従わなかった。

〈倭人は、みなこう言ったという。

「景勝が、ほんとうに肥前守と兵を連ねて、直ちに家康の根本を擣《つ》くとしよう。家康がもどって〔根本である関東を〕救援しようとすれば、多分、〔加藤《かとう》〕清正《きよまさ》らがいっせいに立ち上がるであろうから、西京〔である大坂〕は、自分の所有ではなくなるであろう。帰って救わなければ根本がまず破れ、腹背に敵を受けることになろう。景勝らが動けば成功しないはずはないが、惜しいかな、景勝らは、〔愚《ぐ》〕鈍《どん》・懦《だ》〔劣《れつ》〕である。必ずや、自ら奮発しようとしないであろう」〉

これによれば、慶長四年（一五九九）七月に景勝は陸奥国会津へ下向し、同年八月に加賀国金沢へと下った前田利長[20]との連携が噂されていたようであり、堀秀治を通じて景勝の動きを知った家康は景勝に上洛を勧告したとある。この上洛の勧告をめぐる諸問題については、のちに詳しく見るが、当時、家康が景勝と利長の連携による関東襲撃を恐れていたとされ、関東を救援するために家康は京・大坂を離れざるを得ず、さらには景勝・利長の動きに加藤清正等も加わって、家康は挟撃される危険に陥《おちい》るであろうとの観測があったことは注目しておいてよい。

徳川家康と前田利長の関係悪化

慶長四年（一五九九）閏三月三日の前田利家の病没前、利長は在大坂の利家のもとにあって在伏見の家康への対応に腐心していた。その様子を伝える「慶長四年三月二十七日付前田利長宛徳川家康書状」には次のようにある。[21]

> そこもと雑説申し候由《そうろうよし》承《うけたまわ》り候間《そうろうあいだ》、内々これより申し入るべしと存じ候へども、すなわち事静まる由候条《じょう》、その儀《ぎ》無く候ところ、御念を入れられ、早々御折紙本望存じ候、羽越中殿（細川忠興《ほそかわただおき》）その地へ御越しの儀候間、よろず仰せ談ぜらるべく候、

家康が大坂での「雑説」について問い合わせようとしていたところ、利長のほうから騒ぎの様子と鎮静化を知らせてきたことに満足の意を表する内容である。ところが、このような

家康と利長との関係は利家の病没をうけて変化し、姜沆の証言によれば、極めて深刻・険悪なものとなっていく。[22]

〔前田利長は、〕高く門楼を建て、それが大坂内城と斉《ひと》し〔いほど高〕かった。〔彼は〕ひそかに、〔上杉〕景勝・〔伊達《だて》〕政宗《まさむね》・佐竹《さたけ》〔義宣《よしのぶ》〕・〔宇喜多〕秀家・〔加藤〕清正・越中守〔細川忠興〕らと、家康を殺してその土地を分けようと謀《はか》り、血を啜《すす》って同盟し、盟約がすでに定まってから越中に帰った。石田治部少輔《じぶのしょうゆう》〔三成〕が、たまたま〔徳川〕家康にとがめられて、その領地である近江州に退いていた時に、その謀《はかりごと》を知り、ひそかに書面で家康に告げた。家康は、己亥《きがい》（一五九九、慶長四）年九月九日、〔豊臣〕秀頼に挨拶するとかこつけて、虚に乗じて大坂城に入〔って〕拠《よ》〔りどころと〕し、肥前〔前田利長〕の家来を呼んで、その門楼を毀《こぼ》たせようとした。家臣たちはみな、

「わが主君は外におられ、まだ何の命令も聞いてはおらぬ。死はただ一度のこと。内府〔家康〕の〔命〕令に違って死ぬとしても、わが主君の命〔令〕に違って死ぬことはない」

と言っ〔てその命令に従わなかっ〕た。家康の怒りはますます激しくなった。肥前〔前田利長〕の妻の甥《おい》であった〔宇喜多〕秀家が往《い》って肥前の家臣を喩《さと》し、〔門楼を〕撤去させ、

「そちたちの主が〔私に〕言いおいた言葉がある。私が責任をとってやろう」

と言った。

家康は、遂に関東の諸将に〔命〕令して、肥前が倭京に上ってくる路を塞《ふさ》ぎ、また、石田治部少輔〔三成〕に〔命〕令して、近江州の要害を防備させた。肥前守〔前田利長〕も城や隍《ほり》を修〔理〕改〔築〕して固守の計をとり、ひまひまには、狩猟にかこつけて、精兵数万を率いて越中・越後などの地に出没し、〔上杉〕景勝などともひそかに〔相互〕援〔助の〕盟〔約〕を結んだ。群倭が家康に和解を勧めているが、家康は多分聴き入れないであろう。

すなわち、利長は景勝ら複数の大名と家康の打倒を目指して共闘すべく盟約を交わし、帰国したが、それに先立つ政争（後述）において奉行衆の一員ではなくなっていた石田三成の通報によって家康の知るところとなり、家康は利長邸の破却を命じ、前田家中の抵抗に遭う

ものの、宇喜多秀家が取り成したという。そして、家康は利長が上洛できぬよう街道を封鎖し、いっぽうの利長は景勝との盟約を維持しているとも見られていた。

この利長の行動をめぐる観測については真偽不明の部分もあるが、数少ない一次史料によれば、必ずしも利長が家康との対決姿勢をとっていたとはいえないようである。例えば、原《はら》史彦《ふみひこ》氏の紹介した「慶長四年九月二十七日付堀秀治宛前田利長書状」には次のようにある。[23]

> 御状畏《おそ》れ入り候、貴意のごとく我等（前田利長）もこの砌《みぎり》罷《まか》り上るべく存じ候ところ、路次所々兵士居り置き、往還の族相改むるの由、その聞こえ候、しからば我等へいかようの申し成しもこれ有り、内府（徳川家康）御不審の子細も候ゆえか、とかく御心元無き仕合わせ候、御存じのごとく、連々内府へ対し毛頭疎心《そしん》を存ぜざる儀ニ候間、幾重も御理《おんことわ》り申し達すべく存じ、上方へ使者指し上らせ、始末申し窺《うかが》い候事候、様子に於《お》いては御心安かるべく候、

前引の姜沆の証言において、景勝と利長の連携を家康に報じたとされていた堀秀治に宛てた書状であることが興味深いが、堀秀治が景勝と利長の動向をめぐって家康に何らかの発言

をしていたことは確かなのであろう。秀治は利長に上洛を促していたものと思われ、利長は上洛しようにも、路次が封鎖されていて不可能であると弁明している。この点で、姜流のいう家康による路次の封鎖は事実であったことがわかる。いっぽう、利長は秀治に家康への敵意はないと明言し、そのことの証《あかし》を立てるための使者を何度も派遣しているので、安心してほしいと述べている。

前田利長・浅野長政への処分

こうなると、秀治の家康への通報の目的（景勝または利長、あるいは両名ともを陥れることが目的なのか、または秀治の利益のためなのか）はともかく、[24]その通報を契機に動いた家康の意図のほうが問題となろう。この点で、次の姜流の証言にもあるように、[25]家康が大坂城へ乗り込み、その過程で利長による家康の暗殺計画のことが持ち上がり、その計画への関与の嫌疑に基づき、前引の利長邸の破却や浅野長政《あさのながまさ》の排斥が実行されていることは注目すべきであろう。

己亥《きがい》（一五九九）年九月九日、（徳川）家康が大坂で（豊臣）秀頼に拝謁した。肥前

〔前田利長〕の一党が、予《あらか》じめこのことを知り、道ぞいに伏兵をしのばせておいて、これをむかえうとうとした。土肩《ひじかた》〔方〕勘兵〔衛雄久《かつひさ》〕なる者が、自ら家康を刺そう、と請うた。石田治部は、すでに清正らと仲違いをしており、また、家康に媚《こ》びようという心積もりもあって、ひそかに書面で〔このことを〕家康に知らせた。家康はこのことを〔浅野〕弾正〔長政〕に問い正したが、弾正は、きっぱりと、これを否認した。

〈はじめ、〔豊臣〕秀吉の養子であった関白〔豊臣秀次〕が秀吉に殺された時、弾正〔浅野長政〕は関白の党類として逮捕され、危うく死にかけたところを、家康の力ぞえのおかげで助かったことがあった。それで、家康は、弾正を腹心として待遇し、事が起こるに及ぶや、真っ先に弾正に問うたのであるが、弾正は、すでに〔前田〕肥前との盟約があったので、匿《かく》して話さなかったのである。〉


次に、〔増田右〕衛門正〔尉〕〔長盛〕を問い正したところ、

「私もやはりそのことを聞きました」

と答えた。〈その他のことは、肥前守〔前田利長〕の条にある。〉家康は、大いに怒り、弾正を自決させようとした。弾正は、

「〔豊臣〕秀頼〔公〕が年若い主君であれ、秀頼〔公〕が私に死を賜うというのであれば、

私はその命令に服従しよう。〔しかし、〕内府〔徳川家康〕が大班（大大名）であっても、内府が私に死を賜うということには従えない」

と言った。結局、家康は、弾正を追放し、その食邑《しょくゆう》の甲斐州に帰らせた。

家康と浅野長政との関係は、後述する秀次事件の折に家康が長政を救ったことがあり、その恩義によって接近していた。このように権力闘争の過程で、かつて秀吉やその側近衆（のち奉行衆）の策謀《さくぼう》によって政治的な危機に陥れられた相手に救済の手をさしのべ、かえって自身の政治的立場を強化することは、家康のみならず、利長の父利家も行っているところであった。これが、さらに家康・利家の政治的立場の上昇をもたらし、いわゆる家康・利家と奉行衆及びそれに近い年寄衆との間での勢力図を規定し、後々の政治過程に影響を及ぼしていくことになる。

前田利家以来の前田家と浅野長政の関係性

いっぽう、姜沆の証言によれば、この時の長政の立場はやや複雑であり、長政は利長に味方して利長の企みを隠匿したことになっている。だから家康は怒ったのだが、長政は利長の父、すなわち生前の利家とも関係が良好であった。

例えば、『利家夜話《としいえやわ》』に次のような話が記されている。秀吉の病没時、その死は伏せられたが、その秘匿を起請文《きしょうもん》で誓っていたにもかかわらず、いち早く石田三成が利家に報じてきたことがあった。報せを受けた利家は長政に問い合わせたが、長政は決して秀吉の死を利家に話さなかった。その理由について、長政は利家に、さぞや三成からお聞きになったことだろうが、起請文で誓ったことを破るようでは、今後利家の役に立つであろうか、もし秀吉の死を伏せることで何らかの支障が生じるならば、自分は起請文を破ってでも利家に報せるが、今回のことで利家に不利益は生じないから起請文を守って報せなかったのだ、と述べたという。この対応を高く評価した利家と長政との間は「御中よく御座候」というものであった。[26]

ここからは、家康に利長の企みを通報した三成の節操のなさや軽さと同じ彼の傾向が浮かび上がるし、依然として長政は義理堅い人物であったこともうかがわれるが、長政と家康・利家との関係を比較した場合、利家との関係のほうが良好だったのであろう。だから、長政は利長に味方し、利長の何らかの思いを理解して、利長を守ろうとしたものと思われる。近年、利長による家康の暗殺の謀議は捏造《ねつぞう》であるとの説が有力であるが、[27]家康の存在と行動に危機感を抱いていた勢力があったこと自体は、危機への対処の方法如何はともかくとして、間違いなかろう。長政の義理堅さが、家康に長政排斥の口実を与えてしまったのである。

徳川家康の大坂行きの経緯

家康に媚びる三成という構図は、のちの関ヶ原・山中の戦いに至る政治過程を想起すると、なかなか理解しにくいことである。三成による家康への接近の理由については、後述する慶長四年（一五九九）閏三月の政変で奉行の立場を追われながらも、家康によって保護された三成が石田家の存続を期待してのことであったなどの説がある。[28] いまその点を検証する材料はないが、ここでいったん姜沆の証言から離れ、一次史料を検討すると、家康の大坂に乗り込んだ経緯や石田家との関わりぶりについては、利長による家康暗殺の謀議の話とは別の流れで理解することが可能である。

「慶長四年九月十三日付毛利秀元《ひでもと》宛毛利輝元書状」によれば、輝元は家康が伏見から大坂に下った理由について、次のように秀元へ書き送っている。[29]

きっと申し候、今月（慶長四年九月）七日、内府（徳川家康）大坂へ罷り下られ候、

その題目は

一、中納言殿（徳川秀忠）女中（江《ごう》）、江戸へ指し下し一所ニ候やうに在りたきの通り、言上候、自然別腹ニ子ども出来候へハ、気のさゝハりニ以来罷り成る儀候条、是非右の女中御下し候やうにとの、（徳川）家康申さる事候つる、多分（豊臣）秀頼様御袋様（淀《よど》）、この中は御分別候つる、何とども候や、この節御下り有るまじきの由御意の段、家康に於いて外実無曲次第候、内々申し妨ぐる仁これ在る由、承り及び候条、是非申す口仰せ聞かされ候やうにと、忝き御存分申さるの由候

一、当今様（後陽成天皇）当春（慶長四年春）御隠居成され、近衛（前子）殿御腹王子（皇子、三宮）ニ御代を御相続有りたきの由、勅諚候所ニ中山（親子）殿御腹王子（皇子、一宮）ニ御相続の通り、大（太）閤様（豊臣秀吉）仰せ置かれ候の条、御分別無きの通り仰せ切られ候事、更に無曲次第の由、家康達して申さるの由候

すなわち、家康は秀忠の正室江を江戸へ取り戻すために大坂へ下向したといい、江の不在の江戸で秀忠が別の女性と子をなした場合に夫婦仲が悪くなることを懸念してのことだとある。しかし、江の存在は大坂方にとっては人質の意味があり、容易に手放すとも思われない。

案の定、秀頼と淀は家康の願いを容れなかったようである。家康もそのことはわかっていたであろうから、何とも苦しい理由をひねり出したものだと思うのだが、当時議論されていた後陽成天皇の譲位問題についても家康の意見が通らなかったことへの対応とあわせ、あるいは大坂に赴くこと自体、自身の希望・意見を妨げる大坂城内の勢力の炙《あぶ》り出しとそれへの牽《けん》制《せい》が真の目的であったのかもしれない。

家康の在伏見は、後述するように秀吉の遺命に基づいていたが、その家康が大坂に下らなければならない理由とはいかなるものであったのか。そして、姜沆のいうような家康と石田家との接近という事実はあったのであろうか。

大坂へ軍勢を繰り出す徳川家康

この点について、前引の「慶長四年九月十三日付毛利秀元宛毛利輝元書状」では、さらに次のような説明がなされている[30]。

一、東国衆の儀は在大坂、西国衆の儀は在伏見と、大（太）閤様（豊臣秀吉）御置目候のところ、備前中納言殿（宇喜多秀家）在大坂の段、更に分別に及ばざるの由、

（徳川）家康堅く申し上げらるの由候、備（ママ）中納言の儀は、在伏見ニ大かた澄み（済み）候由候、その外の儀はいまだこれを聞かず候、家康人数追々大坂へ指し下され候、家康事は、石杢（石《いし》田《だ》正澄《まさずみ》）丸ニ一昨日（九月十一日）より罷り居らるの由候、

生前の秀吉が定めた「大閤様御置目《たいこうさまおんおきめ》」には、東国衆は在大坂、西国衆は在伏見と定められていたが、西国衆であるはずの宇喜多秀家が在大坂のままであることはおかしいと家康が強く主張したといい、秀家は在伏見に落ち着いたとある。また、家康は自身の軍勢を徐々に大坂へ繰り出しており、家康本人は慶長四年（一五九九）九月十一日から石田正澄邸に入っているという。

これに近い情報は、毛利家中でやりとりされた「慶長四年十月朔日付内藤元家宛内藤隆春書状」においても次のような言及がある。(31)

一、去る月（慶長四年九月）十三四ごろ、（徳川）家康俄に大坂石田（正澄）殿の宅までこれに参られ、すなわち二丸へ押し入られ候、内衆にハ武具ニて則時来候へと申

> し置かれ候、三万ばかりこれ有る由候、息三河守殿（結城秀康《ゆうきひでやす》）ニ二万副え置かるの由候、その趣をハ当家（毛利家）江仰せ通わるの由候

家康が石田邸経由で大坂城の二の丸へ入り、結城秀康の手勢二万との関係は不明ながら、三万の軍勢が繰り出されたとある。しかも、そのことは毛利家に通知されたといい、だから輝元は秀元にも報じたのであろう。

大坂城中の治安と風紀の悪化

それでは、家康の大坂城入城は、理由の立つものであったのだろうか。少なくとも輝元に拒否反応は見られない。前述の家康による大坂下向の苦しい言い訳のみでは、石田正澄邸を拠点に大坂城へ入らなければならない必然性の説明は難しい。しかも、矢部健太郎《やべけんたろう》氏や谷徹《たにてつ》也《や》氏によると、家康の居所は秀吉によって伏見と定められていたはずであるから、慶長四年（一五九九）九月の家康の行動は、クーデターと解釈される余地も残されていた。[32]

家康の行動が輝元や石田家にも受容され得る理由があったはずだが、それはいかなるものであったのか。この点について、前引の「慶長四年十月朔日付内藤元家宛内藤隆春書状」に

次のような興味深い記述がある。（33）

一、おひろい様（豊臣秀頼）の御局をハ大蔵卿とこれを申す、その子ニ大野《おおの》修理《しゅり》（治《はる》長《なが》）と申す御前よき人候、おひろい様の御袋様（淀）と密通の事ども候か、相果つるべきの催しどもニて候ところ、かの（大野）修理を宇喜多（秀家）拘え置かれ候相果て候とも申し候、高野江逃れ候とも申し候由候、兎角若衆ばかり祗候申され候ヘハ、正儀無き事ニて候間、（徳川）家康・（毛利）輝元ハ大坂ニ御座候ハてハ然るべからず候、伏見にハ三河守殿（結城秀康）・（毛利）秀元御座候て尤も然るべきの由、仰せ談ぜらるの由候、下々の衆ハこれを祝うの由申し候、定めて左右あるへく候、今日迄の沙汰ニ候

淀と大野治長の密通の情報があった模様であり、その真偽は不明ながら、治長の身柄は高野山へ送られたか、または宇喜多秀家に預けられたとも記されている。ここで重要な情報は、むしろ後半部分であり、淀の周辺に若衆ばかりが仕えており、無秩序の状況であるため、家康や輝元がいなくては立ち行かないとされている点である。もしこの記述がある程度の真相

を述べているなら、江を秀忠のもとに戻したいと述べた家康の主張も首肯できる部分がある。

　また、家康と輝元の両子息による伏見の体制の再構築とあわせて議論されていることをふまえると、前田利家亡き後の大坂城中の治安の悪化が家康の行動を求めたという流れとしても理解できよう。

　実際、輝元や石田家も家康に協力しているのであり、また前引の書状が家康と輝元の在大坂と協同について「下々の衆ハこれを祝うの由申し候、定めて左右あるへく候」としているから、その支持は広がっていたのであろう。ここで、その新体制に前田利長や宇喜多秀家は含まれていない点にも注意を要する。

徳川家康による豊臣秀吉の遺命改変と秩序再構築

　秀吉と利家が相次いで亡くなり、そこに権力闘争も加わって、伏見城と大坂城をとりまく状況は日々変化していた。秀吉の遺命がそのまま適用・運用できる状況ではなくなり、遺命を実態に合わせて改変しなければならなくなっていた。そこに新たな権力と秩序を再構築する契機が潜んでいたということであり、家康はその状況を活用したともいえる。しかし、決して家康は突出した行動をとったのではなく、毛利輝元・石田三成と意思疎通をしたうえで行動したのであった。

家康が、わざわざ三成の兄である石田正澄の邸から大坂城に入ったことも、水野伍貴《みずのともき》氏のいうような正澄邸の立地条件（同邸は大坂城内、三成邸は城外にあったらしい）もさることながら[34]、家康の単独行動ではないことを明示するために必要な手順であったのであろう。

したがって、石田家の協力を三成の媚態《びたい》としてのみ解釈することは妥当ではなかろう。

第三節　豊臣秀吉の発言を利活用する徳川家康

東国と西国の分掌の史料的根拠

そもそも輝元が前引の書状で「東国衆の儀は在大坂、西国衆の儀は在伏見と、大（太）閤様（豊臣秀吉）御置目候」と述べていた点も、それが一体いつ、どのように指示されたものなのかという点において、なかなか根拠となる秀吉の遺命を確定させることが史料的に難しい。輝元のいう東国と西国をめぐる家康との分掌は、例えば、秀次事件直後に家康・輝元・

小早川隆景《たかかげ》との間で交わされた次の起請文（但《ただ》し案文）に言及がある[35]。

敬白天罰霊社起請文前書事

一、御ひろい様（豊臣秀頼）へ対し奉り、いささか表裏別心を存ぜず、もりたてまつる
へき事、

一、諸事　大（太）閤様（豊臣秀吉）御法度御置目の通り、相違無き様ニ相守るべく候
事、

一、御ひろい様の儀疎略を存じ、并《なら》びに　大（太）閤様御置目等相背く輩これ在るに於
いては、たとい縁者親類知音たるといえども、ひいきへんは（贔屓偏頗）なく、糺
明の上を以て、成敗の儀申し付くべく候事、

一、坂東法度置目公事篇、順路憲法の上をもつて、（徳川）家康申し付くべく候、坂西
の儀は、（毛利）輝元并びに隆景申し付くべく候事

一、不断在京致し、御ひろい様へ御奉公申すべく候、自然用所候て下国の時は、家
康・輝元、かハり〱に御暇申し上げ、罷り下るべき事

右条々、もし私曲偽り御座候に於いては、この霊社上巻起請文御罰深厚ニ罷り蒙り、

今生にてハ、白癩黒癩の重病をうけ、弓箭の冥加七代迄盡《つ》き果て、来世に於いては、阿鼻無間地獄に堕罪し、未来永功（劫）浮く事これ有るべからざる者也、仍《よ》って起請文前書くだんのごとし

文禄四年七月

羽柴筑前宰相　（小早川）隆景
羽柴安芸中納言　（毛利）輝元
羽柴武蔵大納言　（徳川）家康

第四条・第五条が該当するが、隆景は秀吉の存命中に亡くなって、もはや慶長四年（一五九九）にはいない。たしかに藤《ふじ》井《い》讓《じょう》治《じ》氏による解明のごとく、秀次事件後に発布された「御掟」や「御掟追加」、また相互に交わされた起請文は病気がちの秀吉の健康状態を前提に、拾（秀頼）への忠誠要求と後継体制を意識したものであったとしても、(36) 厳密には秀吉は隆景の死没などに見られる状況の変化に応じ、再検討を繰り返さなければならなくなる。

東西分掌に言及しない豊臣秀吉の遺言

そこで闘病中の秀吉は複数回にわたる遺命をするが、この遺命も、近年の研究によれば、真偽を含めて慎重な検討を要するようである。例えば、次の史料は、浅野家文書に伝わる秀吉の遺言の覚書とされるものである。[37]

（端裏書）「御覚書」

太閤様（豊臣秀吉）御煩成され候内ニ仰せ置かせられ候覚

一、内府（徳川家康）久々りちき（律儀）なる儀を御覧し付けられ、近年御懇ろに成され候、それ故（豊臣）秀頼様を孫むこになされ候の間、秀頼様を御取り立て候て給い候へと、御意成され候、大納言殿（前田利家）年寄衆五人居り申す所にて、度々仰せ出され候事、

一、大納言殿ハおさなともたち（幼友達）、りちき（律儀）成され御存知候故、秀頼様御もりに付けさせられ候間、御取り立て候て給い候へと、内府年寄五人居り申す所にて、度々　御意成され候事、

一、江戸中納言殿（徳川秀忠）ハ秀頼様御しうと（舅）になされ候条、内府御年もよら

れ、御煩気にも御成候はば、内府のごとく、秀頼様の儀、御肝煎成され候へと、右の衆居り申す所にて　御意成され候事、

一、羽柴肥前殿（前田利長）事ハ、大納言殿御年もよられ、御煩気にも候間、相替わらず秀頼様御もりに付けさせられ候条、外聞実儀忝きと存知、御身ニ替わり肝を煎り申すべしと仰せ出さる、すなわち中納言ニなされ、はしたて（橋立）の御つほ、吉光の御脇指下され、役儀をも拾万石御許し成され候事、

一、備前中納言殿（宇喜多秀家）事ハ、幼少より御取り立て成され候の間、秀頼様の儀ハ御遁れ有るまじく候條、御奉行五人にも御成り候へ、又おとな五人の内へも御入り候て、諸職おとなしく、贔屓偏頗なしに御肝煎り候へと、御意成され候事、

一、（上杉）景勝、（毛利）輝元御事ハ、御りちき（律儀）に候の間、秀頼様の儀御取り立て候て給い候へと、輝元へハ直ニ御意成され候、景勝ハ御国ニ御座候ゆえ、皆々ニ仰せ置かせられ候事、

一、年寄ども五人の者ハ、誰々成りとも御法度に背き申す事を仕り出し候ハヽ、さけさや（下げ鞘）の躰にて罷り出で、双方へ異見せしめ、入魂の様ニ仕るべく候、もし不届きの仁これ有りてきり（斬り）候ハヽ、おいはら（追い腹）とも存ずべく候、

又ハ上様（豊臣秀吉）へきられ（斬られ）候とも存ずべしと、その外ハつら（面）をはられ、さうり（草履）をなをし（直し）候とも、上様へと存知、秀頼様の儀大切ニ存知、肝を煎り申すべしと、御意成され候事、

一、年寄為五人、御算用聞き候とも、相究め候て、内府・大納言殿へ御目に懸け、請け取りを取り候て、秀頼様御成人成され、御算用かた御尋ねの時、右御両人（徳川家康、前田利家）の請け取りを御目に懸け候へと、御意成され候事、

一、何たる儀も、内府・大納言殿へ御意を得、それ次第相究め候へと、御意成され候事、

一、伏見ニハ内府御座候て、諸職御肝煎り成され候へと御意候、城々留守ハ徳善院《とくぜんいん》（玄《げん》以《い》）、長束大蔵《なつかおおくら》（正家《まさいえ》）仕り、何時も内府てんしゅ（天守）まても、御上り候ハんと仰せられ候はば、気遣い無く上げ申すべき由、御意成され候事、

一、大坂ハ秀頼様御座成され候間、大納言殿御座候て、惣廻り御肝煎り候へと御意成され候、御城御番の儀ハ、皆々をして相懃《つと》（勤）め候へと仰せ出され候、大納言殿てんしゅ（天守）までも、御上り候ハんと仰せられ候はば、気遣い無く上げ申すべき由、御意成され候事、

右一書の通、年寄衆、その外御そはに御座候御女房衆達御聞き成され候、以上、

この覚書は、秀吉が家康父子・利家父子・輝元・宇喜多秀家・在国中の上杉景勝に後事を託すとともに、秀忠の娘千《せん》と秀頼との縁組も指示するなど、重要な内容を含むものである。とくに第十条・第十一条では、家康の在伏見、秀頼・利家の在大坂が指示されているが、輝元には秀頼を取り立てるよう景勝とともに指示されているのみで、ここで西国を任せるとの意向は示されていない。輝元が前引の書状で「東国衆の儀は在大坂、西国衆の儀は在伏見と、大（太）閤様（豊臣秀吉）御置目候」との認識を示していた根拠はどこにあるのであろうか。

浅野家文書中の遺言覚書の真偽

この点を考えるうえで、浅野家文書中の秀吉の遺言覚書に疑義を示している矢部健太郎氏の見解を参照しておかなければならない。矢部氏は、慶長三年（一五九八）の「七月中旬から月末にかけて」の秀吉による形見分けなどに注目し、秀吉の遺言もその頃に行われたと見ている。[38]

矢部氏は、この覚書に記された遺言もその頃のものと考えているようであるが、とくに同氏は第一条と第二条で、秀吉の遺言が家康や利家など五人の年寄衆が居る所で何度も仰せ出されたと強調されていることに注目する。すなわち、矢部氏は第一条の「大納言殿（前田利家）年寄衆五人」と第二条の「内府（徳川家康）年寄五人」について、それぞれ利家や家康と徳善院・石田三成・増田長盛・長束正家・浅野長政の五人が同席していたとの意味に解釈し、当時、三成や正家は不在であったことから、この覚書のいう遺言の行われた状況は成立しにくいのではないかというのである。[39]

奉行の動静も考慮すべきであるとの指摘は正しいと思うが、この覚書では「年寄衆五人」・「年寄五人」と第五条の「御奉行五人」という語が登場する。しかも、第六条に明言されているように景勝は在国であるから、当時の伏見城に参集できた年寄は四人のはずである。また、第八条で算用の決裁手続きが指示されているが、ここでの「年寄」は「奉行」のことを指すようにも読める。[40]

奉行は自らを年寄と称することがあったとする堀越《ほりこし》祐一《ゆういち》氏の研究があるが、[41]覚書では家康父子・利家父子・宇喜多秀家・毛利輝元・上杉景勝への遺命が主であり、奉行は伏見城と大坂城の留守居・番と天守の管理を指示されているのみである。それまでのように奉行が算用の手続きに関与するとしても、ここでの主題は年寄への遺命である。この覚書を記した者が浅野長政であったのなら、奉行である彼は奉行を年寄と呼称しつつ、できる限り本来の年寄への遺命を客観的に記そうと努力したのかもしれず、だから奉行の所在の表記は優先順位が下がったのではないか。

しかし、もともとこの覚書では年寄の人数表記が誤っており、年寄と奉行の使い分けは厳密ではなく、また日付もないから、この場に同席していた者の確定は困難である。そのこと自体が当時の政治状況などをある意味で忠実に反映しているともいえるし、また慶長三年（一五九八）七月のものと仮定したとしても、全員参集の場面は「わずか数日しか想定できない」という表現で矢部氏も全否定はしていないから、[42] 今のところは浅野家文書における秀吉の遺言覚書の内容を除外して考える必要もないであろう。

石田三成宛の伊達政宗書状

だとすると、なおさら輝元のいう「東国衆の儀は在大坂、西国衆の儀は在伏見と、大（太）閤様（豊臣秀吉）御置目候」の裏づけが問題となるが、この点で検討すべき史料は、次の「慶長三年七月朔日付石田三成宛伊達政宗書状写」であろう。[43]

一、五日以前（慶長三年六月二十六日又は二十七日）、江戸内府・増右・徳善院（徳川

家康・増田長盛・玄以)、奥へ召し候て、御煩いたとへ今度御本復候とも、自然不慮も御さ候時のためにて候間、仰せ出さる由候、御諚ニハ、(豊臣)秀頼様いまた御幻(幼)少の義ニ御さ候間、大(太)閤様(豊臣秀吉)以来は、内府・大納言(徳川家康・前田利家)あつけ御申し候間、御うしろ見なされ、いかようにもとりたて(取り立て)御申しあるへき由、仰せ出され候、然る上、間の悪しき衆も残らず中をなおり、一統ニ御奉公申し上ぐべき由、御意ニ候、

一、大坂へ秀頼様御移徒(ママ、徙)成され候て、北国・東国の諸大名、悉く罷り越すべきの旨候、これに依り、家どもの引き領とて、銀子・御俵粮、各ニ下され候、一昨日(慶長三年六月)廿八日、江戸内府へ各召し集められ、米・銀の御朱印拝領、その上御諚、中なをし御さ候、如何とも申すべき様これ無く候て、一座の一和仕り候、然りといえども、争い心底和談仕るべく候や、貴殿(石田三成)御上り候はば、浅弾(浅野長政)と御中の義も仰せ出さるべく候、御理御申し上ぐ事候はば、一往は御諚を相立て申し上げ候間、拙子(伊達政宗)も愚存言上仕りたく候、返す返す何事も御上りの砌、奥底懇ろに貴意を得べく候間、まずまずかくのごとく候、恐惶謹言

伊達政宗は石田三成に対して伏見城の様子を報じているが、これは矢部氏も注意を喚起している三成の在九州に原因があろう。そこでは、慶長三年（一五九八）六月二十六日か六月二十七日に秀吉が家康・増田長盛・徳善院を奥へ召し出し、たとえ自身の病が回復するとしても、不測の事態の発生に備えてとの前提で「御諚」を仰せ出したとある。すなわち、秀吉は、秀頼がいまだ幼少であるので、今後は家康と利家に預けるから、秀頼を後見して取り立てるようにと指示し、関係の悪い大名衆も間柄を修復し、一致して秀頼に奉公するよう命じた。そして、秀頼を大坂城へ移すことが表明されるとともに、北国・東国の大名も大坂へ移るようにとのことで、移転料が下賜されたとのことであった。同年六月二十八日には（「一昨日」とするが誤記か）、移転料の朱印状が家康邸で下付され、大名衆の仲直りが促され、演出された。すでに文禄五年（一五九六）八月十四日に浅野長政と絶交していた[44]政宗としては乗り気ではなかったが、仕方なく応じたようである。

北国・東国の大名は大坂へ、九州・中国の大名は伏見へ

ここで政宗が北国・東国の大名が秀頼とともに大坂への移転を命じられたとしている点が

重要であり、この秀吉の命令は、次の「慶長三年六月二十七日付上杉景勝宛西笑承兌《さいしょうじょうたい》書状案」からも裏づけられる[45]。

一、来年（慶長四年）は大坂に於いて御普請有るべきの由候、東国・北国の御衆ハ大坂に於いて御屋敷参らるべきの由候、九州・中国の衆ハ伏見ニ御屋敷たるべきの由候、大坂ニハ（豊臣）秀頼様御居城の由候、伏見は政所様（北政所《きたのまんどころ》）御座候て御隠居の由候、大（太）閤様（豊臣秀吉）は伏見ニ三分一御座成さるべきの由仰せられ候、

一、高麗は加藤主計（清正）方より御扱いの由申し上げられ候、双方御見舞い成され、その内秀頼様御ためニ候間、達して高麗御侘《わ》び言申し候はば御免成さるべきの由仰せ出され候、今は御気色ニ候はば相調うべく存じ候、様躰委曲直江（兼続）まで申せしめ候、貴国（上杉景勝）御上洛を仰せ付けられ待ち奉り候、大（太）閤様（豊臣秀吉）切々御上左仰せ出され候、御上りの折節拝顔の積もりを以て御物語申し入るべく候、恐惶頓首

すなわち、西笑承兌は在国の上杉景勝に対して秀吉の病状と伏見城の情勢を報じており、

その中で政宗も言及していた秀頼と東国・北国の大名の大坂移転のほか、九州・中国の大名の在伏見も命じられたと述べている。そして、秀吉は伏見で隠居する計画であったこともわかり、一年の三分の一を伏見で過ごすと発言したようである。

また、慶長の役の終戦にも言及した模様であり、李氏朝鮮からの詫《わ》び言があれば、秀頼のために李氏朝鮮国王を赦免するとの意向が示されたとある。この点は、近年の跡部《あとべ》信《まこと》氏による慶長の役に関する分析と一致しており[46]、注目すべき部分である。

もう一つの豊臣秀吉の遺命

ここで強調しておきたいことは、慶長三年（一五九八）六月の時点で秀吉は回復を前提としながらも、事実上の遺命を開始していたということであり、そこで輝元のいう「東国衆の儀は在大坂、西国衆の儀は在伏見と、大（太）閤様（豊臣秀吉）御置目候」の趣旨に合致する発言もなされていたことが判明したということである。慶長三年（一五九八）六月の遺命が、同年七月と想定される浅野家文書の遺言覚書のもととなる遺命となり、さらには同年八月九日にも遺命のあったことが次の「慶長三年八月十九日付内藤元家宛内藤隆春書状」からわかる[47]。

去る（慶長三年八月）十二水野と申す人下着候、大（太）閤様（豊臣秀吉）御気分趣佐石（佐《さ》世《せ》元嘉《もとよし》）へ仰せ下され候条々

一、去る（八月）九日、大名衆召し寄せられ御対面候、御身（豊臣秀吉）ハ上段ニ御座候て種々のかり物を敷かれ、けうそく（脇息）に寄り懸かられ、青キこそて（小袖）紅のうらニ付きたるをめされ、そはにハ女しゆ五人・露庵（半《なから》井《い》驢《ろ》庵《あん》）計（ママ、針か？）うちばかり祗候

一、左座ハ（徳川）家康・前田（利家）殿・伊達（政宗）・宇喜多（秀家）・宰相様（毛利秀元）五人、右ハ殿様（毛利輝元）御一人ばかりの由候

一、御煩御快気有り難きとの御物語、重々仰せられ候時の御声、いかにもかすかに仰せられ候て、御一期後の事ども仰せられ候時ハ扇にて畳をたゝかせられ、いつもの御気色の様ニ御座候

一、家康への御意にハ、毛利（輝元）と仰せ合われ候子細ハ備中清水城召し詰められ候砌、（織田）信長を明智《あけち》（光秀《みつひで》）存分に任せ候ゆえ、御神文執り替えられ候終、毛り（輝元）表裏事本式者と思し召さるの由候、西国の儀任せ置かるの由候、このご

ろ実子（毛利秀就《ひでなり》）出来成さるの由候間、御家の儀をハ松寿様（毛利秀就）へ進ぜられ候へ、相宰様（宰相様、毛利秀元）へハ出雲・石見両国ニ今銀山副えられ進ぜらるの由候、本銀山の儀ハ（毛利）輝元知ろし召さるべきの由候、宇喜多（秀家）娘の儀ハ御親類にて候間、一両年召し寄せ置かれ候の条、松寿様へこれを進ぜられ候、宇喜多事をハ輝元目を懸けられ候へ、萬一相違の事ども候ハヽ頸をねち切り候へ、輝元本式者の事にて毎事用捨有るべく候、家康申し付けらるべく候、左無くハ草陰ゟ《より》大（太）閤頸を切すると宇喜多ニ仰せ聞かされ候

一、家康と仰せ合われ候子細をハ殿様へ御物語成さるの由候、両家（徳川家・毛利家）無二ニ仰せ談ぜられ候へハ、おひろい（豊臣秀頼）事ハ気遣い無く候、人ニ成され候する事をも知ろし召されず候へども、おひろいを咎めされ置き候へハ、王位すたらぬ事にて候、東西ハ家・輝両人（徳川家康・毛利輝元）、北国ハ前田（利家）、五畿内ハ五人（浅野長政・石田三成・徳善院玄以・増田長盛・長束正家）の奉行異儀無く候別儀有るべからず候、高麗の儀引き取らるの由候、去りながらおひろい御存分出来候ハヽ、弓矢ニめされ候するも御気分たるべく候、別条無く候とて御盃召し出され候、今日ばかりの御対面御残り多しの由候ておのおのへ御酒これを進めらる、

内へ入られ候つるか、又家・輝両人ばかり呼び帰され、立ちなから仰せらる事にハ、いつと御きゝ成されたる事はいよいよ忘却有るべからず候、頼むそよく〳〵と仰せられ候て御手打ち合わせられたると仰せ下され候、佐石聞かれ候て、申さる事ニもかくのごとく明白なる事前代未聞の事候、餘りにきれはなれたる御気分にて候てハ、結句御快気成さるべしとの申され事候、日本初ゟ《より》名将にて候よし、天下その沙汰候の由申し候

豊臣秀吉の複数の遺命とそれらの真偽

これまでにも秀吉の遺言をめぐっては、慶長三年（一五九八）八月五日付の五箇条の遺言覚書案（早稲田大学所蔵）と毛利家文書中の自筆遺言判物写が知られていたが[48]、それらについても浅野家文書中の遺言覚書と同様、矢部健太郎氏によって疑義が示されている。とくに二つの異なる遺言が同じ日に書き付けられている点について、矢部氏は毛利家文書中の自筆判物写のほうがより真相を伝えており、早稲田大学所蔵の五箇条の遺言覚書案については「何らかの目的を持った「秀吉以外の誰か」によって、内容や日付に手が加えられた可能性が高い」とするのである[49]。

重要な指摘だが、口述筆記と自筆との差異と説明できる余地はあると思われ、また早稲田大学所蔵の五箇条の遺言覚書案は、五人の年寄への相互の縁辺申し合わせの指示、家康に三年の在京と国元での用向きには秀忠を下向させるよう指示した内容の二箇条のほかは、慶長三年（一五九八）六月から七月の遺言をさらに具体化・念押しする補足的な内容であるから、それほど矛盾があるとも思われない。

矢部氏は清水亮氏の説を引用して、早稲田大学所蔵の五箇条の遺言覚書案の作成者を宮部《みやべ》長熙《ながひろ》か宮部継潤《けいじゅん》と理解しているが、[50] 清水氏は宮部が秀吉の遺言のうち家康に関わる内容を摘出し、それを書き付けて家康に渡した際の控えと理解しており、偽作とまでは断じていないことにも留意する必要があろう。[51]

本書では、現段階において偽作とまでは断じず、あくまでも慶長三年（一五九八）六月から八月にかけての秀吉の遺言の変遷《へんせん》・付加・確認の過程を示すものとして各文書を位置づけ、理解しておく。

東西・五畿内の分掌に関する遺命

そのうえで、「慶長三年八月十九日付内藤元家宛内藤隆春書状」に戻ると、これは慶長三年（一五九八）八月九日の伏見城で女中五名と半井驢庵・鍼師《はりし》のみを従えた秀吉が家康・利家・政宗・秀家・秀元・輝元に対面して遺言したことについて、毛利家中として共有したものである。

　ここでは、末期の秀吉がかすれた声で話し始めながらも、自身の死後のことを話す際には扇子で畳をたたきながら平常のように語りかけていたとされ、家康に輝元との協力を命じ、輝元には天正十年（一五八二）以来の信頼を表明のうえ、西国を任せ、なおかつ輝元の実子でのちの秀就への処遇をも内定する中で秀家との関係強化を命じたことがわかる。

　後述するように、この末期の秀吉による秀就への措置がその後の輝元の政治的立場を規定するが、ここでは東西は家康と輝元、北国は利家、五畿内は五奉行という分掌が示されていることを確認しておきたい。

　慶長の役の講和にも言及されているから、自身の死を覚悟し、今後の自身の不在を前提に、前引の「慶長三年六月二十七日付上杉景勝宛西笑承兌書状案」で報じられた発言から隠居のことを除きつつ、そのほかの内容をさらに具体化した遺言と位置づけられよう。

　家康の立場に立てば、これまでの秀吉の発言から、東国は家康、西国は輝元という分掌であったものの、この時、今後について秀吉から両者の綿密な連携とともに輝元へは

「西国の儀任せ置かる」としつつ、「東西ハ家・輝両人」とも発言があったのであり、家康の西国への関与は曖昧ながらも輝元との連携の限りにおいて可能となる余地が生じた。

家康と輝元が利家亡き後の政争の過程において父兄・兄弟の契りを結ぶことは後述するが、それを基礎として家康は輝元への根回しを怠らず、大坂城中の治安回復という大義名分によって利家父子と輝元・秀家・奉行衆の管掌であった領域に足を踏み入れることを可能としたのである。

前田利長・毛利輝元・宇喜多秀家の政治的力量

このような政治過程を外野から観察していた姜沆は、輝元と秀家の行動について、次のように総括している(52)。

> この時にこそ、〔毛利〕輝元が、もし一歩でも動いていたならば、勝敗は立ちどころに決していたであろう。しかし、二《に》酋《しゅう》〔の家康と輝元〕がすでに和睦していたので、諸倭はことさらな動きを見せなかった。
> そして、〔家康は、〕備前中納言〔宇喜多秀家〕と筑前中納言〔小早川秀秋〕とを、伏

見に駐留させようとしたが、備前は拒否し、

「〔なくなられた〕大（太）閤（豊臣秀吉）には、肥前守（前田利長）と私（宇喜多秀家）の二人で共に秀頼〔公〕を戴《いただ》き大坂を守れ、と遺言された。そのお声がまだ耳に残っております。どうしても命令は聞けませぬ」

と言った。〔しかし、〕家康が〔彼の主張を〕固く拒んで聴かなかったので、（宇喜多）秀家はやむをえず伏見に移駐した。

もし輝元が動いていたならば、利長らと連携して家康を圧伏できていたかもしれないという観測である。しかし、利長に当時噂されていたような強固な戦意があったのかは疑わしいし、輝元も家康に抵抗する気はなかった。秀家は秀吉の遺命を根拠に在大坂を貫こうとする姿勢を見せたが、そもそも変遷・付加を繰り返されてきた秀吉の遺言で西国衆は在伏見とも命じられていたのだから、秀吉亡き今となっては、家康にとって秀家の論拠を崩すことなど容易であったろう。

利長・輝元・秀家は、すでにこの段階で政治的力量という点で家康に敗北していたのである。慶長四年（一五九九）当時の姜沆は輝元・秀家について「もし一歩でも動いていたなら

ば、勝敗は立ちどころに決していたであろう」と思わざるを得なかった。その点では、関ヶ原・山中の戦いの段階における輝元・秀家についても同様であった。しかし、関ヶ原・山中の戦いにおいて、輝元・秀家は家康に対抗する姿勢を見せたのだから、その動機と理由は別に考えなければならないだろう。

大坂城入城後の徳川家康による措置

このように家康は、慶長四年（一五九九）九月、少なくとも輝元・三成らの支持を得て、大坂城に入城した。その後の家康が採った措置は、次の「慶長四年十月一日付佐竹義宣宛三奉行書状」に見るように実に周到であった。

> 今度（豊臣）秀頼様御番御置目等相改められ仰せ付けられ候、それに就き惣様の儀、今迄ハ諸事猥りの儀もこれ有るといえども、これ以前の事は打ち捨てられ候、しからば向後の儀、もし悪心を相含められ、御法度御置目相背かるにおいては、その罪科厳重ニ御糺明有り、傍輩たるといえども御成敗有るべし、又御法度御置目をも相守られ、忠切を抽《ぬき》んずるにおいては、身上引き立てられ、御恩賞有るべきの条、その段御届として申し

入るべき旨候間、かくのごとく候、恐々謹言

十月一日

長束大蔵正家（花押）

増田右衛門尉長盛（花押）

徳善院玄以（花押）

常陸侍従（佐竹義宣）殿

人々御中

これは水野伍貴氏が慶長三年（一五九八）から慶長四年（一五九九）に年代比定を見なおした[53]千秋文庫所蔵の佐竹文書中の史料である[54]。谷徹也氏と水野氏によると[55]、秀吉亡き後、これまでに検討してきた秀吉の遺言群を経て、豊臣体制として構築された十人による集団指導体制の根拠は次の「慶長三年九月三日付霊社上巻起請文」であった[56]。

（端裏書）「御誓紙前書之寫」

敬白　霊社上巻起請文前書の事

一、（豊臣）秀頼様御為存じ候上は、諸傍輩ニ対し、私の遺恨を企て、存分に及ぶべからざる事、

一、この連判衆中ニ対し、誰々讒言の子細これ在るとも、同心申すべからず候、何時も直ニ申し理り、それに随うべく候、自然相届かざる儀承り付き候はば、隔心無く異見せしむべく候、事ニより同心これ無く候とも、遺恨ニは存ずまじき事、

一、傍輩中その徒党を立つべからず候、公事篇喧嘩口論の儀これ在るといえども、親子兄弟縁者親類知音奏者たりとも、依怙贔屓を存ぜず、御法度の如く覚悟致すべき事、

一、この衆中のうわさ（噂）あしさま（悪し様）ニ申し聞かさる仁これ在るに於いては、すなわちその申す主をあらハし、互いに申し届くべく候、左様ニこれ無く候て、拾人の外別人を近付け、この衆中のうしろ（後ろ）事あしさまニ取り沙汰申ましき事、

一、諸事御仕置等の儀、その軽重をけつし（決し）、十人の衆中多分ニ付いて相究むべき事、

一、拾人の衆中と諸傍輩の間ニおゐて、大小名ニよらす、何事ニ付ても一切誓帋取りかわすへからす、かくのごとく相定むる上、もし誓帋取あつかひ仕り候衆ニ至てハ、その徒党を立て、逆意の基眼前候条、各相談仕り、曲事ニ仰せ付けらるべき事、

一、秀頼様に対し、誰々悪逆の子これ在るといえども、出しぬきの生害これ有るべからず、その罪科の通り申し届け、理りの上を以て御成敗有るべし、たといその其身にけのひ（逃げ延び）候とも、その在所へ押し寄せ、御成敗を加えらるべき事、

以上

右条々もし私曲偽これ在るに於いては、忝もこの霊社上巻起請文の御罰、各深厚ニ罷り蒙るべき者也、仍って前書くだんのごとし、

慶長三年九月三日

（毛利）輝元　長束大蔵太（大）輔（正家）
（上杉）景勝　石田治部少輔（三成）
（宇喜多）秀家　増田右衛門尉（長盛）
（前田）利家　浅野弾正少弼（長政）
（徳川）家康　徳善院（玄以）

水野氏によると、家康は大坂城入城後、それまでの十人による集団指導体制の根拠となっていたこの「慶長三年九月三日付霊社上巻起請文」を前引の「慶長四年十月一日付佐竹義宣

宛三奉行書状」によってさらに改変したという。[57]

利家が亡くなり、利長も屈服させた段階にあっては、東国・西国・北国・五畿内の分掌と秀頼の守護をめぐる秀吉の遺言の前提が崩れたのであり、遺言を慶長四年（一五九九）九月の実態に即したものに改変し、利家に代わって秀頼とともに在大坂となる自身の立場の正当化を図ろうとしたものと思われる。これに当時排斥されていた石田三成・浅野長政を除く三奉行も同意していたことは、関ヶ原・山中の戦いの際の大坂方の主張を歴史的に評価するうえで重要となるので、ここであわせて確認しておきたい。

第二章　徳川家康の奥州への視線

第一節　陸奥国会津をめぐる政治的緊迫

上方情勢の当面の平穏

慶長四年（一五九九）九月二十六日、故秀吉の正室北政所が大坂城から退出して京都新城へ移ったが、これは「小（大）坂城ハ内府（徳川家康）へ相渡すか」と解釈される出来事であった[58]。家康は、輝元と三成の協力を得て、大坂城から利長・秀家・浅野長政の影響力を排除することに成功したが、これにはもともと長政と対立していた三成や[59]、利長・秀家よりも政治的優位を得たい輝元にとっての利点もあったろう。そして、家康の立場からは、残る年寄で在国している景勝の存在とそれとの関係如何が政治的にはより重要となる。

前章で見た景勝と利長との与同という姜沆による観測をどこまで考慮するかはともかく、大坂城に入った当初の家康は、次の「慶長四年九月十四日付上杉景勝宛徳川家康書状」が示すように[60]、景勝に大坂城への入城とそこでの仕置を報せ、安心するようにと伝えている。

　内々これより申し入るべきところ、遠路御礼、本望の至り候、路次中何事無く御下国の儀、珍重候、然らば、この間大坂へ罷り下り、仕置き等申し付け候、相替わる儀無く候条、御心安かるべく候、なお後音を期し候間、省略せしめ候、恐々謹言

また、「慶長四年十月二十二日付上杉景勝宛徳川家康書状」では、[61]大坂表の情勢を報告するとともに、のちに懸案となる景勝の国元での活動の様子についても、とくに問題視せず、了承しているのである。

御報披見せしめ候、当表いよいよ相替わり無く候間、御心安かるべく候、そこもと仕置き仰せ付けらるるの由、尤も候、なお後音を期し候条、省略せしめ候、恐々謹言

この後、しばらく家康と景勝との間の書状は確認できないが、次の「慶長五年三月二十一日付上杉景勝宛徳川秀忠書状」によれば、[62]秀忠との間のやりとりも滞っていた。往信再開後は依然として景勝の陸奥国会津における普請（神指城《こうざしじょう》の普請など）を問題視している様子もない。また、上方の情勢も平穏であると返信している。

御飛札本望の至り候、承意のごとくそれ以来申し通わず、所存の外候、然らハそこもと御普請以下仰せ付けらる由、尤も存じ候、はたまた上方いよいよ静謐の由申し来たり候、御心安かるべく候、なお珎しき儀候はば申し述ぶべく候、恐々謹言

上杉景勝に不信感を抱く徳川家康

ところが、史料上、家康と景勝との関係の緊迫化は、前引の秀忠の返信から約十日後には顕著となる。この緊迫化に伴う政治過程については、通常、有名ないわゆる「直江状《なおえじょう》」などを引用して説明されることが多いが、近年、水野伍貴氏によって「直江状」が後世に創られたものであることはほぼ明らかにされたので、[63] 本書ではより確実な史料のみに依拠して叙述してみたい。

家康と景勝との間における政治的論点の在処《ありか》については、次の「慶長五年四月朔日付直江兼続宛西笑承兌書状」によってある程度の理解が可能となる。[64]

わざと飛札を以て申し達し候、然らば（上杉）景勝卿御上洛遅滞ニ付いて、内府様（徳川家康）御不審候儀少なからず候、上方雑説隠（穏）便これ無く候につき、伊那図書

（伊奈《いな》昭綱《あきつな》）・河村長門《かわむらながと》指し下され候、この段は、使者口上ニ申し達し候えども、多年申し通う上は、愚僧（西笑承兌）笑止ニ存じかくのごとく候、香指原（神指原）新地取り立てられ、越後津川口道橋作られ候段、何篇然るべからず候、中納言殿（上杉景勝）御分別相違候とも、貴殿（直江兼続）御異見油断と存候、内府様（徳川家康）御不審拠る無くかと存じ候事、

一、（上杉）景勝卿御別心これ無く候はば、霊社起請文を以て、御申し開き成さるべき旨、内府公（徳川家康）御内存ニて候事、

一、景勝卿律儀成る御心入れは、太閤様（豊臣秀吉）へ并　内府公御存知の事候えば、仰せ分けらるの品々さへ相立ち候はば、異儀有るべからざる事、

一、近国堀監物（直政《なおまさ》）申し上ぐべく候間、御陳謝堅くこれ無くば、御申し分相違し申すまじきや、何篇御心中ニ有るべき事、

一、当春北国肥前守（前田）利長異議のところ、内府公順路成る思し食しニて、別儀無く思いのまま静謐仕り候、これみな前車の誡《いまし》めニて候間、そこもと兼ねて御覚悟、尤もたるべきかの事、

一、京都ニて、増右・大刑部少（増田長盛・大谷吉継）萬事内府公へ申し含められ候間、

御申し分候はば、御申し越し有るべく候、榊式太（榊原康政《さかきばらやすまさ》）へも仰せ越され候て、然るべきかの事、

一、千萬も入らず、中納言殿御上洛遅れ候につき、かくのごとく候間、一刻も早く御上洛候様ニ、取り沙汰計らわさせらるべき事、

一、上方ニて専《もつぱ》ら取り沙汰の事は、会津ニて武具取り集め候と、道橋作られ候との事ニて候、内府公ひと入り、中納言殿上洛御待ち成され候事は、高麗へ御使者遣わされ候間、おのおの降参仕られ候はば、来年（慶長六年）か来々年（慶長七年）か、御人数遣わさるべく候、その御相談成さるべく候由ニ候間、御入落（洛）近々然るべく候、その上ニて、諌（疎）意無く仰せ分けられ候様ニ、少しも早く御上洛尤も候事、

一、愚僧と貴殿、数ヶ年等閑無く申し通い候へば、何事も笑止ニ存じかくのごとくニ候、その地の存亡、上杉（上杉家）の興廃の境ニ候条、思案を廻らさるの外、他事有るまじく候、萬端使者口上ニ申し含め候、頓首

西笑承兌は、本人も書状中の八つ目の一つ書きで述べているように、ここ数年親しく景勝

と交際しており、この時の情勢への対処によっては上杉家の存亡に関わると心配し、家康の内意を伝える役割を買って出ていたのであった。たしかに前章で見た「慶長三年六月二十七日付上杉景勝宛西笑承兌書状案」のように、秀吉の存命中から伏見城の状況を景勝に内報していた人物は西笑承兌であった。

　西笑承兌によると、家康は景勝の上洛の遅延を不審に思っており、家康は国元での普請などについて問題視しているとのことであった。これは、景勝による普請が武具の用意と結びつけられ、軍事行動の準備として上方において取り沙汰されているからであったが、西笑承兌は、景勝の判断は誤りだとしつつも、それは直江兼続の異見がきちんとなされていないからだと兼続を批難している。

　西笑承兌の提案は、要約すると次のようなものであった。景勝の考えはあるのだろうが、ここは起請文を上げて家康に異心のないことを誓約し、要路に働きかけて弁明しさえすれば、前田利長の例のように静謐となるであろう。陸奥国会津へ移った景勝のあとに越後国春日山へ入った堀秀治の家臣堀直政による申し立てがあるので、謝罪がなければ景勝の言い分も家康の耳には入らない。家康は景勝の上洛を待ち望んでおり、慶長の役の講和後の措置についても話し合いたい意向のようである。ここは近日中に上洛することが肝要である。景勝が律儀の人であることは、秀吉の存命中以来、家康もよくわかっていることだから、上洛して申し開きをするほうがよいという提案である。

上洛の意向を示す上杉景勝

この西笑承兌からの提案を景勝は全く無視したわけではなかったようである。西笑承兌は上洛の期限を明示していたわけではなく、「少しも早く」と述べていたわけだが、景勝が上洛の意向を示したことは、次の「慶長五年六月十日付安田能元・甘糟景継・岩井信能・大石元綱・本庄繁長宛上杉景勝書状」からわかる[65]。

> 今度上洛成らざる様子、第一家中無力、第二分領仕置きのため、（慶長五年）秋中迄延引の趣、奉行衆（増田長盛・長束正家・徳善院玄以）へ返答せしむるのところ、重ねて逆心の讒言を以て、ぜひ上洛これ無くば、当郡に向け行いに及ばるべきの旨候、これに就き存分これ有るといえども、元来逆心無き筋目ニ候条、万事を抛《なげう》ち上洛せしむべき覚悟落着、併せて讒人糺明《ざんにんきゅうめい》の一ケ条申し入れ候ところぜひ無く只相替わらず上洛とばかりこれ有りて、あまつさえ日限を以て催促、かくのごとく押し詰められ、上洛の儀は

如何としても成らず候、数通の起請文反古《ほご》ニなり、堅約も好《よし》みも入らず、讒人の糺明もこれ無き躰、時刻到来、無二思い詰め候条、譜代旧功牢人上下に依らず、右の趣拠る無く分別仕り候はハ、供の用意申し付くべく候、自然分別無きを以て、理不尽の滅亡と述懐を存じ候はハ、何者成るとも相違無く暇を出すべく候、然らば上方勢下り候日限聞き届け次第、半途ニ打ち出づべく候、諸口の儀ニ候条、領分端々押し破られ、地下等心替わり仕るべき義必然候、その時節或いは在所を心元無く存知、或いは妻子ヲ捨て難き心中候はば、当座の不覚末代の名をくたすへく候条、兼日肉を切りて存じ定むべく候、内々疑心無き仕置き、無二奉公存じ詰む者の糺明、直ニ申し出で候はば、人ニより遠慮これ有るべく候条、おのおの分別を以て急度相究めらるべきもの也、

景勝の意向は、国元の仕置があるため、慶長五年（一六〇〇）の秋まで上洛を待ってほしいというものであった。上洛しないと述べたわけではない。西笑承兌の書状には、家康が景勝の上洛を待ち望む理由について、堀直政から申し立てられた嫌疑と国元での普請への疑義はあるものの、それらの謝罪と申し開きの後、慶長の役の講和について協議したいと考えており、李氏朝鮮の降参があれば、慶長六年（一六〇一）か慶長七年（一六〇二）の出兵もあ

り得るからだとあった。おそらく景勝は西笑承兌からの書状の内容も考慮し、慶長五年（一六〇〇）の秋の上洛で間に合うだろうと判断したものと思われる。

上洛を迫る徳川家康

通常のやりとりならば、これで収まるはずであるが、家康は収めなかった。この時、もはや通常の年寄同士のやりとりではなかったのである。そこに景勝は気づいていなかったのか、あるいは利長のように家康に屈服させられると警戒したのか、それはわからない。しかし、利長は上洛すらさせてもらえなかったわけで、景勝への上洛要請はその意味で利長の時とは様相が異なるのである。

いや、もしかすると家康は最初から景勝の上洛など期待していなかった可能性もある。実際、景勝は家康の反応をうけ、「かくのごとく押し詰められ」と述べているのだから、家康の目的は景勝を「押し詰め」ることにあったと考えるほうがよいかもしれない。しかも、三奉行は家康と景勝との間を仲裁もせず、家康の挑発を止めなかった（止められなかった）ようである。この時点で、家康と三奉行の力の差は歴然であった。

景勝の書状によると、慶長五年（一六〇〇）秋に上洛する旨を奉行衆へ回答したところ、家康の反応は次のようなものであった。堀直政の申し立てが影響していたのか、家康は景勝に逆心の疑いをかけ、上洛しなければ出兵するとの意向を示した。

景勝としては、もともと逆心などないので、あらゆることを抛《なげう》って秋に上洛すると決意し、景勝の逆心を申し立てた堀直政の取り調べを要求したが、家康はただ上洛せよとの一点張りであり、しかも上洛の期限を設定してくる始末であった。景勝は、上洛を応諾しても却って身動きできないようにされては上洛などできず、起請文を上げたとしても反古になり、讒言をした者の処罰もなされないのだから、覚悟を決めるほかはないとして、上杉家中にも戦の覚悟を求めたのである。

島津義弘に対する伏見城在番の命令

このような状況を他の諸大名はどのように見ていたのか。例えば、「慶長五年四月二十七日付島津義久宛島津義弘書状」には、[66]当時の家康と面謁した島津義弘《しまづよしひろ》による観測が記されている。

仍って今朝　内府様（徳川家康）へ罷り出で、庄内一着の御礼申し上げ候、別して御気色よく、入来院又六・善敷坊召し出され、御前ニて御食下され候、随いて長尾殿（上杉景勝）の上洛延引ニ付き、様子聞こし召さるべきため、伊那図書頭殿（伊奈昭綱）并びに御奉行中よりも使者を相添えられ、去る月（慶長五年三月）十日伏見御打ち立ち、会津へ下向候、必ず（慶長五年）六月上旬のころは上洛たるべく候条、御返事申しはなされ候ハヽ、その返事に依り、内府様（徳川家康）御馬出さるべきニ御定め候、それに就き伏見の御城御留守番致すべきの由、御面を以て拙者へ仰せ付けられ候、当座言上候ハ、いずれも御意の段承り候、様子に於いては、御間の使い迄申し上ぐべき由申し候て、御前を罷り立ち候、

島津義弘は、当時それまで島津家が直面していた伊《い》集院《じゅういん》幸侃《こうかん》・忠真《ただざね》父子との争い（庄内の乱）の鎮定に際して得た家康の支援に謝意を表するために参礼したが、そこで上杉景勝のことが話題となったようである。家康は、景勝への使者が慶長五年（一六〇〇）六月上旬には戻るであろうが、その返事次第では会津へ兵を出すつもりであると義弘に述べ、伏見城の番を命じた。家康との面謁は「今朝」であったとあるから、この発言は慶長五年（一六〇〇）四月二十七日にあったことが確定できる。

先行研究も注目するように、この義弘の書状に記された家康の発言が、会津攻めの計画の初見となる。[67] しかも、義弘には伏見城の番が直々に命じられ、山本博文《やまもとひろふみ》氏のいうように義弘は即答を避けたものの、家康の命を軽んずることもできず、国元と対応方を検討する。[68]

例えば、「慶長五年五月五日付島津忠恒宛島津義弘書状」にも「奥州へ御出張に於いては、伏見御城番仰せ付けらるべき由、内府様（徳川家康）御面談ニ仰せ聞かされ候」とあり、番を勤めることになるか否かは会津攻めの有無にかかっていたが、[69]「慶長五年五月十七日付島津忠恒宛島津義弘書状」には「内府様（徳川家康）奥州会津への御出陣（陣）、来月（慶長五年六月）中ニ相定まり候」とあるから、[70] 義弘も真剣に伏見城での勤番を検討しなければならなかった。

山本氏が注目するように、「このころ家康は、島津氏にひじょうに好意的で」あり、[71] 庄内の乱でも義弘が礼を述べるほどに島津氏を支援した。[72] なぜ家康は島津氏に肩入れし、島津氏に伏見城での勤番を命じたのか、またなぜその命令は貫徹されなかったのであろうか。関ケ原・山中の戦いとその前後の島津氏との対立、そしてそのような対立にもかかわらず、島津氏は赦免され、本領も安堵される。そこに至る過程には不可解な部分がある。[73]

しかし、のちにも参照するように、家康の島津氏への肩入れの理由に関する山本氏の推定は、当時の家康の基本姿勢を示しているようにも思われ、それは家康が景勝に対してかほどまでに強く出て会津攻めを決め打ちした背景を考えるうえでも参考になると思われる。そのことはのちにあらためて検討しよう。

徳川家康による会津攻めの決断

いずれにせよ、ここでは、義弘の書状から、少なくとも家康が景勝の反応を待つまでもなく、事実上、慶長五年（一六〇〇）四月下旬から同年五月中旬の間には会津攻めを決定していたことがうかがわれることを確認しておくに留めておく。

また、次の「慶長五年五月七日付仁賀保・赤津・滝沢宛最上《もがみ》義光《よしあき》書状」からは、この間の景勝との交渉の様子や家康の思考のありようがより詳しく判明する。[74]

> （上杉）景勝上洛申さるまじき由申さるニ付、内府様（徳川家康）近々御出馬候ハん由、御触催され候、しかし以前ゟ《より》景勝の御使なと申され候いなの図書（伊奈昭綱）と申候人を御雇させ、指し下させ候、いずれもこの返答次第たる由候、様躰により早々人を上進申候へとて、達者なる者を指し添えられ御下し成され候、ここもとの御様子ハ、十ニ九

は御出馬これ有るべき躰にて候、さりながらこの上景勝罷り上られ候か、又何とぞ侘び言をも申し上げられ候て、御陣のこれ無きも存ぜられず義ども候、もし又御陣ニも候はば、申すまで無く候といえども、か様の隣国ニ御陣なとの御座候事は、内府様御一世中ニはこれ有るまじき由存候条、人数以下の事御身上ゟ《より》過分の躰ニ成され候て、御奉公の義今度ニ御座候由存候、又重ねて何方ニ御陣なと候とも、その時は又随いての御奉公ニも候へば、遠近の分候て、今度の御奉公ひと入りの由存候、かくのごとく申し候義も、内府様御前において、おのおの御取合をも何とか申したきと存候心中ゆえ、申し候義ども候、今度の義は御精を入れられ候ハん事、御油断有るべからず候、はたまた我等（最上義光）事をハ、先月（慶長五年四月）十日之晩急ぎ罷り出でるべき由御使候条、罷り出で候へは、内府様仰せ出され候分ハ、我等事は境目の城等、会津となり（隣）の事候間、急速罷り下り、その用意をもいたし候へとの御諚ニて候へども、申し上ぐる分は、国本ニは子ニ候者もさし置き、又うちのおとなしき者どもも指し置き申し候、その上何事候とも御奉公の義候条、苦しからず候間、我等事は内府様御供申候なと申し上げ候義ども候、最上義光の証言によれば、いったん景勝は上洛しないとの回答をしたといい、家康も出兵の陣触をしたとある。しかし、家康は伊奈昭綱を使者として遣わし、出兵についてはそれへの景勝の返答次第としたようである。その時の景勝の答えが、前述の慶長五年（一六〇〇）秋まで上洛を待ってほしいというものであったのだろう。

義光としては、景勝の返答次第で出兵がなくなる可能性を考慮しながらも、九割方会津攻めはあると考え、出羽国山形の近隣で家康の命ずる戦が今後そうあるわけではないので、会津攻めとなれば、家康に最上家の奉公ぶりを示す絶好の機会になると認識していた。

注目すべきは、早くも慶長五年（一六〇〇）四月十日の夜に義光は家康から急ぎ呼び出され、景勝への備えを命じられていることである。そのこともあって、義光は会津攻めの可能性を九割と算定していたのであろう。そして、この時の義光が迷うことなく家康への奉公と供を申し出ていることは、前述の島津義弘の伏見城勤番の応諾のこととあわせ、慶長五年（一六〇〇）四月から五月の段階での家康の政治的立場、そして家康の命令の政治的意味を考えるうえで参考となる。

「公儀」からの命令

このことに関連し、かつて山本博文氏は島津義弘による伏見城勤番の諸否の検討ぶりを紹介する中で、義弘の相談相手も家康の命令を「公儀」からの命令と解釈していたことをふまえ、「当時の家康は豊臣家五大老の筆頭であるから、かれの仰せは、どこまでも公儀の命令なのであった」と理解していた[75]。

より正確には、もはや五大老の枠組みはなく、前田利家亡き後、前田利長を国元に押し留め、宇喜多秀家を大坂から伏見へ移したことは前述の通りである。年寄として手つかずの大名は景勝と輝元であり、後述のように輝元は慶長四年（一五九九）閏三月二十一日に家康と父兄・兄弟の契りを結ぶから、いま家康は残る景勝に照準を合わせているのである。家康は年寄衆の中で突出していたのであり、その年寄衆からぬきんでた家康の政治力を周囲も承認しつつあることを島津義弘や最上義光の反応は示していよう。

だが、その残る景勝は、家康の上洛要請を慶長五年（一六〇〇）秋まで待ってほしいとの条件付きで受け容れる姿勢を示していた。ところが、さらに家康が期限を区切ってきたため、景勝は国元の仕置と上洛の準備との板挟みとなり、身動きができず、押し詰められたのであった。景勝は、もはやこれまでとばかりに、島津や最上の認める家康からの圧力に対抗する覚悟を決めたのである。

上杉景勝の上洛をめぐる攻防

それでは、年寄衆に従っていた奉行衆は当時どのような立ち位置であったのか。そして、景勝を押し詰めた上洛をめぐる家康の圧力とは具体的にいかなるものであり、そのように対立を深刻化させていく家康と景勝を奉行衆はどのように見ていたのであろうか。これらの点を解明するうえで、年月日は未詳ながら、白峰旬《しらみねじゅん》氏によって慶長五年（一六〇〇）五月二十六日のものと推定された[76]次の浅野幸長《あさのよしなが》の書状は参考となる[77]。本書での引用に際しては、白峰氏の用いた『甲府市史《こうふしし》』の翻刻を基本として読み下し、それに白峰氏の示した『山梨県史』の翻刻との異同の亀甲括弧・丸括弧による表記を必要な範囲で追記・引用する。

（前略）

一、会津より〔ゟ〕伊那図書（伊奈昭綱）江〔与〕罷り上る様子聞こえ、内府様（徳川家康）いよいよ御機嫌悪しく御出陣ニ相定まり、（慶長五年）六月十六日大坂御立ち成さるべき旨、仰せられ候事

一、奉行衆（長束正家・増田長盛・徳善院玄以）ニ仰せ付けられ、図書（伊奈昭綱）罷り上るは早道候ハヽ、去る（慶長五年四月）廿三日会津遣わされ候様子の儀、（上杉）景勝（慶長五年）七月中ニ伏見迄罷り上り、（慶長五年）八月朔ニ（豊臣）秀頼様へ御礼申し上ぐべし、並〔并〕びに直江（兼続）妻子（慶長五年）六月廿日江戸へ相越すべく候、尤も相違に於いては急度御働き有るべしとの紙面見（ママ）御座候、この御返事ニは御構い無く、有無ニ江戸迄ハ御下国成され、景勝罷り上るに於いては武蔵様（徳川秀忠）召し連れられ御上洛と、内府様は江戸に於いて御年とられ、来春（慶長六年春）御上洛有るべき由候事

一、昨今の体〔躰〕ハ御出陣ニ相究まり申し候、いずれも兵粮用立てニ与え遣わし候間、その御心得成さるべく候、竹腰新蔵おふす山の御算用の儀仰せ下され候、新蔵只今ハ江州ニ居り申し候間、召し寄せ八嶋《島》ニ申し付け、算用相聞き、米何程御座候と書き付け、急度進上致すべく候事

一、濃州御代官所残米千石御座候間、川船へ出し江戸へ相廻し申し候事

一、秀頼様・御袋様（淀）より〔ろ〕、内府様御下り候儀御留め有りたしと御奉行衆御使として仰せ付けられ候に就き、内府様へ奉行衆参られ候へハ、御機嫌悪しく成られ、今

に出されず候［〔闕字としている〕］政所様（北政所）明日（慶長五年五月廿七日）［〔闕字としている〕］
秀頼様御見廻のため大坂へ御下り成され候ハヽ、これも御内儀は内府様御留め有り
たき由ニとの御下（下知カ）と申し候事
（後略）

これによると、景勝が伊奈昭綱とともに上洛するとの返答（おそらく慶長五年（一六〇〇）秋まで上洛を待ってほしい旨の返答）によって家康の機嫌はますます悪くなり、会津攻めが決まって慶長五年（一六〇〇）六月十六日に大坂を発つことも表明された。そして、家康は、奉行衆に次のように指示したという。すなわち、伊奈は前引の島津義弘の書状によると慶長五年（一六〇〇）三月十日に伏見を発っているから、四月二十三日には会津に着いたはずだとの認識のもと、伊奈の伏見へ戻る道が早道ならば、伊奈とともに上洛すると答えた景勝は七月のうちに伏見へ着き、八月一日には秀頼へ参礼すべきであるとし、直江兼続の妻子は六月二十日に江戸へ来るべきであるという内容である。さらに、もし相違の場合は必ず戦になるが、景勝や直江の妻子が江戸まで来るならば、秀忠が景勝を連れて上洛、入れ替わりに家康が江戸へ戻って越年し、慶長六年（一六〇一）春に家康は再度上洛するとの条件も

付加された。最低でも景勝らは江戸に出頭するようにとの家康の意向が示されたのである。

前引の島津義弘の書状では、家康が伊奈の下向をうけて景勝は慶長五年（一六〇〇）六月上旬に上洛してくるであろうと観測し、それに反した場合は戦になるとの認識を示していた。ところが、実際には、景勝は秋までの上洛の延引《えんいん》と伊奈の同道を申し出てきたのである。浅野幸長の書状をふまえると、このような景勝の返答をうけた家康は、伊奈とともに七月中に上洛して八月に秀頼に参礼せよと述べたようである。これは、秋に上洛という景勝の要望を家康が容れているようにも見える。にもかかわらず、浅野は出陣はほぼ決まりであると見ている。

会津攻め強行の前提条件

なぜ家康は景勝の要望を容れる素振りを見せながら、本来ならば戦を避けられるはずであるのに、出陣を決め打ちにしているのであろうか。家康は、秀頼や淀が三奉行を通じて出陣を思い留まるよう促しても聴き入れようとしていない。北政所も、会津攻めには反対だったようである。

浅野幸長の書状によると、家康は、景勝らに少なくとも江戸へは出頭せよと命じ、伏見から江戸へ向かう家康と入れ替わりに景勝は秀忠と上洛せよとも述べていた。景勝がどのように対処しようと、家康は景勝へ圧力をかける意味で軍勢を引率して江戸までは出向き、もし景勝が返答に反して動かぬならば、戦に移行するという二段構えの作戦だったのではなかろうか。これは、年寄衆の一人である景勝への処遇としては前田利長の時よりも高圧的であり、景勝も応じにくかったであろう。

いっぽう、この時の家康は、秀吉の遺言にあった「一、内府（徳川家康）三年御在京事、付けたり、用所これ有る時ハ中納言殿（徳川秀忠）御下り候事」[78]を明確に意識していたこともわかる。秀吉の没年の慶長三年（一五九八）から三年とは、数え方によって慶長五年（一六〇〇）とも解釈できる。家康は、在京の義務から解放される年での行動を計画していたのである。そして、律儀にも、秀忠を伏見に置くことで秀吉の遺言の遵守の姿勢も示そうとした。家康に抜かりはなく、むしろ考えに考え抜いて景勝との戦（あるいは景勝の服従）に持ち込むべく動いていたのではないか。

第二節
徳川家康の深謀遠慮

徳川家康の不在による混乱を予見する諸大名

　しかし、家康に抜かりはなかったとしても、そうまでして景勝の屈服にこだわった理由や、のちの関ヶ原・山中の戦いとの関連はどのように考えればよいのだろうか。近年の研究では、家康が石田三成らの決起を誘い出すため、あるいは関ヶ原・山中の戦いを想定して会津攻めを企図していたとの理解はとられなくなっている。[79]

　家康が伏見を離れることの様々な政治的危

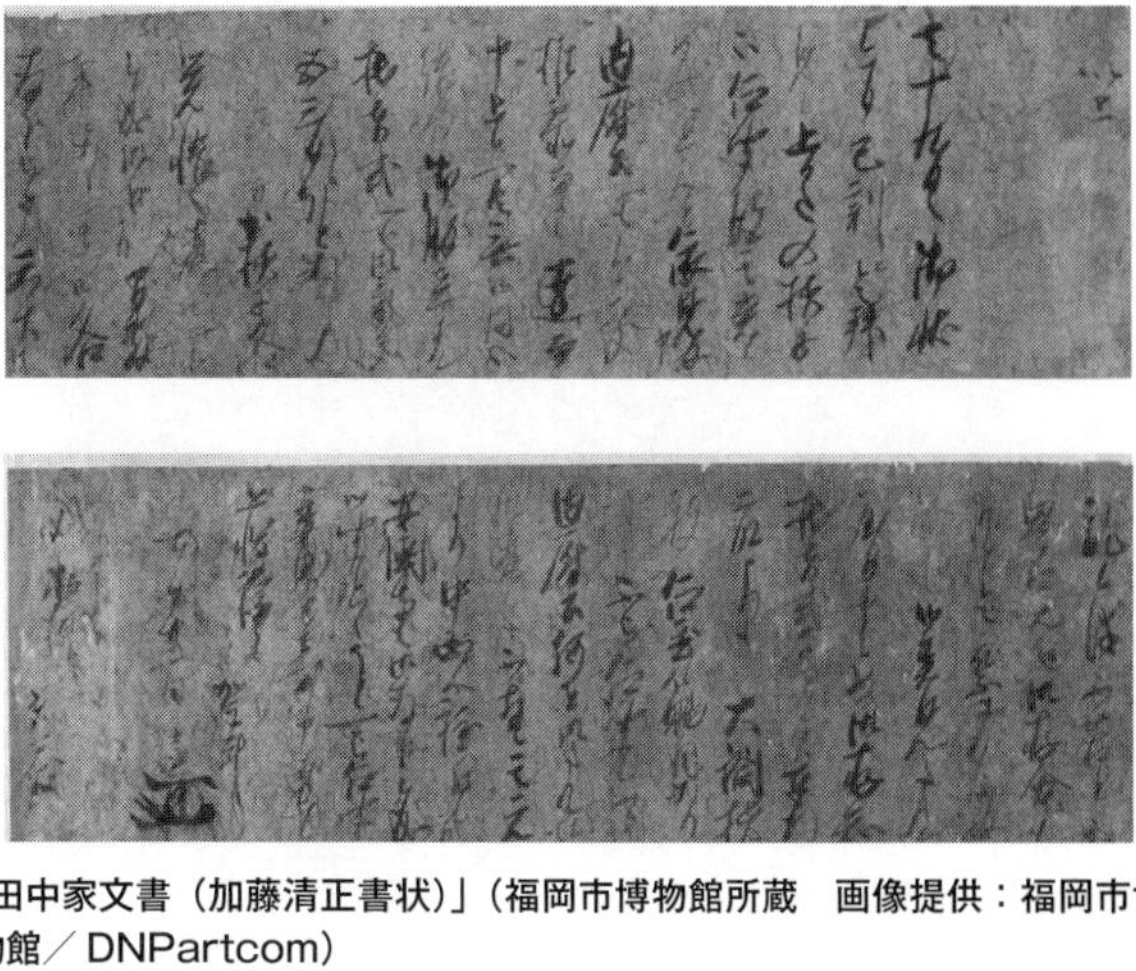

「田中家文書（加藤清正書状）」（福岡市博物館所蔵　画像提供：福岡市博物館／DNPartcom）

険性は、当時の主な大名たちならば当然に気づいていた。例えば、山田貴司《やまだたかし》氏の紹介した「慶長五年七月二十一日付黒田如水《くろだじょすい》宛加藤清正書状」（福岡市博物館所蔵田中家文書）には次のようにある。[80]

> 去る（慶長五年六月）十九日の御状、今日（慶長五年七月二十一日）巳刻ニ拝見せしめ候、上かたの様子仰せ聞かされ、その意を得候、かくの如くニ候ハんと見及び申すに依り、内府公（徳川家康）へも今度推参なから達して申し上げ候へども、御同心無く、結句御腹立ちにて、拙者式（加藤清正）へハ御気色も五三日ほとあしく成られ候間、か様に各覚悟の違い候ところ、御分別成さるまじき事ニあらす候へども、各存分申され、天下の乱れ候儀、苦しからずと思し召され、右の御存分ニも及ぶと察せしむるにて、是非に及ばず、御異見たてやめ申し候、御存知の如く、拙者式なとにハ奉行衆（増田長盛・長束正家・徳善院玄以）よりも　大（太）閤様（豊臣秀吉）仰せ置かる筋目ありやう仰せ聞かされず候間、内府公何を御たて候も、御違い候も存ぜず候、

加藤清正は、会津攻めのために家康が伏見を発って関東へ下向した後、石田三成らの決起

の報をうけ、このようになることは予見していたと黒田如水に述べ、家康にもその観点から意見を具申していたという。ところが、家康は清正に同意せず、かえって機嫌を損ねてしまう有様で、数日は清正に不満の意を示していた。だが、これをもって家康と清正との関係が破綻したわけではなく、むしろこのやりとりから、会津攻めのことを含め、家康は軍事的機密を清正と共有していたことがわかるという意味で、家康と清正との関係の深さに注目すべきだとした水野伍貴氏の指摘は正しいであろう[81]。

そのうえで、興味深い点は、清正が家康の判断について、見解の相違を超え、家康はこのような政治的危機の発生を予見して、天下が乱れても構わないと考え、会津攻めという判断をしたのであろうと理解を示している点である。引用した書状の末尾の一文は、奉行衆が家康を弾劾したことをうけてのものだが、ここで清正は秀吉がどのような筋目を言い置いていたのかを奉行衆からは聞いていないとし、だから自分は家康が何に違反をしたのかもわからないとも述べている。すなわち、清正は家康によほどの覚悟があるのだろうと見て、奉行衆による弾劾の根拠の弱さを指摘し、家康の行動を明確に支持しているのである。

そして、まさしく同じ日付の「慶長五年七月二十一日付松井《まつい》康之《やすゆき》・有吉立行・魚住《うおずみ》市正《いちのかみ》宛細川忠興書状」においても[82]、清正と同じ観測のあったことが語られており、今後予想される展開についても重要な見通しが語られている。

急度申し候、石治部（石田三成）・（毛利）輝元申し談じ、色立て候由、上方より内府（徳川家康）へ追々御注進候、かくの如くこれ在るべしと、かねて申したる事候、そのほか、残る衆ことごとく一味同心の由候、定めて内府早速御上洛これ在るべく候、然らば、則時に御勝手たるべく候、この状参着次第、松井（康之）と（魚住）市正は番子まて残らず召し連れ、丹後へ越さるべく候、自然の時は、松くらをもすて、女子をつれ、宮津へ越され、然るべき様にすまさるへく候、頼み入り候、四良右（有吉立行）・そのほかの者ともの儀ハ、その国のていを見合い、成るべくほと木付にい候て、その上は如水（黒田孝高）居城へうつるへく候、如水とかねて申し合わせてをき候、この状は丹後よりひめち辺りへ遣し、舟にて届け候へと申し付け候、

（以下略）

細川忠興も、家康の留守中に三成らが行動を起こすことは想定していたと明言している。

そのうえで、きっと家康は早速上洛するであろうと家康の反転攻勢をも予見し、その前提で

国元に対応を指示している。

これよりしばらく後だが、先ほど清正と交信していた黒田如水も「慶長五年八月四日付吉川広家宛黒田如水書状写」において「天下成り行きぜひに及ばず候、かやうあるへきとつね〳〵分別仕り候間、おとろき申さず候」と家康留守中の三成らの決起は驚くに値しないとの反応を示していた[83]。

伊達政宗の進言

また、伊達政宗は、次の「慶長五年八月三日付井伊《いい》直政《なおまさ》・村越直吉宛伊達政宗書状」によると[84]、清正や忠興、如水と同じく家康の留守中の三成らによる決起を予想はしていたが、清正らとは別の観点から、家康の側近を通じ、伏見をあとにする場合の必要な措置を進言していたようである。

一、上辺の義、たとえいかようの義御坐候とも、惣別これ程の事は、若輩なから見届け申すニ付いて、大坂ニて江雪《こうせつ》（江雪斎《さい》）・（山岡《やまおか》）道阿弥《どうあみ》を以て、内々申し上げ候キ、大坂の城三奉行（長束正家・増田長盛・徳善院玄以）籠《こ》もられ、御奉公ニ御坐候へハ、まず以て肝要ニ存じ候、三奉行衆哀々末々迄、一途の御奉公念願迄候、慥《たし》か成る御手前の衆指し置かれ候様ニと、及ばずながら申し上げ候キ、ただ余りニ世上を御心安く思し召し候ゆえ、かくのごときの義出来と存じ申し候、これは御両人（井伊直政・村越直吉）迄へ申す事候、

一、御存知の如く、大坂ニ妻子ども悉く置き申し候へども、内府様（徳川家康）御筋目ニは争いかへ申すべく候や、相捨て候て、無二御奉公仕るべく候、日本ノ神そ〳〵、この旨一点違い申すまじく候条、心安く御前の御取り成し頼み入り候、

一、上辺の義かくのごとくの上は、なお白河表・会津への御乱入、火急ニ成され候様ニ、達して仰せ上げらるべく候、万一御手延べニ候ては、必ず必ず諸口の覚え違い、なおなお御凶事出来申すべき由、存ずる事ニ候、たとえ上は闇ニ成り申し候とも、御遺恨の筋と申し、長尾（上杉景勝）討ち果たされ候へば、上の事もすなわち御存分に属せらるべき事、案ノ内ニ存じ候、

（中略）

一、大坂の地、肝要第一の城ニ候間、申す迄無く候へども、今より成りとも、慥かなる衆をも相上られ然るべく候や、日本の侍ども人質ども皆居り申し候間、治部・刑部

（石田三成・大谷吉継）も大坂をいかようニ候ても取り候て、人質どもをしめ候て、日本ノ衆を引き付け申すべきの内意ニて、御坐候ハんと存ずる事候、三奉行衆ニ別して御詞を加えられ、いさみ候て、御奉公申さるる様ニ、もちろんなから然るべく存じ候、拙子（伊達政宗）事は、世上浮沈とも、御奉公仕るべく候間、御心安かるべく候、この書中苦しからず候はば、御披見に入れらるべく候、定めて慮外の文言も御坐有るべく候、有りノまま申し入る事候、恐惶謹言

　政宗は家康の側近である江雪斎・山岡道阿弥を通じ、三奉行がいる大坂城への警戒が必要であると指摘し、三奉行による家康への奉公を期待するいっぽう、大坂城に家康の手の者を配置しておくべきであると進言していた。三成らの決起に三奉行らも加わることになるが、それは家康が「ただ余りニ世上を御心安く思し召し候ゆえ」であると批判している。

　そのうえで政宗は、三成らの決起をうけ、大坂城に残された人質の身柄が案じられるとしつつも、家康の「筋目」には代えられないとし、自身の大坂城の人質のことは考慮せず、家康に与《くみ》することを誓約している。そして、上方が大坂城を起点として争乱となる以上は、会津攻めを早期に完了することが必要であり、関東・奥州での戦が長期化するとますます事態

が悪化するとの懸念を示し、景勝を討ち果たせば、上方の情勢も家康の思いのままとなるであろうと述べている。この点、政宗は、三成らの決起をうけ、家康による急速反転・上洛を予期していた忠興と見方を異にしていたようである。さらに、政宗は、三成らも大坂城の掌握を狙っているであろうから、今からでも家康が三奉行に働きかけ、彼らを家康に与同させるほうがよいとしている。

政宗としては、会津攻めはまさに今後の奥州における景勝と自身との関係を考えるうえでの重要案件であり、家康が忠興の読みのように会津攻めを中断して反転・上洛することには不安があった。そして、三奉行の動向に警戒を示しつつも、まだ家康との関係修復の可能性があるとも見ていたことがわかる。

上方の情勢不安への対応

しかし、ここで重要なことは、清正や政宗の進言を容れず、家康が会津攻めを敢行したことである。しかも、政宗の批判をふまえれば、家康は三奉行の動向に警戒せず、また大坂城の備えをも怠っていたことになる。これを政宗のいうような家康の油断と見るべきなのかどうか。ここに、備えるべきことに備えず、前のめりとなって会津攻めを敢行したように見える家康の意図をどのように理解・評価すべきなのかという難しい問題がある。

この点について、次の『譜《ふ》牒《ちよう》余《よ》録《ろく》』巻第四十六における京極高豊《きようごくたかとよ》の家に伝わる話として記されている文章は参考となる。[85]

権現様（徳川家康）、上杉景勝御征伐のため、奥州江御発向の刻、大津城江入御遊ばされ、密事御直に御契約これ有り、吉光の御脇差宰相拝領致し、今に私（京極高豊）所持仕候、その砌、宰相（京極高次《きようごくたかつぐ》）も関東江供奉仕るべき旨申し上げ候ところ、上方筋御心許なく思し食され、大津は結要の地たるの間、自然の時を頼み思し食す旨にて、御供仕らず候、

これによると、家康は会津攻めの途次に大津城へ入り、京極高次と直々に密事を約したとある。その際、高次は会津攻めへの供を申し出たが、家康は上方の情勢を不安視していると述べ、大津城は枢要の地であることから、もしもの時は頼むとして、高次を下向させなかった。この京極家の伝承や実際の高次の行動（いったんは嫡子を人質に出していることから大坂方に味方すると見せかけて北国へ出陣しながらも途中で大津城へ引き返して籠城のうえ大

坂方を食い止めた）をふまえると、家康は清正や政宗の進言を無視したのではなく、会津攻めによって自身が伏見を留守にすることの危険を認識したうえで敢えて出陣し、留守中に起こるであろう不穏な動きには備えていたことがうかがわれる。

徳川家康は油断していたのか

そして、伏見城の防備は、周知のように少ない手勢で鳥居《とりい》元忠《もとただ》らに任せながら、前述のように当初声をかけていた島津義弘には伏見城の防備を任せなかった。もし伏見城を本気で守備する必要があるならば、島津勢を城に入れて増強するほうが上策であったにもかかわらずである。また、家康は毛利輝元を国元へ下向させ[86]、大坂城にも留守居を置いたのみであり、政宗の進言したような三奉行への根回しをした形跡はない。

このような家康の行動・判断は、政宗のいう油断ととるべきなのか、それとも留守中の不穏な情勢を考慮しつつも、それに対する抑止・防御というより計略と捉えるべきなのか。ここは、家康の油断というより、何らかの事態を予期した防御を兼ねた計略と見るほうが妥当ではないか。

ある行動をしておくほうが未然に事態の悪化を防ぐことができるとの進言を周囲から受け

ていたにもかかわらず、敢えてその策を採らないという家康の行動は、後述するようにその後の政治過程でも確認できることである。会津攻めを敢行した家康には、全ての展開を予期していたとはいえぬまでも、何らかの見通し・狙いがあったと見るべきであろう。

第三節　会津攻め敢行の理由と目的

関東をめぐる徳川家康と上杉景勝の関係

その家康による会津攻めの見通し・狙いとはいかなるものであろうか。その点を考えるうえで、まず検討すべきことは、家康にとっての景勝の存在意義である。前述したように、会津攻めに至るまでの景勝との交渉は、交渉のようで交渉ではなく、前田利長や宇喜多秀家の場合とは異なり、妥協の余地がない。すでに年寄衆の中で突出していた家康には、景勝を利長とは異なる形で屈服させなければならない事情があったと考えるほうが妥当であろう。

先行研究では、家康と景勝との関係を考える際、天正期以来の関東における影響力を両者が競ってきたことをどの程度考慮するかという点で、見解が分かれている。すなわち、近年の研究で天正十一年（一五八三）の北条《ほうじょう》氏政《うじまさ》宛のものと確定された次の「十一月十五日付北条左京大夫宛徳川家康書状」にあるような[87]、秀吉が織田信長存命中以来のこととして求めていた関東の惣無事に対する関与の度合いをどの程度考慮すべきか、ということである。

関東惣無事の儀に付いて、羽柴方（豊臣秀吉）よりかくのごとく申し来たり候、その趣先書申し入れ候間、只今朝比奈弥太郎持たせ、御披見のためこれを進め候、よくよく御勘弁を遂げられ、御報示し預かるべく候、この通り（北条）氏直《うじなお》江も申し達すべく候ところ、御在陣の儀候の条、その儀能わず候、様子御陣江付け届けられ、然るべきよう専要候、委細弥太郎口上申し含め候、恐々謹言

十一月十五日　（徳川）家康（花押）

北条左京大夫（氏政）殿

この点について、家康と景勝との関係は、天正十四年（一五八六）十月の家康の上洛を機

に、ある程度秀吉から枠組みを設定されたようである。その模様を伝える史料が、次の「天正十四年十一月四日付上杉景勝宛豊臣秀吉書状」である[88]。

> 去る月（天正十四年十月）廿一日の書状、今月（天正十四年十一月）四日、披見を加え候、随いて（徳川）家康上洛無きにおいては、三川（三河）境目ニ用心のため、殿下（豊臣秀吉）御動座なされ、北国衆その外江州何も宰相（豊臣秀長）ニ相添え、関東江差し遣わすべき旨相定め候のところニ、家康上洛候て入魂せしめ、何様にも関白殿（豊臣秀吉）次第と申し候間、別して親疎残らず、関東の儀、家康と談合せしめ、諸事相任すの由、仰せ出され候間、その意を得られ、心易かるべく候、真田《さなだ》（昌幸《まさゆき》）・小笠原《おがさわら》（貞慶《さだよし》）・木曾《きそ》（義昌《よしまさ》）両三人儀も、先度その方上洛の刻、申し合わせ候ごとく、徳川所へ返し置くべき由、仰せられ候、然らば、真田儀、討ち果たすべきニ相定まり候といへとも、その方日ごろ申し談ぜられ候間、真田を立て置き、知行相違せざる様ニ仰せ定められ、家康ニ召し出すべきの由、仰せ聞かされ候、真田儀、条々不届きの段、先度相越され候時、仰せ聞かされ候といえども、その方の為候間、真田儀御遺恨を相止められ、右分ニ御免成さるべく候の条、その方よりも真田かたへも申し聞かさるべく候、委細増

田右衛門尉（長盛）・石田治部少輔（三成）・木村弥一右衛門尉（吉清）申すべく候也、

これによれば、もし家康が上洛しなければ、秀吉が出陣のうえ、弟の秀長に北国衆と近江国の手勢を添えて関東へ赴かせる手筈《てはず》であったが、家康は上洛して入魂となり、「何様にも関白殿（豊臣秀吉）次第」と発言したとある。このことにより、関東のことは入魂となった家康に任せると秀吉が命じたので、景勝もそのことを心得て安心するようにと述べ、それまで家康と景勝との間で係争の原因となっていた真田昌幸ら関係者の措置方も伝えている。

併存していた徳川家康と上杉景勝

家康が秀吉から「関東の儀、（徳川）家康と談合せしめ、諸事相任すの由、仰せ出され」たことをもって、専ら家康が秀吉から関東のことを委任されたと捉えるべきなのかどうかについては、近年、矢部健太郎氏が「家康の臣従による「関東惣無事《かんとうそうぶじ》」への関与を示すにすぎず、家康への「関東惣無事」の専任、及び景勝の「関左并伊達会津御取次」解任・留任までを明示したものではない」との見解を示している。[89]

ここで矢部氏のいう景勝の帯びていた役割とは、「天正十四年九月二十五日付上杉景勝宛石田三成・増田長盛連署書状」にある「関左并伊達・会津辺り御取次の儀ニ付て、御朱印相調え進め候、御才覚専一と存じ候事」との文言を指すのであろう(90)。景勝も、秀吉の朱印状によって関東ならびに伊達・会津周辺の取次役を任されていたことから、それを否定はされていない以上、家康と景勝は併存していたとの理解である。このことをふまえ、矢部氏は、当時の景勝が置かれていた状況にも目を向けるべきことを指摘する(91)。例えば、「天正十四年十一月四日付上杉景勝宛豊臣秀吉書状(92)」にあるような状況である。

関東の儀に就き、森（木村カ）弥一右衛門尉（木村吉清）差し遣わし候、すなわち新発《しば》田《た》（重家《しげいえ》）事、免じ置かれ、国一篇ニこれ有りて、関東へ動の刻、人数等一廉連ねらるべき儀、然るべく候と仰せ出され候のところ、その意を得られ、新発田免ぜらるべきニ相定めらる由、木村弥一右衛門尉（吉清）懇ろに申し候、但し、一書を以て、新発田物好き致す由、木村（吉清）つぶさに申し上げ候、然らば、（徳川）家康右の分候へハ、関東への人数も差し越さず、無事ニ仕るべく候由、家康へ仰せ出され候条、この上は、新発田儀、討ち果たさるべき事、専一候、物好きの段は、（上杉）景勝ばかりニ申す様にあらず候、かの下人の緩怠者の儀候条、年月を送られ候ても、新発田事は、首を刎ねらるべく候、これ以後、何たる儀申し越し候とも、八幡大菩薩許容すべからず候、その方の為を思し召さるニ付いて、国を一篇ニ有りたしと思し召され候て、新発田侘び言の儀、折々仰せ出され候つる、更に新発田を不便とも思し召さず候、その意を成さるべく候、なお増田右衛門尉（長盛）・石田治部少輔（三成）・木村弥一右衛門尉（吉清）申すべく候也、

当時の景勝は新発田重家との紛争への対応に迫られるなどしており、秀吉は関東のことは家康に任せているから、景勝には新発田の討伐に専念するよう促している。矢部氏は、景勝が秀吉の承認の下で新発田攻めを行ったことに注目し、「この時期、上杉家には新発田攻め・上洛・佐渡攻めなどの政治的課題が相次いだ。特に、長期戦となった新発田攻めや海を越えての佐渡攻めは、上杉家に大きな負担を強いた。「取次」行為の減少は、当時景勝が豊臣政権の命令を受けて軍事行動に奔走していたためであり、これをもって景勝が家康の「背景」「脇役」であったと認識することはできない」と述べ[93]、景勝が関東の惣無事から後退したわけではないと見ている。

そのような景勝に秀吉から期待された役割を示す史料として、矢部氏は次の「天正十五年

二月二十四日付上杉景勝宛豊臣秀吉書状」に注目している。[94]

去る（天正十五年二月）二日書状、披見を加え候、関東殊なる儀無きの由、申し越され候、然らば、八州儀、最前（徳川）家康上洛の刻、つぶさに仰せ聞かされ候間、定めて御請け申すべく候、自然北条（氏政）御下知に相背き、佐竹（義重）・宇都宮（国綱《くにつな》）・結城（朝勝《ともかつ》）へ相動くにおいては、こなたより仰せ聞かさるべき間、後詰め有るべきの用意申し付けらるべく候、なお石田治部少輔（三成）・増田右衛門尉（長盛）・木村弥一右衛門尉（吉清）申すべく候也、

すなわち、秀吉は、家康の上洛時に関東八ヶ国のことを詳しく仰せ聞かせたから、きっと家康はそのように動くであろうとしたうえで、もし後北条氏が関東で挙兵に及んだ場合には景勝に後詰めとなるよう準備を命じている。ここで景勝に命じられている後詰めについて、矢部氏は「上杉軍徳川軍の「後方支援部隊」の役割を命じられた可能性は低い。よってこれは、「敵の背後から攻める軍隊」と理解した方が適切だと考える」とし、実際の小田原の陣においても「景勝はこの時、前田利家と共に東山道軍の指揮官を務めているが、それは家康

を先陣とし、秀吉本隊を殿軍とする東海道軍とは別方向から、すなわち「敵の背後から攻める軍隊」であ」り、「秀吉から景勝への対後北条氏「後詰」命令が、時を経て、実際の軍事行動として遂行されたものだった」と理解している。(95)

豊臣秀吉により江戸へ転封される徳川家康

その小田原の陣後、家康は武蔵国江戸ほかへの国替えを命じられたのであるが、竹《たけ》井《い》英文《ひでふみ》氏によると、天正十八年（一五九〇）六月上旬の段階では天正十九年（一五九一）の江戸入部が予定されていたが、天正十八年（一五九〇）七月上旬には「来年との噂があった家康江戸入部が速やかに実施されることになり、会津へ向かう秀吉が家康を江戸まで召し連れ、江戸城の普請を行うよう命令することに決定した」とされ、「家康の江戸入部は、秀吉の会津出陣に伴う小田原―会津間の街道整備と同時並行して行われた」ことから、「家康の江戸入部も、この街道整備の問題との関係から考えなければならないはずである」という。(96)また、竹井氏は「小田原合戦を機に、関東各地の城郭や街道の性格・位置付けに大きな変化があったことは間違いない」が、「家康の江戸入部は、一時的なものに終わった可能性もあったことに注意」すべきだとしており、『家忠日記』の天正十九年二月六日条の「江戸方々ニ又御国替の沙汰候」[97]という記述に注目している。[98]

竹井氏のいうように「家康は秀吉の命令で転封される存在であった」し、「関白様（豊臣秀吉）より奥州表へ御働き候へ」と命じられて出陣しなければならない立場であった。[99]そのような家康は川田貞夫氏のいう「当時における臨戦体制の維持・継続と、将来への東国支配という、二つの観点からの配慮」[100]、あるいは竹井氏のいう「当時の豊臣政権の東国支配構想」[101]のもとで江戸へ配置された。

豊臣秀吉没後の徳川家康の選択

これまでに見た天正期以来の景勝との関係性や、家康の江戸入部をはじめとする小田原の陣後の様々な措置が秀吉によって規定・命令されたものであったとすれば、それらを秀吉没後の家康がどのように捉えていたのかという点が本書としては重要である。小田原の陣によって、家康の旧領国は、当初織田信雄らに与えられるはずであったが、信雄の改易によって「東海道の諸城については、豊臣系大名がいっせいに配置されることになった」[102]とされる。[103]このような状況を変えなければ、のちの家康による権力の樹立は不可能である。生前の秀吉によって自らの存在を様々な面で規定されていた家康が、そこからの脱却を図ろうとしていたのではないかと仮定すると、そのような考察に立ちはだかる点は、竹井氏の指摘したように「家康が主体的に江戸を選んだわけでもない。江戸入部当初から幕府を開こうとしていたわけでもなく、江戸開府は歴史的な結果であって必然ではない」[104]ことを認めたとしても、やはり家康は秀吉没後も江戸を離れなかったことをいかに評価するかという点であろう。それこそが、正真正銘の家康自身の選択だからである。

さらに、家康とともに秀吉から関東・奥羽の取次を命じられ、秀吉の最晩年には会津へと移された景勝に、家康が前田利家や宇喜多秀家に対する以上の圧力をかけ、しかも加藤清正や伊達政宗から危険性を指摘されていた会津攻めを敢行した意図とはどのようなものであったのか。

会津攻めやその後の家康の政治と秀吉存命中の諸政策・人間関係の影響との関係については、それらを連続的に理解する見解[105]とそうではない見解に分かれているが[106]、本書は、家康の政治的行動の指針について、生前の秀吉の所産を利活用しつつ、最終的にはそこからの脱却を図るという至難のものであったと捉えている。すなわち、いきなり秀吉の遺産を否定はできないが、周囲の承認を得ながら、徐々に自己主張を織り交ぜていくという手法を家康は採っていたのではないかと仮定し、そのような観点から家康の行動の再評価を行ってみよう。

克服の対象としての上杉景勝

光成《みつなり》準治《じゅんじ》氏は、景勝が「豊臣政権に早くから協力していたにもかかわらず、自らが独占するはずであった東国諸大名の取次を家康によって侵害された」と認識していたと捉え、「地域的権益が重ならない毛利輝元と徳川家康が両立可能であったのに対し、景勝と家康の地域的権益は重なっており、両者は対立する宿命にあったと言えるのではなかろうか」と見ている(107)。この見方をふまえると、家康としても、やはり会津という景勝の領知の立地上、景勝による関東侵出が可能な状況と不服従の継続はぜひとも克服したい事柄であったと思われるし、景勝の屈服自体、会津攻めとそこに至る交渉の重要な目的であったことがうかがわれる。

その会津攻めの目的について、水野伍貴氏は「家康が諸大名に会津征討を号令し、彼らを指揮することは豊臣公儀の軍事的統率権の掌握という面において非常に大きい意義があった。前田氏と上杉氏が連携する心配がなくなった以上、家康の選択肢は武力行使以外なかったのである」とする(108)。

いっぽう、同氏は「秀吉の遺言によって家康に諸大名に対する軍事統率権が委ねられていたわけではないため、本来は家康の軍事行動に正当性はなかった。もっとも、その問題は会津征討の直前に豊臣秀頼から金子を下賜されたことにより解決されるが、それまでは徳川氏と上杉氏の私戦でしかなかったのである。その証左として会津征討軍の先陣を長岡忠興に命じたり、伏見城留守居を島津惟新に命じたりと、征討計画が立った当初は、地理的な面を度外視し、徳川氏と親しい関係にある大名へ声がかかっている」とも述べているが[109]、前述の加藤清正や最上義光の対応ぶりを考慮すると、家康の行動の根拠に対する水野氏の疑義は必ずしも妥当とはいえない。また徳川史観からの脱却という観点から、水野氏と同様、近年の研究は家康の正当性・能力に疑義を示す傾向にあるが、すでに一部前述し、またのちに追加して検討するように、むしろ家康は自らの正当性の維持を重視しており、かたや大坂方の行動に正当性があるのかといえば、必ずしもそうではなかった。

軍勢動員権の発動に着目する先行研究

この点を考慮したうえで、それでも家康が清正や政宗からの諫言を容れずに会津攻めを敢行した理由として、水野説の一部は興味深い。かつて山本博文氏も庄内の乱に際して島津家に肩入れした家康が島津勢の応援として軍勢を派遣したことについて「島津氏へ過分なほどの厚意を示し、自らの影響下においておきたいという気持ちはあっただろう。また、豊臣体制の代表者として、国内の秩序を守る義務もあった。しかし、それらだけではないと思う。これは推測になるが、家康は、自らの手で軍勢動員をしてみたかったのではないだろうか」と述べていたが、[110] それとも符合する。

しかし、秀吉没後の家康の軍勢動員権の有無についてはのちほど検討するとして、軍勢動員そのものは、それこそ正当性があれば、既存の枠組みでも可能である。実際、当時も家康に正当性があると考えられたから、家康は庄内の乱で島津氏を応援でき、また上杉氏を標的とした出陣もできたのであろう。

会津攻めに際し、大坂城西の丸の表玄関前に現れた秀頼から家康に正宗の脇指・楢柴肩《ならしばかた》衝《つき》・茶壺（茶入・茶壺にはそれぞれ茶葉を詰めてあった）・黄金二万枚・米二万石が下賜されたかどうかについては、板坂卜斎《いたさかぼくさい》の証言のみであるので留保が必要だが、[111] 後陽成天皇からは『お湯殿の上の日記』の慶長五年六月八日条に「いゑやす（家康）あいす（会津）へちんたち（陣たち）につきて。御見まい（見舞い）としてくわんしゆ寺（勧修寺《かじゅうじ》晴豊《はれとよ》）。おなしくう大弁（勧修寺光豊《みつとよ》）御つかい（使）にて。さらし（晒し）百たんたふ。[112]」とあるように餞別が下賜されている。家康に正当性がなかったという議論はやはり難しいであろう。軍勢動員そのものに注目する説明は魅力的な説ではあるが、それらのみで会津攻め敢行に至った理由の全てを説明できるとも思われない。

会津攻め自体に着目する必要性

家康が利長や秀家に対する以上に景勝に圧力をかけ、しかも景勝の上洛の意向を容れず、出兵に踏み切った理由は、軍勢動員そのものに目的があるのではなく、軍勢動員の場所と効果に注目しての判断であったと考えざるを得ないのではなかろうか。だからといって、本書は、会津攻めが関ヶ原・山中の戦いを誘発させんがために企図されたとは考えていない。この点、水野氏が「会津征討が関ヶ原の役の発端となったのは歴史的事実である。しかし、後に関ヶ原の役が起きることを前提として議論がなされていることは、けっして正しいとはいえない。関ヶ原の役の発端としての位置付けしかなされず、事件の性格について目を向けられてこなかった」と述べていることは重要であろう。[113] その同氏は「すでに前田利長からは人質を徴収し、家康が軍事行動を躊躇する理由はなかった。諸大名に軍役を課して彼らを指揮することや、上杉景勝を軍事行動によって屈服させたという実績を家康は必要としたのだろう。会津征討は上杉氏の対応に関係なく、家康の思惑によって強引に導かれた回避不能のものだったのである」と見ている。[114] なぜ家康は景勝をこれほどまでに屈服させねばならなかったのであろうか。すでに景勝は上洛の意向を示していたし、その意味では緩やかな服従をしていたのである。それでは満足できない家康の事情を解明する必要があろう。

豊臣氏から源氏への復姓

そのような観点から検討を進めると、当時の家康の政治的志向を見極めるうえでの注目すべき動向として、家康が秀吉の死の直前に豊臣氏から源氏への改姓を企図し、秀吉の病没から一年を経ていない慶長四年（一五九九）七月には源家康の名でパタニ（マレー半島にあった王国）へ国書を発出していることが思い当たる。[115]

近年、家康・秀忠父子が羽柴名字と豊臣姓を使用していたことは、堀新氏や柴裕之氏によって承認される傾向にあるといってよいが、[116] 家康の豊臣姓の使用については、古くは中村栄孝氏が指摘してきたところである。[117] また『景勝公年譜』巻十八には、文禄の役の講和に際しての秀吉の日本国王冊封に伴い、徳川家康を含む諸大名に対して発給された明国の官職の箚書が引用されており、そこには「豊臣家康」と明記されている。[118]

問題は、その羽柴名字・豊臣姓であった家康が、いつ源姓に復したのかという時期であり、

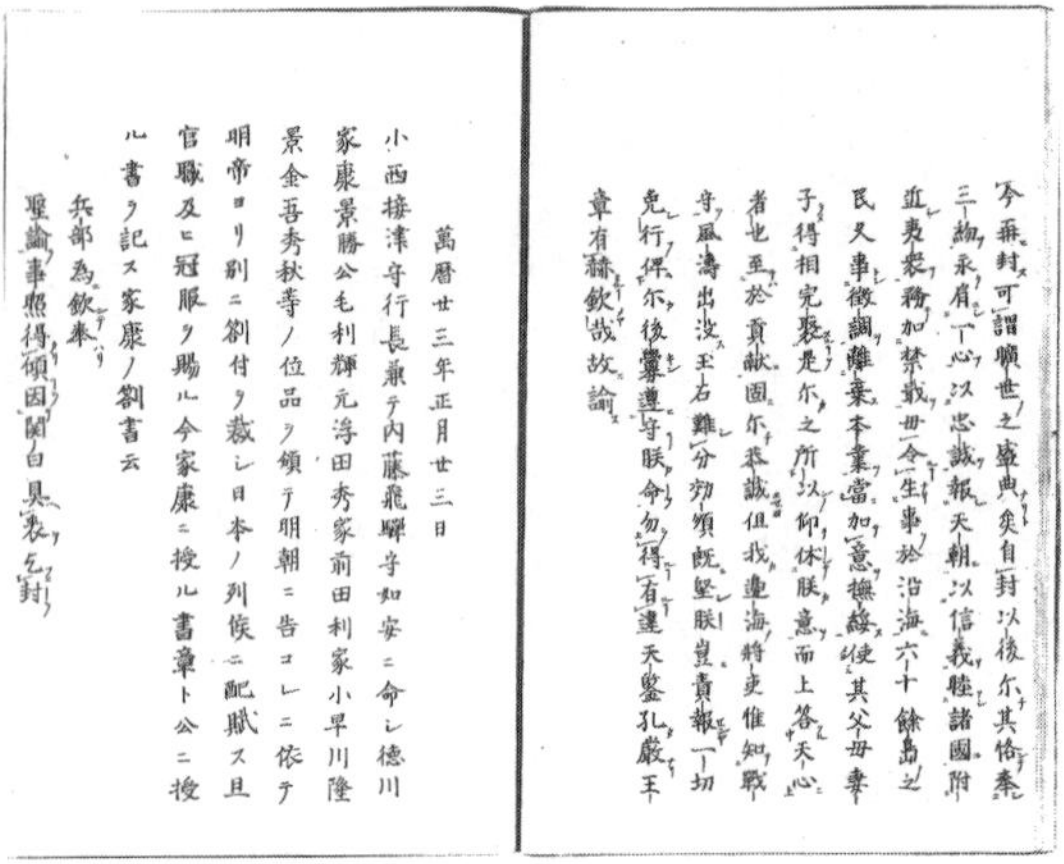

令乘封可謂曠世之盛典矣自封以後尒其恪奉
三勅永肩一心以忠誠報天朝以信義睦諸國附
近夷衆務加禁戢毋令生事於沿海六十餘島之
民又事徵調離棄本業當加意撫綏使其父母妻
子得相完聚是尒之所以仰体朕意而上答天心
者也至於貢獻固尒恭誠但我邊海將吏惟知戰
守風濤出沒玉石難分効順既堅朕豈責報一切
免行俾尒後輩遵守朕命勿得有違天鑒孔嚴王
章有赫欽哉故諭

萬暦廿三年正月廿三日
小西攝津守行長兼テ内藤飛驒守如安ニ命シ徳川
家康景勝公毛利輝元浮田秀家前田利家小早川隆
景金吾秀秋等ノ位品ヲ領テ明朝ニ告コレニ依テ
明帝ヨリ別ニ劄付ヲ裁シ日本ノ列侯ニ配賦ス且
官職及ヒ冠服ヲ賜ル今家康ニ授ル書章ト公ニ授
ル書ヲ記ス家康ノ劄書云
兵部為欽奉
聖諭事照得傾因關白具表乞封

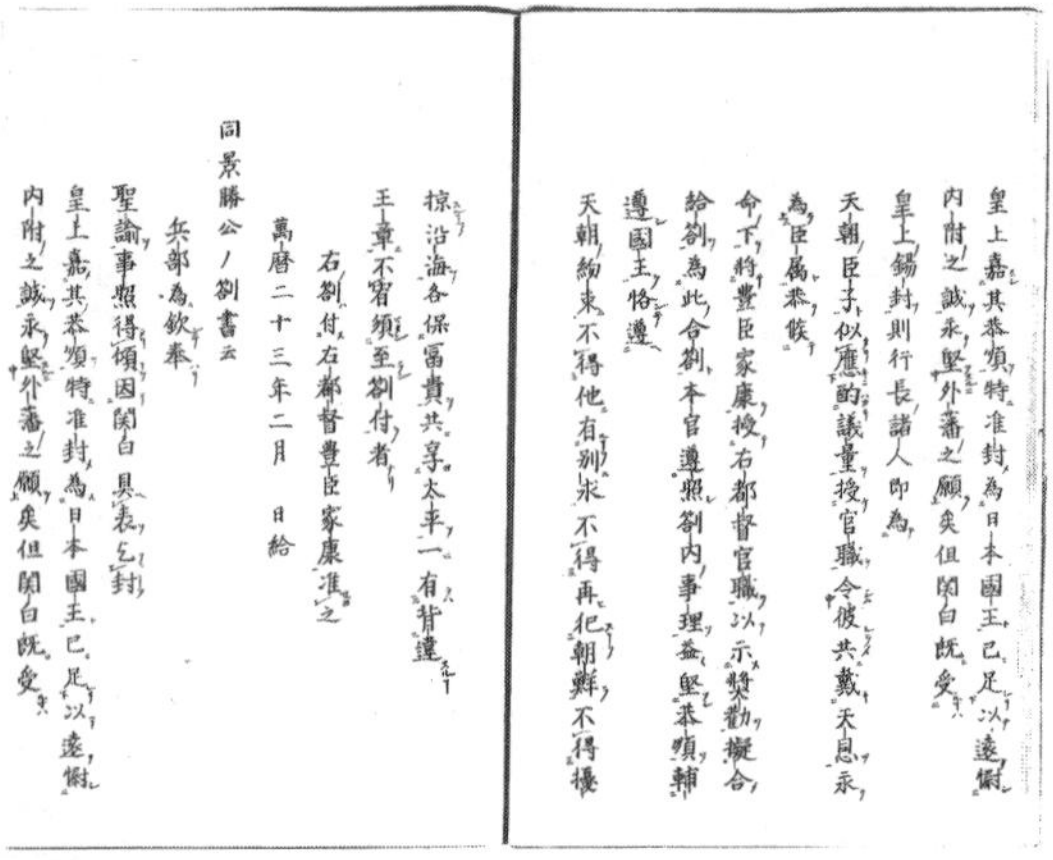

皇上嘉其恭順特准封為日本國王已足以遠懈
内附之誠永堅外藩之願矣但關白既受
皇上錫封則行長諸人即為
天朝臣子似應酌議量授官職令彼共戴天恩永
為臣屬恭候
命下將豊臣家康授右都督官職以示奬勸擬合
給劄為此合劄本官遵照劄内事理益堅恭順輔
遵國王恪遵
天朝約束不得他有別求不得再犯朝鮮不得擾

掠沿海各保富貴共享太平一有背違
王章不宥須至劄付者
右劄付右都督豊臣家康准之
萬暦二十三年二月　日給
同景勝公ノ劄書云
兵部為欽奉
聖諭事照得傾因關白具表乞封
皇上嘉其恭順特准封為日本國王已足以遠懈
内附之誠永堅外藩之願矣但關白既受

『景勝公年譜』（伝国の杜　米沢市上杉博物館所蔵）部分：文禄5年（慶長元年）秋9月2日条

明国から徳川家康に発給された箚書を引用した部分である。下段左側のまえから3行目に「豊臣家康」とある。

前述の国書によれば、慶長四年（一五九九）七月までに復姓を遂げていた点を強調しておきたい。

征夷大将軍職を見据えた道のり

なぜ復姓の時期が重要であるかといえば、家康の改姓は長期間にわたって藤原姓・源姓・豊臣姓・源姓とそれぞれの氏姓を行き来しており、その時期や目的をめぐっても、家康の将軍任官を含む政治的立場の考察とかかわって議論されてきたからである[119]。しかし、これまでの学界における議論は、豊臣姓の問題を近年ようやく考慮はしつつも、正面から位置づけることはなく、かつて笠谷《かさや》和比古《かずひこ》氏が提起した天正十五年（一五八七）の家康の左大将任官の可能性及びそれに伴う足利義昭の処遇の変遷に連動した源姓の選択、そして秀吉存命中の家康の独自性の発揮という学説[120]への批判に注力してきたといってよい。実際、笠谷説が成り立たないことは、近年、藤井譲治氏が論証したから[121]、議論は家康の豊臣姓の問題を含めて新たな段階へ移行すべきであろう。

　家康の源姓への復姓が慶長四年（一五九九）七月までに行われ、しかもそれは将軍任官を想定したものであったとしたならば、やはり家康はいち早い将軍任官とそれに基づく新たな政治体制の構築を目指していたのであろうか。

しかし、この推定が困難であることは、本書の冒頭でも確認したように、実際の家康の将軍任官は慶長八年（一六〇三）まで待たねばならなかったことで明らかである。慶長四年（一五九九）に源姓に復していた家康が、なぜ慶長八年（一六〇三）まで将軍に任官しなかったのかという新たな問題が浮上するのであり、また家康が秀吉の病没前後から将軍職を視野に入れていたとするならば、[122] 家康はいかなる形でそこに辿り着こうとしていたのかという観点から、いま一度慶長期の政治過程を見なおしてみる必要も生じるのである。

すなわち、後世の私たちが思うほど、家康にとって慶長八年（一六〇三）の将軍任官は既定路線ではなく、家康の頭の中と眼前には、全く異なる様々な計画・可能性があったと想定するほうが自然なのではないかということである。

それでは、その家康の本来の構想に近づく術《すべ》はあるのか。もしその術があるのならば、すでに先学が言及しているであろうから、これはなかなか難しいことである。しかし、私はふと、本書の執筆の過程で、なぜ家康は景勝にあれほどこだわっていたのかという点に問いを戻してみた。何度も述べたように、利長や秀家への対応と異なり、家康の景勝への攻撃は執《しっ》拗《よう》であったからである。家康にとり、景勝の存在が問題となるとすれば、いかなることか。

その観点から考察すると、これはまさに家康のその後を見据えた行動であったからであろうし、そこに景勝が立ちはだかっていた、あるいは景勝を攻撃すること自体に他では得られない政治的効果があったからではないかということに気づくことができる。それは、先行研究のいうような、軍勢動員そのものが目的ということではおそらくないであろう。前田利長と上杉景勝の連携の可能性を減じ、挟撃される恐れを取り除いたうえで、家康は、秀吉の遺言によって在京を免じられる時期に、敢えて実力行使の対象として景勝を選んだのである。それはなぜか。

軍勢動員の政治的効果

残念ながら家康の考えを明言した史料はないが、家康が源《みなもとの》頼朝《よりとも》を尊崇していたとの話は、この場合、かなり重要な意味を持つ。近年の研究によれば、頼朝は最初から征夷大将軍に任官することが決まっていたわけではなく、当初は将軍という線でのみ宮中へ働きかけ、宮中が様々な将軍職の中から征夷大将軍職を選定したことが解明されている[123]。もちろん、家康が近年の研究で発見・解明された史料や政治過程を全て把握していたわけではないであろう。家康の歴史観を形成していた根拠の一つは『吾妻鏡《あづまかがみ》』である。家康が欠本はありながらも『吾妻鏡』を所持していたことは、西笑承兌に宛てた次の家康の書状から明らかである。[124]

仍って吾妻鏡四十五の巻御覧候ハんの由仰せられ候間、取りニ遣り申し候ところニ、卅八・四十一・四十五、この三冊ハこなたニも御座無く候、余リハ御座候間御用候ハヽ借し申すべく候、

その『吾妻鏡』を家康は文禄《ぶんろく》五年（一五九六）七月二十九日には山科言経とともに読んでいたが、[125]家康の眼に景勝はどのように映っていたであろうか。これは私の想像でしかないが、きっと家康は頼朝の将軍任官の過程は調べたと思う。その結果、家康が気づいたことは、将軍任官の前に、奥州合戦を経ているということであったろう。[126]東国に基盤を持つ頼朝が奥州合戦を経て、将軍に任官しているという流れは、慶長四年（一五九九）から慶長五年（一六〇〇）当時の家康が置かれていた状況に重なるのではないか。家康は秀吉によって武蔵国江戸に配置されていた。景勝は陸奥国会津にいる。実際、景勝は関東を脅かす存在である。また、景勝には前述したように生前の秀吉から関東・奥羽との取次を命じられていた経緯が

あり、秀吉の病没直前に会津へ移されたことは、その機能が失われていないことの証左であったろう。もし家康が、軍勢動員を選択するとすれば、それは最も政治的効果があるからであろうし、軍勢動員に付加される価値が他の選択の場合よりも勝るからであろう。その政治的効果・価値とはいかなるものであろうか。

源頼朝の先例に倣う徳川家康

日本中世史の川合《かわい》康《やすし》氏による研究成果を参照して考察を進めると、頼朝の奥州合戦と家康の会津攻めは、日程と経路が同一ではないものの、近似している[127]。家康が朝廷の承認の下で出兵している点は、頼朝とは異なる家康の政治的配慮であろう。六月から七月にかけて実施されていることは両者に共通しており、家康が景勝の返答如何にかかわらず六月の出陣にこだわっていた理由も説明がつくように思われる。後述する慶長五年（一六〇〇）七月二十四日から同月二十六日の宇都宮や小山での家康の行動も、七月二十六日に頼朝が宇都宮で佐竹氏と合流しているというから[128]、それを家康が意識していたことを思わせる。

少なくとも家康は、大坂方の決起の報への対応方を決断するぎりぎりまで、頼朝の奥州合戦の運び方を忠実になぞろうとしていたのではないか。そして、もし会津攻めが成功裏に終わっていたら、家康は関東と奥羽の平定を功績として、将軍任官を朝廷に働きかけたのではないか。あるいは家康には、かつて織田信長に三職推任の話があり、勅使から「関東打はたされ弥重候間、将軍ニさるへきよし」[129]が伝えられていたことも念頭にあったかもしれない。秀吉が将軍職を望んだかどうかは不明な点も多いが[130]、直近の信長の例や頼朝の歴史的行為を意識し、秀吉没後の家康が関東以北を自らの手で掌握することにより、秀頼とは異なる政治的指導者の立場を確保しようとした可能性はあるのではなかろうか。

だが、ここで家康が将軍職に注目したからといって、ただちに将来の関白、秀頼の否定につながるとは限らない。現に頼朝は朝廷との棲《す》み分けを行ってみせていたからである。頼朝を例に、秀頼との共存も可能と考え、それを模索していたのかもしれない。

奥州合戦と符合する会津攻め

これ以上の憶測は控えるが、しかし、家康が頼朝を追慕し、彼の行動をなぞったのではないかとの推測は、川合康氏の研究に学ぶと、あながち外れてはいないと思われるのである。すなわち、同氏によると、奥州合戦には三つの特徴・意義があったといい[131]、一つ目は「西国・九州諸国にまで及ぶ全国大動員が行われ、頼朝自らがその大軍勢を率いたという事実で

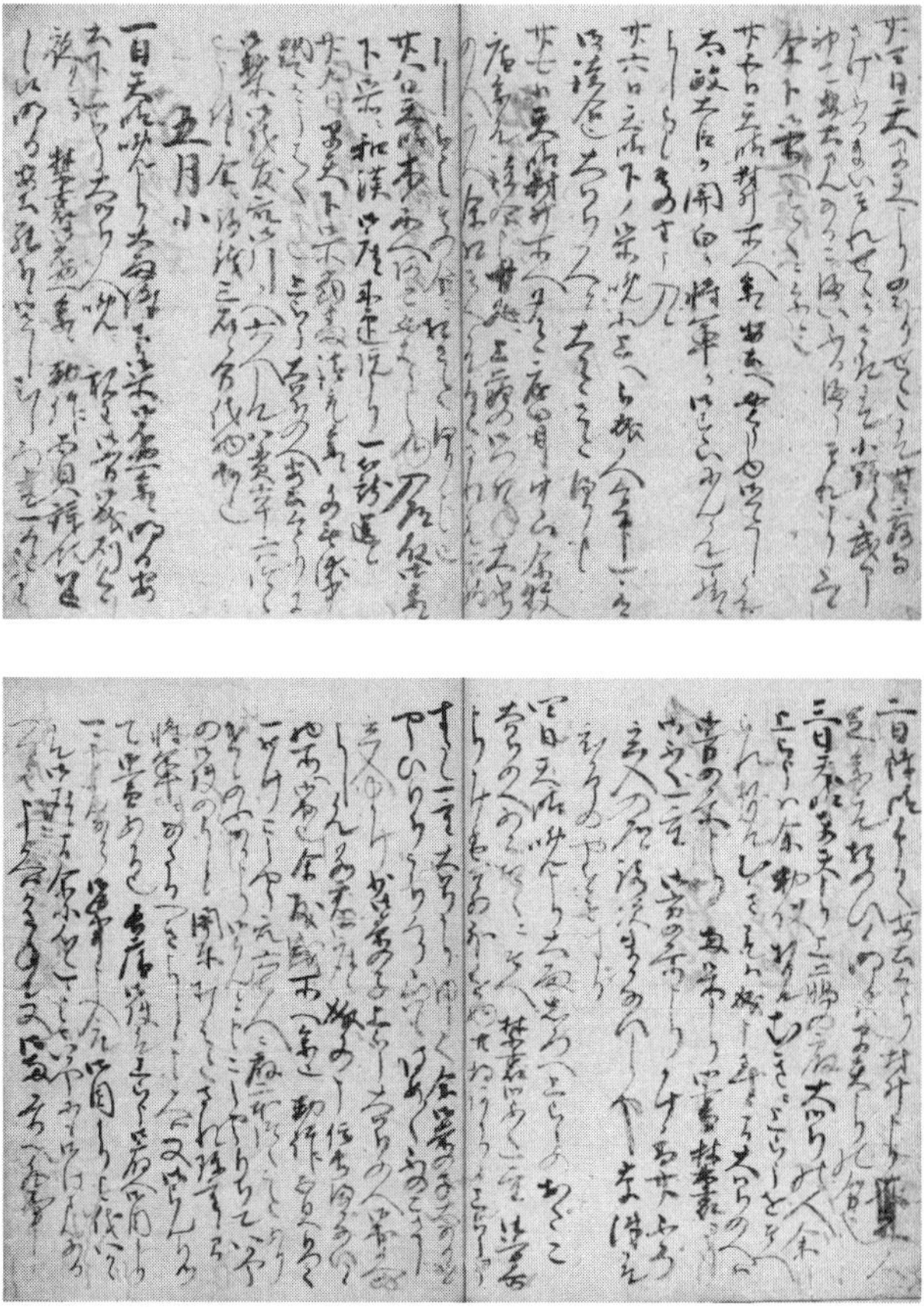

『日々記』（国立公文書館所蔵）部分：天正10年4月25日条・天正10年5月4日条

勧修寺晴豊の日記である。上段右側のまえから6行目に「太政大臣か関白か将軍か御すいにん」とある。下段左側のうしろから5行目・6行目に「関東打はたされ弥重候間将軍ニなさるへきよし」とある。

あ」り、「奥州藤原氏の勢力を過大評価するわけではないが、全国的動員に対応するほどの軍事力を有していたとは考えられず、むしろこれは、治承・寿永内乱期に動員した全国の武士をここであらためて召集し、頼朝自身が率いること、そのこと自体に目的があったとしか考えられない」というものである。[132] 二つ目は「頼朝は奥州合戦を強行するに際して、全国の寺社に奥州藤原氏の調伏祈禱を要請したことであ」り、とくに鶴岡八幡宮放生会《つるがおかはちまんぐうほうじょうえ》を七月一日に催行したという。[133] 三つ目は、「奥州合戦が頼義の佳例・故実に基づいて行われ、前九年合戦の再現として演出されたことであ」り、「頼朝は全国から動員した武士たちにこの「前九年合戦」を追体験させ、頼義の軍功を強烈に印象づけながら、頼義の正統的後継者として自らの権威を確立させようとした」というものである。[134]

川合氏によれば、頼朝は、河内源氏の祖先である源頼義の功績を追体験するため、本来必要のないかもしれない奥州合戦において軍勢動員を行い、戦時下で武士を統率してみせ、そこで神仏をも動員し、頼義の合戦の日取りや経路、軍旗・作法・場所を入念にふまえた。[135]

家康が、このような頼朝の行動をどこまで把握できていたのかは不明だが、『吾妻鏡』の読解からそのようなことを読み取った可能性はあろう。実際、会津攻めを行った家康の行動は、奥州合戦に臨んだ頼朝の行動と似ているのである。会津攻めの前には、のちに大坂方からの弾劾の対象となるが、石清水八幡宮領への優遇措置を講じているし、慶長五年（一六〇〇）六月二十九日には鶴岡八幡宮を参拝している。[136] 家康が源氏の棟梁として振る舞おうとしていたことは明らかであり、もし石田三成らが決起せず、またそれに毛利輝元や三奉行らが加わらなければ、会津攻めは、景勝との戦闘を交えずとも、景勝が江戸に参じさえすれば、家康による関東・奥羽平定の実演としての意味を帯び、その功績を梃子《てこ》に家康は諸大名に対する軍勢動員の実績を頼朝になぞらえる形で誇示することができたであろう。[137]

しかし、それは果たされなかった。石田三成をはじめ、大坂方が立ち上がったからである。もしかすると、前述のように想定した家康の企図があったとするならば、それを潰《つい》えさせるための決起であったのかもしれないが、ここで問題となることは、家康は会津攻めに際して、どの程度そのことを予見していたのかという点である。

かつて頼朝が奥州合戦で往昔の頼義の行動をなぞったように、頼朝の行動をなぞろうとしていたらしい家康のことを思えば、家康が意図的に大坂方の決起を誘発させるために、会津攻めを敢行したのではないことは、かえって明らかとなるように思われる。家康は、自らの壮大な歴史再現劇を邪魔されたとさえ思ったかもしれない。

会津攻めの最中に大坂方の決起の報を聞いた瞬間、そこで家康の考えたこと、そしてすでに考えていたことが次の本書の注目点である。大坂方の決起を知った時、家康は何を思ったのであろうか。意外に思ったのか、それとも「やはりな」と思ったのか。いずれにせよ、周知のように家康は会津攻めを中断して反転する。その決断の背景を理解することが、家康の政治的力量を評価するうえでも不可欠である。

第三章　徳川家康後半生の政治判断の規定要因

第一節　会津攻めの中断と徳川家康

会津攻めの中断をめぐる先行研究の評価

会津攻めの最中、家康は大坂方の決起の報を聞いたのだが、それは笠谷和比古氏が指摘したように、二つの段階に分かれていた。第一段階は、石田三成と大谷吉継の決起の報として、第二段階はそれに毛利輝元・宇喜多秀家・三奉行も加担し、それまでの家康の行為をも弾劾しているとの報として、それぞれ家康にもたらされた。[138]

第二段階の報は、慶長五年（一六〇〇）七月二十五日のいわゆる小山の評定より後にもたらされ、小山の評定においては第一段階の報が共有されていたとの笠谷氏の指摘は研究史的に現在も重要である。[139]同氏は、家康が第二段階の情勢を西上した諸大名に伝えるいっぽう、江戸へ戻って約一ヶ月間動かなかったことをめぐり、第二段階の報によって諸大名の去就が不透明となったこと、諸大名の寝返りによる挟撃を恐れたことを指摘している。[140]笠谷氏としては、家康は動くことができなかったという見立てである。いっぽう、同氏は、小山から戻って江戸を動かなかったこと自体は戦術として正解で、秀忠の軍勢に期待して諸大名とともに秀忠が西上できれば上策、万が一秀忠勢が諸大名に攻撃されたとしても、江戸城で家康は持ちこたえられるため、少なくとも負けはないとの読みだったのではないかとも推測している[141]。

その小山の評定に関する近年の議論への私見は後述するとして、ここで考慮しておくべきことは、笠谷氏のいう第一段階の報をうけた小山の評定では、諸大名の西上が決定され、そのまま直ちに実行されている点である。

藤井譲治氏は、家康による会津攻めの中断は、慶長五年（一六〇〇）七月二十二日には決断されていたといい、三成らの決起の報は同年七月十九日か七月二十日には家康に届いていたこと、また前引の「慶長五年七月二十一日付松井康之・有吉立行・魚住市正宛細川忠興書状」に「急度申し候、石治部（石田三成）・（毛利）輝元申し談じ、色立ち候由、上方より内府（徳川家康）へ追々御注進候」とあることをふまえ、すでに三成と輝元らの連携、すなわち第二段階のあり得ることは家康やその周辺には伝わっていたであろうと指摘している[142]。

この点については、細川忠興も「かくの如くこれ在るべしと、かねて申したる事候[143]」と述べていたのだから、おそらく家康も忠興などから聞き及び、また同じ所感であったろう。第一段階の報をうけた会津攻めの中断の決断の早さから推せば、第二段階の動きもある程度は織り込み、家康らは対応を協議していたのではなかろうか。

しかし、水野伍貴氏は、この時の家康の動きを「誤算の連続」と捉えている。[144] 小山の評定までの時間も「事態を楽観的にとらえ」ていたからであり、「何よりの誤算は、奉行衆のうち、現役であった増田長盛、長束正家、前田玄以の三名が西軍に味方したことである」とし、家康が「三奉行を信頼して」いた証として次の「慶長五年七月二十五日付長束正家宛徳川家康書状」に言及している。[145] 水野氏は、家康が小山の評定と同じ日に兵粮米の調達を長束正家に命じていることをもって、[146] 家康と正家の信頼関係の証左と理解するのである。

　なお以て右の扶持《ふち》方水口（近江国）に於いて相渡さるべく候
今度罷り上られ候惣人数の扶持方、相渡さるべく候、大形八萬程の積もりたるべく候、
その旨心得有るべく候、恐々謹言

情勢の変化に応じた徳川家康の柔軟な対応

しかし、そのような理解は果たして妥当であろうか。もちろんこの時点では第二段階の報

は家康の耳には届いていないから、まだ家康と三奉行との関係は破綻していない。けれども、水野氏は、かつて北島正元《きたじままさもと》氏や笠谷和比古氏が指摘したような、家康が会津攻めの進軍中、長束正家を警戒して彼の領知である近江国水口に滞在しなかったことなどをどのように解釈するのであろうか。[147]会津攻めが、豊臣体制による戦として、朝廷のほか三奉行の同意のもとで遂行され、例えば「慶長五年六月十五日付荻野孫五郎宛徳善院玄以・長束正家・増田長盛連署書状」において三奉行自身が先陣や軍法について家康の指示に従うよう命じている以上、[148]第二段階以前ならば兵粮の調達に関する事務連絡くらいはあり得るであろう。

　また、事務連絡のみで人間関係の質までを判定できないことは明らかである。関東における慶長五年（一六〇〇）七月二十五日は、まだ大坂方との表向きの制度的なやりとりは成立し得ると判断可能な段階なのであるが、そこに伏在するはずの、それまでの政治過程をふまえた政治家同士の緊張関係を看過してはならないであろう。

　家康のみならず、彼に従っていた諸大名にとっても、三成らの決起とそれに輝元らが加わること自体は、厄介なことではあったに相違ない。しかし、驚天動地の全く予想外のことではなかったのではなかろうか。第一段階の報をうけての家康の機敏な対応、第二段階の報をうけても再度の評定は要さずに伝令による書状と口頭での意思疎通が可能で、多少の行き違いはあろうとも全体としては必要な作戦を遂行できていることなどからは、むしろ家康らが、自らの読みの誤りを思い知らされて焦っていたというよりは、情勢の変化に応じて臨機応変の柔軟な対応ができていたともいえるのである。したがって、家康が小山から江戸に戻って動かなかった理由についても、笠谷氏の見立て以外の可能性を考慮しておく必要がある。

これらの点については、第四章で考察するが、もし家康や諸大名が三成らの動きを見て、さほど驚かなかったとするならば、それはなぜなのであろうか。先行研究は家康の誤りを指摘するが、当時の名のある大名は皆、会津攻めを実行した場合の展開を予想できていた。彼らは家康に自らの見立てを伝えてもいたのである。家康もわかっていたであろう。だから、家康は、さらにそれを念押しする加藤清正に苛《いら》立《だ》ったのである。しかし、それでも家康は別の目的があったから会津攻めを優先させた。それは向こう見ずの決断だったのであろうか。会津攻めを優先させつつ、それによって起こり得ることへの対応も考慮していたとするならば、家康にはどのような算段があったのであろうか。背後で起こり得ることに備えていた形跡は、京極高次や鳥居元忠への対応からもうかがわれるから、家康の構えを知ることが重要である。

関ヶ原・山中の戦いは、結果論的に天下分け目の戦いとして記憶・理解されがちである。

かつて笠谷氏も強調したように、関ヶ原・山中の戦いは、天下分け目の戦いとして片付けられるほど単純な歴史的事件でもないし、その後に展開した政治は必ずしも家康の思い通りにはなっていない。近年の研究によれば、戦いの実態に関する理解もかなり変わってきている。

本書でも前述したように、おそらく会津攻めの時点で家康は三成らの決起や関ヶ原・山中の戦いを誘発させようとは思っておらず、むしろ会津攻めによる政治的効果のほうを狙っていた。家康とて、全てを見通せていたわけではないであろう。三成らの決起から関ヶ原・山中の戦いに至るまでの経緯や速度は必ずしも家康の思惑や読みの通りではなかったであろうけれども、かといって全く予想外のことでもなく、その読みと臨機の対応ぶりが三成らよりも勝ったからこそ、家康は政治的に適切な対処をなし得てひとまずの勝利を得たのである。

いま知るべきは、家康らが生き抜き、凝視していた政治の世界の光景である。彼らは、それをふまえて行動していたはずだからである。そして、その先に慶長五年（一六〇〇）以降の政治もあるのである。

第二節　豊臣政権の権力構造と徳川家康の境遇

豊臣政権の変質の帰結としての関ヶ原・山中の戦い

このような見方は、例えば中野《なかの》等《ひとし》氏が「朝鮮からの将兵撤退が慶長三年の末に完了すると、家康が豊臣家奉行衆による政務主導を嫌う諸勢力の糾合に努め、奉行衆との対立を激化させていくこととなる。概括的な表現にはなるが、自らを政権官房として位置づけ国政の主導を目論む豊臣家奉行衆と、それを嫌う勢力との対立を起点とする延長線上に、関ヶ原合戦も位置づけられる」と述べ[149]、また竹井英文氏が中野氏よりも長い時間軸で、

「唐入り」が遂行されるなか、国内でもさまざまな問題が起きていた。文禄四年（一五九五）には、いわゆる秀次事件が起き、伊達政宗や最上義光など東日本の諸大名にも嫌疑が及び、一時騒然となった。慶長二年（一五九七）には、徳川家康と繋がりがある浅野長吉らによって、石田三成らと深く繋がっていた佐竹・宇都宮両氏の改易が計画され

た。そして、実際に宇都宮氏が改易され、翌年に親家康である蒲生秀行が、大幅減封されながらも会津若松から宇都宮へ入部した。替わって上杉景勝が会津若松へ国替となった。東日本の支配をめぐって、豊臣政権の内部では抗争が始まっていたのであり、その延長線上に関ヶ原の戦いが勃発するのである[150]。

とまとめていることからも、近年ようやく留意されるようになってきた。

このような見方のもととなる研究は、昭和三十八年（一九六三）に初出の朝《あさ》尾《お》直《なお》弘《ひろ》氏による「豊臣政権論」であろう[151]。いまから六十年前に、すでに秀吉存命中の権力闘争と、それに伴う豊臣政権の歴史的変質が説かれていたことについては、朝尾説に対する批判の存在を考慮したとしても[152]、率直に敬意を覚える。

豊臣政権末期に露呈した問題

竹井氏も言及した秀次事件は関白職にある人そのものを葬ったが、そのため関白職によることができなくなり、「実力が新しい体制原理として上下に貫徹」することになった豊臣政権は「もはや関白という伝統的権威においてでなく、実力と実力のぶつけあい、その均衡において成立しており、実力の階層序列の新しい編成をめざして公然たる運動が開始される場として成立した」と見る朝尾氏は、この時以来「豊臣氏も覇権を競い合う私的な実力の一つとしての客観的存在を有しているにすぎなかった」とする。[153] そして、朝尾氏は「天下の統治者としての地位を存続させる条件は、豊臣氏がどれだけ自己の領国体制を確立しうるか、どれだけ自己の私的な家臣団編成を強固なものとなしうるかにかかっていた」とし、「蔵入地が分散し、中心となる家臣団は、中央政権＝「公儀」の奉行としても存在しなければならない豊臣氏の不利」を指摘している。[154]

朝尾氏は明言していないが、まさにその後の家康の政治は、この豊臣政権末期に露呈した問題を解消すべく、末期豊臣政権の不利を自らの政権で克服する政策を採ったことがわかる。いっぽう、朝尾氏は秀次事件後に「大名連合的性格をおびてきた「公儀」の掣肘」をうけて「奉行もまたその機構の一員として、多数決の原理に拘束され」たとしており、もはや「豊臣氏の私的な利益のために、奉行の立場を自由に駆使しえない状態」となったにもかかわらず、「この時期になってなお伝統的な蔵入地体制に頼り、中央政権として大名領知に干渉することを主要な方針とした」「三成の誤算」を指摘する。[155]

豊臣政権の限界を見据え、それとは異なる体制の構築を模索した家康と、従来の体制とその下での権力の行使にこだわる三成との対比が際立つのであり、この対立は朝尾氏によると、さらに長い時間を経て醸成されたものであった。

天正期に主導権を握る豊臣秀長・千宗易

そもそも三成らは最初から秀吉のもとで権力を掌握できていたわけではなく、当初は秀吉の弟秀長と千宗易《せんそうえき》（利休《りきゅう》）が政権の主導権を握っていたといわれる。次の「天正十四年四月六日付古荘丹後入道・葛西周防入道・斎藤紀伊入道宛大友義鎮《おおともよししげ》書状」(156)は、秀長と宗易の存命中の様子をよく示している。

直に美濃守殿（豊臣秀長）へ参り候折節、普請の仮屋に御座候、殊の外御取り持ち、御酒なと数辺御進め候、酉刻程に罷り立ち候、はる〱宗滴（大友義鎮、宗麟《そうりん》）手をとられ候て、何事も何事も美濃守かくのごとく候間、心安かるべく候、内々の儀は宗易（千利休）、公儀の事は宰相（豊臣秀長）存じ候、御為ニ悪しき事ハ、これ有るべからず候、いよいよ申し談ずべしと諸万人ノ中ヲ手ヲ取り組み、御入魂中々忝く存じ候、いつと□□宰相殿を頼み申し候ハてハにて候間、よくよく御心得入るべく候、今度（千）利休居士心を添えられ、馳走の様子申し盡くし難く候、永々忘却有るべからず候、ここもとの儀見申し候て、宗易ならてハ　関白様（豊臣秀吉）へ一言も申し上ぐる人これ無しと見及び申し候、大形ニ存ぜられ候ては、以ての外候、とにかくに當末とも（豊臣）秀長公・宗易へハ、深重隔心無く御入魂専一候、

大友宗麟が大坂城で秀吉に拝謁した後、秀長邸を訪れた場面である。秀長は宗麟を歓待し、今後も秀長が宗麟を指南する旨を約したのだが、その際に秀長からあの有名な「内々の儀は宗易（千利休）、公儀の事は宰相（豊臣秀長）存じ候、御為ニ悪しき事ハ、これ有るべからず候、いよいよ申し談ずべし」との発言があったのである。宗麟が秀長を訪ねた理由は、もちろん秀吉への拝謁に際して秀長の尽力があったからであり、宗麟は今後も秀長を頼みとするよう家中に言い聞かせている。そのうえで、宗麟にとっては、大坂城における宗易（利休）の立ち居振る舞いもよほど印象深かったようである。宗麟をして「（千）宗易ならてハ関白様（豊臣秀吉）へ一言も申し上ぐる人これ無しと見及び申し候」と言わしめている。宗麟は、秀長そして宗易との関係性の維持の必要性を痛感したのである。

東国政策をめぐる対立

実際、次に引く宗易（利休）の亡くなる約二ヶ月前の「天正十九年正月二日付松井康之宛千宗易書状[157]」を見ると、秀吉に事細かく言上でき、また秀吉の意向を伝達できる宗易の立場がよくわかる。

一、不慮の御逗留、只今二本松（奥州伊達郡）に浅弾（浅野長政）御同陣、これまた奇特、さりながら御名誉に候、上様（豊臣秀吉）も御耳に入れ候、御感に候、

一、奥州一揆蜂起の事、ひとえに（伊達）政宗謀叛の段、紛れなき様に上様御耳へも入れ申し候、

一、羽忠（蒲生氏郷《がもううじさと》）を、政宗武略の覚悟、羽忠油断の様に思しめされ候、それについて去る二十八日両使いを以て、中様（豊臣秀次）・（徳川）家康様御両所へ折紙進められ候、定めて弾様へも同前たるべく候、

一、雪中かれこれ、先へ御働きになり申さざる由、尤もに存じ候、上様もその分に思し召され候事、

一、政宗去《ニ》四日に黒川へ陣替え候て、会津二本松通路なき様に候段、紛れなき謀叛、兎

角羽忠会津へ帰城なく候へば、政宗何事を申され候ても、皆表裏と　仰せ出だされ候、

これは小田原の陣後の奥州で頻発した一揆をめぐり、その背後に伊達政宗のあることは間違いないと宗易（利休）が秀吉に伝えていることがわかるという意味で重要な史料である。なぜなら、朝尾氏によると、当時は東国政策をめぐり、すでに政権内部で強硬派と宥和《ゆうわ》派の路線対立があったとされる時期に該当し、東国で後北条氏に対抗して政権寄りの佐竹・宇都宮・蘆名の各氏を支援して権力の確立をねらう三成らが、それとは別の独自の勢力を形成していた伊達・後北条・徳川の各氏及びそれらに近い秀次・前田利家・浅野長政らとの間での熾烈な争いに勝利した結果、小田原の陣となったからであり、宗易（利休）の立場が危うくなり始める時期は「天正十九年閏正月二十日前後」とのことだから、[158] 前引の書状はそれより少し前のものである。

朝尾氏は慎重に「利休が直接宥和政策に干与したという証拠はない」としているが、政宗のことを茶でもてなしたり、秀吉に取り成したとも述べ、宗易（利休）を宥和派に数えているようにも見える。[159] しかし、宗易（利休）は政宗の非を秀吉に伝えているのだから、宗易

（利休）を東国政策の強硬派と宥和派のいずれかに分類することは難しいであろう。

むしろ、そのような闘争の最中に両派の間を立ち回り、秀吉との意思疎通もできるという特異な立場が災いした恐れはある。そのことに結論を出す用意はないが、むしろここでは、そのような宗易（利休）が、朝尾氏も指摘したように、秀吉の実子鶴松《つるまつ》の誕生に伴う権力構造の変化と、前引の書状の二十日後に秀長が病没したことにより、三成らの攻撃対象とされ、家康や政宗の在京中に見せしめのように自害に追い込まれたこと[160]を確認しておきたい。

石田三成らへの権力の移行と文禄の役

秀長と宗易（利休）の死は、三成らへの実質的権力の移行を意味した。天正十九年（一五九一）八月五日の鶴松の病没[161]は三成らにとっても予想外ではあったろう。しかし、すでに彼らは、秀吉の命令という形ではあるものの、家康を秀次とともに奥州一揆の鎮圧に向かわせるほどの力を有していた。[162]そして、その後はただちに『家忠日記』の天正十九年十月五日条が「関白様（豊臣秀吉）唐入り必定にて、殿様（徳川家康）も御ともの由候、中納言様（豊臣秀次）へ天下参り候由候」[163]と記すように、鶴松に代わって秀次が秀吉の後継者とされ、家康は文禄の役へと関わらざるを得なくなるのである。

この文禄の役は、二つの意味で家康にとっては試練であった。一つは、家康自身にとって、いま一つは秀次との関係においてである。
近年の跡部信氏の研究によれば、秀吉は李氏朝鮮に明国への仮途《かと》（道を借りる）と嚮導《きょうどう》（先導）の両方を求めていたが、「通信使を服属使節とみなしても、朝鮮が自分の命令に服従する存在になったと信じていたわけではなかった」ようであり[164]、次の「文禄二年正月七日付八戸政栄宛南部信直書状[165]」からは、より踏み込んだ秀吉の要求もうかがわれる。

高麗一圓ニ日本へ相渡され候、しかして国王も日本へ御渡候て、御扶持加えられ、日本ニ指し置かるべき由候、唐よりハ何程も御用次第ミつき物を毎年相越すべしと候、すなわち日本の唐ニ成候事、いかゝ思召候哉、かほとニ目出たき事、早々聞かせ申すべしと存じ候て、使者下し候、

跡部氏は秀吉による領土獲得の目標については次第に優先順位が下がることを指摘し、最終的には非現実的なものとして捉えているが[166]、出兵の初期段階では、朝鮮半島が日本の一部となることが大名衆にも喧伝《けんでん》されていたことがわかるし、同書状には、

高麗ハ一国百郡二百郡の由申し候、こと〱く日本の大名衆国を給わられ候て渡すべしと候、その落着ハいまにこれ無く候、

ともあるから、獲得する領土が大名に宛がわれるらしいとの観測もあったことは事実であろう。[167] そして、次の「文禄二年五月二十五日付八戸政栄宛南部信直書状」によると、[168]

高麗八州を四ヶ国日本へ遣わさるべきニ候、是ハ一国九州ほと候、御人数をひかれ候へ、御年具（貢）にて御上有るべしと御侘び候、から（唐）の大わう（大王）も御月（貢ぎ）物有るべしと候、さてさてこの上有るまじきと上下仰せられ候へども、高麗四ヶ国ニ日本の侍共を指し置かれず候はば、御無事有るまじきと、大（太）閤様（豊臣秀吉）色々御なんたゐ（難題）を懸け仰せられ候、（中略）、高麗在陣の衆、散々ニつかれはて、何の用ニもたつへき躰なく候、

さすがに秀吉の李氏朝鮮国王に対する要求の無謀さと戦争遂行目標の達成の困難さが次第に

認識されるようになっており、秀吉の無謀な戦争に付き合わされる諸大名の疲弊も赤裸々に語られている。

豊臣秀吉に抗えない諸大名

このような困難と疲弊に直面しながらも、大名が秀吉の命令に応じなければならなかった理由とはいかなるものであったのか。南部信直は、「文禄二年五月二十七日付八戸直栄宛南部信直書状」において次のように説明している[169]。

> 只今御頼もしき天下ニ候、又大事ニも候、もし不相応の事を懸け仰せられ候とも、申し分事なく候、手前不調ニ候へハ、すなわち身上はて候、

天下の体制は強大であり、今は大事の時節でもあるとしたうえで、もし秀吉から分不相応のことを命じられたとしても、それに抗弁することはできないとし、応じられなければ身上が果てるのだというのである。これは、南部に限らず、家康などにとっても同様であったろう。実際、家康も朝鮮半島への出陣が現実のものとなりつつあった。その際の事情は、「文

禄元年十二月三日付八戸直栄宛南部信直書状案」によれば、次のようなものであった。(170)

京都しつかに候間、床敷有まじく候、大（太）閤様（豊臣秀吉）の御事、唐へきこえ候て、唐ゟ《より》日本人を取まき候、それについて、（徳川）家康御越有るべしと仰せられ候、それも来（文禄二年）三月と候間、其内ニよしあしすミ候へく候、家康御越候はば、九郎（南部利直）も御供申すべしと申す由候、家康ハみな〳〵とめ御申も有るべく候、さやうニなく候とも、三月まてハかゝハるましく候、又唐人引返し候か、何へんニすミ候へく候、（文禄元年）十月の事ニ候、（文禄二年）正月まても延ましく候、殊ニ三月御立候はば、四月高麗へ御渡り有るべく候、いかてそれまてハ延ましく候、

戦地では、明国が参戦してきており、戦況次第のところもあったようであるが、翌文禄二年（一五九三）三月の渡海が想定されていたようである。これ以前にも、出兵当初の日本勢の優勢から、秀吉自身の渡海が検討されていたことはあった。例えば、「天正二十年五月十八日付御ひかしさま・御きやくしんさま宛山中長俊書状」には次のようにある。(171)

かうらい（高麗）のミやこ（都）すき（過ぎ）つる二日にらつきよ（落去）つかまつり（仕り）候、それにつきうへさま（上様、豊臣秀吉）御とかい（渡海）御いそき（急ぎ）なされ候、かうらい（高麗）へこされ（越され）候しよくんせい（諸軍勢）のふね（船）とも、こと〱くあひそろへ（揃え）さしもとす（差し戻す）へきよし、せつ〱（切々）仰つかハされ（遣わされ）候、そのふね（船）まかりつき（罷り着き）したい（次第）、まつ御むままハり（馬廻り）までめしつれられ、御とかい（渡海）なさるへきとの御事にて候、たう月（当月）うちに、ミやこ（都）まて御とうさ（動座）なさるへきとのきよい（御意）候、しかしなから、かいしやう（海上）の事候まゝ、いかゝあるへく候や、ひきやくふね（飛脚船）のゆきゝ（行き来）ハせつ〱（切々）御入り候へとも、むかし（昔）よりかやうにふね（船）のゆきゝ（行き来）、心やすき（安き）事うけ給りおよはさる（及ばざる）と、こゝもとの物とも申す事候、御いくわう（威光）ゆへに候、

李氏朝鮮の都の漢城が陥落し、秀吉は自らの渡海を急ぎ、まずは船の調達を急がせ、馬廻衆とともに海を渡ろうとしたようである。一見、山中はそのような急な渡海を危険視してい

るのかと思いきや、そうでもなく、これまでよりも飛脚の船が易々と行き来していることは従来なかったことで、これも秀吉の威光のゆえであるとの楽観的な見通しが示されている。

豊臣秀吉の壮大な計画

このような戦況と制海権をめぐる楽観視は、秀吉本人のものでもあったようであり、同書状ではさらに驚くべき計画が記される[172]。

一、たいたう（大唐）おほせつけ（仰せ付け）られしたい（次第）、たうくわんはくとの（当関白殿、豊臣秀次）へ御わたし（渡し）なさるへきよし候まゝ、らい（来、文禄二年）正月・二月時分ニその御ようい（用意）おほせこされ（仰せ越され）候事、

一、につほん（日本）のていわうさま（帝王様、後陽成天皇）を、から（唐）のミやこ（都）へすゑ（据え）させられへきあひた（間）、その御ようい（用意）あるへきよしおほせあけられ（仰せ上げられ）、すなハちたいり（内裏）御りやうしよ（料所）として、ミやこ（都）まハり（周り）にて十かこく（ヶ国）御しん上（進上）

なされ、そのうちにてしよくけしゆ（諸公家衆）へもしはい（支配）なさるへく候、したひのしゆ（衆）十さうはい（増倍）、上のしゆ（衆）ハしんたひ〳〵（身代身代）により申へきよし御意候、

一、かうらい（高麗）のミやこ（都）にハきふ（岐阜）のさい相（宰相、豊臣秀勝）殿・ひせん（備前）のさい相（宰相、宇喜多秀家）殿、このうち一人すゑ（据え）させらるへきよしに候、かうらい（高麗）のミやこ（都）ハ、ほんてう（本朝）のにつほん（日本）のいへかす（家数）一はい（倍）ほと、あきち（空き地）もなくかハらふき（瓦葺き）につかまつりこれあるよしに候事、

一、うへさま（上様、豊臣秀吉）ハほんきん（なんきん、南京）のミやこ（都）に御さ所（御座所）をなされ、又それをもたれそ（誰ぞ）御すへ（据え）なされ、につほん（日本）のふなつき（船着き）にんぼう（寧波）ふ［（に御いん）］きよ所（御隠居所）を御きわめ（究め）なさるへき［（かと御あらましに候）］

一、こんと（今度）御さき（先）つかつ（ま）つり候しゆ（衆）ハ、天ちく（天竺）ちかき（近き）くにとも（国共）くたされ候、そのゝち（後）ハうへさま（上様）御ことは（言葉）をくわへられすとも、なるへきほと天ちく（天竺）きりとり（切り

取り）申し候やうにとのきよい（御意）候、
一、てるもと（毛利輝元）・とさのしゝう（土佐の侍従、長宗我部元親）・さつまのしゝう（薩摩の侍従、島津豊久）・ふんこのしゝう（豊後の侍従、大友義統）、このめんく（面々）は、こちらにてほんこく（本国）かハり候事めいわく（迷惑）かり申すへく候まゝ、いつまてもそのまゝおかせ（置かせ）らるへきよし候、よのしゆ（余の衆）ハ十さうはい（増倍）・廿さうはい（増倍）のちきやう（知行）下されつかわ（遣わ）さるへきよし候、てるもと（毛利輝元）なとに十さうはい（増倍）下され候へハ、御くに（国）のしはい（支配）もならす候まゝ、ほんち（本知）をおしミ（惜しみ）候事、うへさま（豊臣秀吉）御まんそく（満足）との御りこう（利口）に候事、

もし明国を併呑できたならば、関白秀次に渡すといい、やはりそれは文禄二年（一五九三）正月から二月頃が想定されていたようである。また、後陽成天皇を北京へ動座させ、その周辺に公家領とともに禁裏御《ご》料《りょう》を進上するともある。そして、朝鮮半島の経営についても指示し、秀吉自身は南京に御座所を設けたうえで、何者かをそこに据え、さらに寧波に居

所を定め、天竺をもうかがう計画であったという。困るのは大名衆であった。中国大陸などで領知を宛がわれる恐れがあり、それを内心不安に思っている大名衆の立場を秀吉は認識したうえで、敢えて中国大陸・朝鮮半島での領知宛行をちらつかせ、大名の反応を見ているのであった。毛利輝元の反応が例示されているが、日本国内の本領の十増倍もの領知が与えられてしまうと、かえって本知行の支配がままならなくなるという言い訳をしたようで、秀吉はまんざらでもない反応であったようである。かほどに無茶な状況下であっても、大名は秀吉の威光のほうを恐れたのであった。

徳川家康の涙

実際に渡海して朝鮮半島で戦闘に従事する大名もいる中、家康らも渡海させられる恐れが出てきていたことは前述の通りである。果たして家康らはどのように対応したのか。この点について、次の「文禄元年六月六日付宛名未詳西笑承兌書状」は、当時の緊迫した生々しい状況を伝える。[173]

一、当月（文禄元年六月）太閤太相国（太閤大相国、豊臣秀吉）御渡海有るべきの由相

> 究まり候ところ、徳川（家康）殿・前田（利家）殿、内々誓紙を以て申し入れられ候間、すなわち御談合に召され候、石田治部少輔（三成）とても御越し成され候はば、当月（文禄元年六月）然るべきの由候、（徳川）家康存分ハ、船頭ども申し候ハ、土用中（文禄元年）七月ハ不慮の風御座候間、万一の儀御座候時は、天下一同相果つる儀候間、両人をまず差し越され候はば、上意の趣涯分申し付くべきの由候、落涙候て申され候、それゆえ又変［　］

　これによると、文禄元年（一五九二）六月には秀吉の渡海が決まったようである。この時、家康と利家が起請文を以て申し入れたことがあり、談合となった模様である。そこには三成もおり、三成は文禄元年（一五九二）六月に渡海すべきだと主張したという。これに反論した人物が家康であり、彼は船頭たちの意見を容れ、渡海の期間となる文禄元年（一五九二）七月の海の状況をふまえてその危険を指摘し、秀吉に万が一のことがあれば、天下一同が相果ててしまうことになるから、どうしても渡海して秀吉の意向を伝える必要があるならば、家康と利家を現地へ派遣してほしいと涙ながらに述べたとある。

　三成と家康の差が際立っていて興味深いが、秀吉の身を案じて三成が止めるのならばともかく、家康が泣きながら秀吉を止めたのである。そして、あろうことか、家康が秀吉の代わりに渡海するとまで述べた。

これを聞いた秀吉、そして三成の気持ちは、どのようなものであったろうか。この発言があったがために、しばらく後になって、前引の「文禄元年十二月三日付八戸直栄宛南部信直書状案」にあるように、本当に家康自身の渡海が持ち上がってしまったのであろう。しかし、私は、ここに捨て身の挙に出た家康の凄《すご》みを感じるし、ここで家康の流した涙とは果たしてどのようなものだったのだろうとも考え込んでしまう。

もし家康がこの時点で次の天下人を狙っていたならば、危険な海に身を投じようとする秀吉を止めてどうするのだろう。むしろ、「ぜひ渡海なさってください」と勧めてもよさそうなものである。いっぽう、むしろ秀吉に忠実な吏僚であるはずの三成が秀吉を渡海させようとしているこの矛盾が、両者の相容れなさと能力の差を示しているようにも思われる。

家康とともに秀吉を諫《いさ》めたとされる利家もまた、「文禄二年二月十五日付単丁斎今井宗薫兼久宛伊達政宗書状写」に「高麗の儀は、御注進の而《由》、心元無く存じ候、羽筑（前田利家）・羽久太（堀秀治）・羽忠三（蒲生氏郷）・左京殿（浅野幸長）・浅弾（浅野長政）、近日天気次第ニ渡海の由、及び承り候」とあるように(174)、渡海させられそうになっている。家康と利家は、ともに自ら危険を冒して秀吉の無謀な行動を止めていたのである。この点で、家康・利家と三成とでは、かなり政治信条が異なっていたことがうかがわれよう。むしろ、従来の研究において対立ばかりが注目されてきた家康と利家の共通性にも目を向ける必要があるように思われる。

命拾いをした徳川家康

家康と利家の渡海の件が、その後どのような経緯を辿ったのかは不明だが、結論としては、両者の渡海は沙汰止みとなったようである。次の「文禄二年五月十八日付伊良子信濃守宛最上義光書状写」[175]は、その際の家康の心情をよく伝えている。

一、われら（我等、最上義光）とかい（渡海）の事、ありさうもなく候、ひたとの（飛騨殿、太《おお》田《た》一吉《かずよし》）へたつね候も、かうらい（高麗）の御ミかた一所ニあつまり（集まり）候て、又はんまい（飯米）なく候間、人しゅ（人数）ニことハかゝす（事は欠かず）、こめ（米）ハなく候間、あとよりかうら（高麗）へハ人しゅ（人数）御こし（越し）候ましく候間、心やすく（安く）候へと御かたり（語り）候、あわれ

〳〵そのことくニて、いのち（命）のうち（内）ニいま一と（今一度）もかミ（最上）のつち（土）をふミ申したく候、ミつ（水）を一はい（杯）のミ（飲み）たく候

一、上さま（豊臣秀吉）ハ（文禄二年）六月十日のうちニ、御上洛を申し候

一、いへやす（家康）さまへ、からちん（唐陣）のやく（役）をなされ候へと、うへさま（豊臣秀吉）よりおほせつけ（仰せ付け）候よし承り候間、はし（橋）にてもけつり（削り）申すべしと申し候て、つかい（使い）をこし（越し）申し候へハ、そのときわれら（我等）かかた（方）へ御ことハり（断り）ニハ、ふしき（不思議）ニ出羽（最上義光）も我等（徳川家康）もこの度の命をミつけ（見つけ）候、やかて〳〵国へくたり（下り）、たか（鷹）をつかい候ハん事、ゆめかうつゝか（夢か現か）とよろこひ（喜び）候よし承り候、あわれ〳〵（哀れ哀れ）さやう（左様）に候へかし

これによると、どうやら最上義光も渡海を命じられていたようである。しかし、戦地の太田一吉からの情報によれば、人数には事欠かないが、兵粮がなく、軍勢の追加の派遣は非現

実的なので、渡海の心配は無用だとのことであったらしい。義光としては、ひとまず渡海はなくなったとしても、先々のことは思いやられたようで、生きているうちに最上の土を踏み、水を飲みたいものだと心情を吐露している。

いっぽう、家康はというと、義光によれば、何やら軍役（普請役か）を課せられたようであり、橋でも削ろうかと義光に使者を遣わしてきたという。その家康の使者の口上が面白い。口上は「ふしき（不思議）ニ出羽（最上義光）も我等（徳川家康）もこの度の命をミつけ（見つけ）候、やかて〳〵国へくたり（下り）、たか（鷹）をつかい候ハん事、ゆめからつゝか（夢か現か）とよろこひ（喜び）候」というものであったが、現代語訳すれば、「不思議に義光も私も今回命拾いをしました。そのうちに国元へ戻り、鷹狩りをしたいものだと、夢か現かと喜んでいます」となろうか。家康は、ここで命拾いをしたのであり、それを素直に喜んだのである。当時の家康もまた、南部らと同様、秀吉に抗し得ない大名の一人であったが、利家や義光、信直らと苦難を共にし、時には捨て身で自らの保身を図りながらも、この無謀な戦争からいかに生き延びるかを必死に考えたという意味で、ある共感を互いに醸成したのであろう。会津攻めの直前に見受けられた家康に対する義光の共感も、このあたりの体験から生じているものと思われる。

第三節　秀次事件の教訓

拾の誕生と豊臣秀次の処遇

この文禄の役の最中、文禄二年（一五九三）八月三日に拾（秀頼）が誕生する。[176] このことが、関白秀次の処遇に変化をもたらすことは周知のことである。鶴松亡き後、秀吉から関白職を譲られ、一時は文禄の役の戦況の好調をふまえ、後陽成天皇らとともに北京へ派遣されそうになった秀次であったが、それは戦況の悪化によって沙汰止みとなった。[177] そのことにより、中野等氏の指摘するように秀吉と秀次は日本国内で併存し続けなければならなくなった。[178] 秀吉は、拾の誕生をうけ、早速秀次と拾の前途をめぐって妥協の工作を開始する。

山科言経は、日記の文禄二年九月四日条で次のように伝えている。[179]

一、大（太）閤（豊臣秀吉）伏見へ渡御也云々、殿下（豊臣秀次）御出也、御仕合わせ是非に及ばざる事云々、先ず日本国五ツ破り、四分参らるべし云々、種々御異見、

（以下略）

伏見城で秀吉と秀次が会談し、日本国を五つに割り、四つを秀次に、おそらく残る一つを拾に遣わすとの案が検討されたものと思われる。秀吉の領分がない所に非現実性が感じられ、秀吉による焦りと秀次の反応を見たい思いがよくうかがわれる状況ではある。この話が実行に移された形跡は確認できないが、「種々御異見」とあるから、秀次も請け合わなかったのかもしれない。

さらに秀吉は、日本国分割案の提示から一ヶ月も経たないうちに、秀次の娘と拾との婚姻を提案する。駒井《こまい》重勝《しげかつ》の日記の文禄二年十月朔日条によれば（180）、

一、木下《きのした》半介（吉隆《よしたか》）ゟ《より》申し越し、御ひろい様（豊臣秀頼）と姫君様御ひとつ（一つ）になさせられ候ハん由、仰せ出さるべき由　関白様（豊臣秀次）還御成され次第、その通り羽筑州（前田利家）夫婦ヲ以て　仰せ出さるべき由也、

とあり、秀吉は、熱海へ湯治に出かけていた秀次が帰京し次第、前田利家夫妻から秀次の娘

と拾との婚姻のことを秀次に伝えさせる考えであった。近年の報道によれば、秀吉が秀次の子息を大和国に封じようとしていたことを示す書状も発見されている。[181] 秀次の体調不良と湯治の一因には、藤《ふじ》田《た》恒春《つねはる》氏の指摘するように、このような秀吉からの拾の処遇をめぐる度重なる働きかけもあったであろう。[182] また、岩沢《いわさわ》愿彦《よしひこ》氏も「秀次が聡明であって、結婚問題の発表ごろから前途の政情を予測し、保身の策を廻らしていたならば」と惜しんでいる。[183] 秀次の身を守る術としては、関白職を辞職するか、誰かに譲るかの選択・決断が必要であったかもしれない。

苛立つ豊臣秀次

しかし、そのような保身を図って生き延びる能力が秀次になかったのか、それとも秀吉への対抗意識が秀次の政治的判断を狂わせていたのか、これはなかなか難しい問題である。私見では、藤田恒春氏の研究を参考にすると、秀次は秀吉からの干渉に苛立っていたことは確かなように思える。[184] 藤田氏も注目する駒井重勝の日記の文禄三年二月十三日条に留められた同年同月同日付の前田玄以宛駒井重勝書状[185]は、この点を考えるうえで重要であろう。

一、河口《かわぐち》久助（宗勝《むねかつ》）知行分の儀付きて、昨日（文禄三年二月十二日）尊書の趣　御目に懸け申し候、しからば何様にも大（太）閤様（豊臣秀吉）御諚次第の由、申し達し候へと上意ニ御座候、一昨日（文禄三年二月十一日）河口儀ニ付きて御状下され候由、その御書中は　御直覧成され、御さき（裂き）成され候つる間、拙者式（駒井重勝）も御書中の様子は存ぜず候間、夜前右の通り迄　仰せ出され候、その御心得成さるべく候、恐惶謹言

藤田氏によると、当時、尾張国の検地をめぐる秀吉の干渉に加え、秀吉の家臣である河口宗勝への知行宛行をめぐり、村高の相違が問題となって知行替を要することになったということのようである[186]。ここで注目すべき問題は、その際のやりとりで交わされた「尊書」や「御状」をめぐる秀次の反応であり、「尊書」を見た秀次は秀吉の意向次第にと決裁したものの、実はその前日に「御状」を秀次の直覧に供していたが、それは破り捨てられてしまったために、駒井は内容を把握できていないということであった。

藤田氏は、「御状」を「秀吉からの御状」と解釈しているが[187]、玄以からの書状であった可能性もあり、留保が必要である。だが、この案件が秀次を苛立たせていたこと、また領知宛

行の権限は、朝尾直弘氏以来指摘されてきたように、[188] 秀次に属していたことは明らかである。それに秀吉が容喙《ようかい》していたのである。

豊臣秀次の権力

秀次の権力については、かつて朝尾氏が「関白を中心とする国制機能は独自に発動され、太閤権力の制御の枠をこえる動きをみせようとした」と捉えたことがある。[189] 領知宛行のみならず、官位叙任をめぐっても、駒井重勝の日記に留められた「文禄三年四月七日付駒井重勝宛前田玄以書状」によれば、次のように秀吉の意思で発議はされるが、決定に際しては関白を経由した勅許を要したことがわかる。[190]

> 右の官位ニ仰せ付けられたしと　大（太）閤様（豊臣秀吉）思し召され候、　関白様（豊臣秀次）江申し上げ、御同心に於いては　叡慮を経候へと　仰せ出され候

いっぽう、藤田氏は「秀次が関白として行使しえた権能も、所詮太閤秀吉の補完をかねたレベルのもので、太閤権力を凌駕できるほどまでの実権（を脱力、ママ）行使したとは思わ

れず、秀次権力として過度な評価は再考すべきものと考える」とするのだが、[191]この説明ではは秀吉が秀次の立場と権力にこだわり、干渉を繰り返した意味がわからなくなってしまうのではないか。秀吉が日本国の五分割案を提起した際、秀次に四つを進上すると述べざるを得ないくらい、秀次の権力は秀吉の実感として無視できないものであったと考えるよりほかないであろう。

秀吉にとって、秀次を掌握できない局面のあり得たことが問題なのであり、秀次を制御できる自信は秀吉にもなかったのであろう。それが拾（秀頼）の将来の問題とも重なり、秀次に実子が多くいる以上、秀吉が健在である間はともかく、自身の死後、拾（秀頼）は秀次の相手ではなくなり、秀次の系統にて子々孫々権力が継承されていくであろうことを秀吉は見抜いたのだと思われる。そして、秀次にも、そのような秀吉の見抜いたところの欲がおそらくあった。だから、秀次は関白職を諦められず、頑《かたく》なだったのであろう。

豊臣家の家督と関白職の同時相続

それはそうとして、なぜそれほどまでに秀次に実力以上の権力が備わってしまったのであろうか。この点は難しい問題だが、本書の主題の一つであるところの家康の後継者問題を考えるうえでも重要な点であるので考察すると、駒井重勝が日記に天正十九年（一五九一）八月九日の「増田右衛門尉長盛書状之案」を後年振り返って留めているのであるが[192]、その内容が秀次の権力の源泉を考えるうえで参考となる。

一、御《ご》家《か》督《とく》聚《じゅ》楽《らく》中納言様（豊臣秀次）へ御渡し成され、上様（豊臣秀吉）大坂江御隠居成さるべき旨、尾州ハ岐阜少将殿（豊臣秀勝）へ遣わされ、岐阜ニハ田中（吉政）置かるべき様ニと思し召され候、（以下略）

これによると、秀吉は当初、大坂城で隠居する計画であったことがわかり、「御家督」と「聚楽」を秀次に渡すことなどが検討されている。文禄の役を翌年に控えていたから、平時の判断とは言い切れないが、秀次には「聚楽」が譲られているから予定通り「御家督」も渡されたと理解すると、当初は隠居を考えたはずの秀吉が隠居を完徹できず、ずるずると現役への復帰を目指してしまったことが、両者の衝突を招いたとも考えられる。秀次も家督相続者としての自身にこだわったし、秀吉も家督としての自身にこだわってしまったのである。

ここでいう「御家督」とは何か。河内将芳《かわうちまさよし》氏は「「御家督」とは、秀吉にとって関白職を意味し、そして、それと「聚楽」とは一体であるとの認識」と説明し、「と同時に、秀吉がかたちづくろうとしていた家と関白職とが不可分となっていた」とも付け加えている[193]。これをもう少し具体的に述べる必要があると思うが、関白職はあくまでも官職であり、家の相続に不可欠とは限らないから、家の論理において秀吉から秀次へはいかなる継承がなされたのかという点が重要であろう。その意味で、秀吉が豊氏長者をも手放し、秀次を豊氏長者としたことは[194]、まさに豊臣・羽柴の家の当主が誰であるのかという点において、決定的な意味をもったのではなかろうか。

逆証明ということではないが、橋本政宣《はしもとまさのぶ》氏によれば、家康は秀忠に将軍職を譲った際、「家康は秀忠に将軍職と淳和院別当とは譲っているが、源氏長者と奨学院別当とは留保していたのであり、武家の棟梁はいぜん家康その人であった」と指摘している[195]。これまでの検討をふまえると、このような橋本氏による家康の判断をめぐる分析は含蓄に富むのではなかろうか。

家康は、おそらく秀吉から秀次への継承の失敗を学んでいたものと思われる。継承時に全てを一気に後継者へ渡してしまうことの危険を家康は認識していたのであろう。秀吉は、その後に起こり得る様々な事態や人間の心理の変化を計算に入れず、すぐに結論を出そうとし過ぎた。秀次に全てを同時に手渡してしまったことで、秀吉の手元には自らの権力の具体的な根拠が残らなかったのである。しかも、関白職は、秀吉自らが五摂家《ごせっけ》に対して述べたこととして駒井重勝が次のように伝えている如く[196]、秀吉自身によって従来よりも強大な意味づけが付与されていた。

一、右の両人（近衛《このえ》信輔《のぶすけ》・二条《にじょう》昭実《あきざね》）ニよらす、九条《くじょう》（兼孝《かねたか》）・一条《いちじょう》（内基《うちもと》）・鷹司《たかつかさ》（信房《のぶふさ》）両三人の衆も関白職もたるゝよし（持たるる由）、承り及び候間、天下の儀互いニ五人として廻り持ち候段はおかしき次第と存じ候、その子細ハ右の五人衆御釼預り候これ有るハ、天下の儀きりしたかゆ（切り従ゆ）へき為のよし（由）聞き及び候、その下の儀は申すに及ばず、一在所の儀もきりしたかへられす（切り従へられず）候間、自然（豊臣）秀吉御釼預り申して、国の壱ケ国もきりしたかへ（切り従へ）候ハヽ、右の五人の関白職ニハ少しまし候ハんやと存じ候事

これは、近衛信輔を薩摩国へ配流するに際して秀吉から発せられた「文禄三年四月十二日付菊亭晴季・勧修寺晴豊・中山親綱宛豊臣秀吉朱印状」の一部である。関白ではない秀吉が、

現役の関白秀次を差し措いて、関白職とは何かを蕩々《とうとう》と語っているところが異様である。これはすなわち、秀吉が関白秀次の権力の強大さをも語っているということであり、また実はこの時点の秀吉が秀次から拾（秀頼）への関白職の廻り持ちを望んでいるという点では五摂家への批判と矛盾するものでもある。[197] 秀吉は自らの早まった判断を心底後悔していたことであろう。その後悔は、秀吉の思いは当然のこと、周囲の思惑も絡み、ある意味での力業によって埋め合わされることになる。

豊臣秀次への処分と前田利家

前田利家の回想談をもとに編まれた『利家夜話』には、文禄四年（一五九五）七月のこととして、次のような話が収められている。[198]

> その後、大納言殿（前田利家）を（豊臣）秀頼公の御守りにと仰せ出され、いよいよ天下に於いて、御威勢大方ならず候、その後（文禄四年）七月の事なるに、関白様（豊臣秀次）御謀叛の沙汰これあり、夜に入り、伏見にては、子を倒すに負ひ申し候由、（前田）利家その夜色々仰せ付けられ候、つぶさ（具さ）には書き付け申さず、御拵へ置き

候具足二百領取り出し、具足これなき者には、札を附け置くものの由御意候、伏見の諸屋形々々へ、横目を遣わされ候、内府（徳川家康）と屋形向かい合わせに候、内府は折節御免にて江戸へ御下向、御留守居知らぬ體にて、夜明け候て、猪子《いのこ》内匠（一時《かずとき》）殿へ、御数寄屋御約束ゆえ、御越しなされ候、この儀にも巨細の物語り御座候、しかるところに、太閤様（豊臣秀吉）より（前田）利家公を御召しに任せ、朝四つに直に御登城なされ候、その日八つ時分に、関白様、幸蔵主（孝蔵主《こうぞうす》）と申す比丘尼にたばかられ、上下六七十人御供にて、伏見木下《きのした》大膳（吉隆《よしたか》）方まで、御断りに御座候を、御城（伏見城）より両度の上使にて、御髪落とされ、直にそれより、高野へ御流しなされ候、色々御物語りども御座候、

利家は秀吉から拾（秀頼）の守役を命じられていたが、文禄四年（一五九五）七月に秀次の謀叛の疑いが取り沙汰された。それは夜間のことで、利家は戦闘態勢を整えるとともに、各大名屋敷の様子を探らせた。この時、家康は在国中のため不在であった。当日、夜が明けてから、猪子一時の催す茶会に出かけ、そこでも様々な話があったが、そこへ秀吉からの召し出しがあり、午前十時頃にすぐ伏見城へ登城した。同日の午後二時頃に秀次が孝蔵主に謀

られて六十人から七十人の供連れで木下吉隆邸へ弁明のため出座したところ、伏見城から秀吉の上使が二度遣わされ、秀次は剃髪のうえ、高野山へと送られたとある。

利家による回想がこのようであったとすれば、そこに拾（秀頼）の守役であった利家が秀次を庇《かば》った様子は見られない。かつて岩沢愿彦《いわさわよしひこ》氏は「利家の地位は、秀次の滅亡によって一段と向上したようにも解釈される」とし、「秀次に対する利家の行動には、何か一沫の不満が残るように思う」と評したが[199]、拾（秀頼）の守役であった時点で秀次に加担するわけにはいかなかったであろうし、利家が秀次の破滅の一因として孝蔵主の進言を容れて多くの供連れで出頭したばかりに秀吉の怒りを増幅させたと述べたことからは、利家の行動も秀次の能力の限界を見抜いてのことであったのかもしれない。

この後、秀次は高野山で自刃するが、これについては現在のところ、藤井譲治氏の研究に基づき、秀吉の命令による切腹という線で理解すべきであろう[200]。

石田三成による讒言

本書で重要な点は、秀吉と秀次の関係がなぜこのような秀次の破滅という結末に至ったかという点である。秀次に関白職の辞職など適切な判断をする見込みがなく、また利家が指摘していたように秀次は最末期の弁明の機会においても恭順の意を示すことで助命を願うことができなかったことから、秀吉が何らかの手を下さなければ事態は動かなかったのかもしれない。しかし、秀吉自身が秀次に見切りをつけて手を下すことは、他ならぬ秀吉が秀次を後継者に選んだのだから、自己否定に等しかった。秀次を排斥するに足る材料を提供する者が必要であった。それが誰であったのか。家康の動静に詳しい『当代《とうだい》記《き》』は、次のような観測を記している[201]。

関白（豊臣）秀次太閤（豊臣秀吉）へ頃日御謀反の企て露れるの由あって、（文禄四年）七月八日関白秀次聚楽退出、即ち高野山において出家、同（文禄四年七月）十五日腹を切御、秀次若君二人、一二歳の孩児、ならびに近習女房三十余輩、洛中に渡り切り捨てらる、誠は（豊臣）秀次逆心の儀虚言と云えども、行跡穏便ならざる故、治部少（石田三成）讒言によりかくのごとし、

これによると、秀次に対する謀叛の嫌疑とそれに伴う聚楽第からの秀次の追放、高野山での出家と切腹、さらに一族の処刑という凄惨な出来事が述べられた後、実は謀叛のことは虚

言であり、秀次の不行跡のために石田三成が讒言に及んでこのような事態となったとある。

少なくとも『当代記』は秀次事件と三成とを結びつけていたのであり、朝尾直弘氏が注目したように三成と増田長盛らが文禄四年（一五九五）七月三日に秀次を尋問し、自刃の三日前の文禄四年（一五九五）七月十二日にはいち早く拾（秀頼）への忠誠を誓っていたこと[202]の意味も、その観点からより理解できるのである。秀次の粛清は、秀吉にとっての必要のみならず、三成らにとっても再び拾（秀頼）を核として、小田原の陣の前以来目指し続けてきた家康や利家らとは異なる中央集権的な政治路線と権力行使のありようを実現させる契機となるという意味で政治的利益となったのであった。

前田利家と石田三成の微妙な関係

ここで検討を要することは、利家と三成らとの関係である。利家も秀吉から拾（秀頼）の守役を命じられていたのであり、両者の利害は一致するはずであるが、互いの関係は小田原の陣の前からの路線の違いを乗り越えたのであろうか。しかし、この点は、そう単純なことでもなかったようである。例えば、『利家夜話』には次のような話が収められている。[203]

一、太閤様（豊臣秀吉）御他界三年前より、石田治部少輔（三成）・増田右衛門（長盛）・長束大蔵（正家）、（前田）利家公へ御断り、徳山五兵衛（則秀）・岡田長右衛門を頼み申され、色々御詫び言これあり候へども、前びろ御腹立ちの儀に付き、御同心なく候、重ねて又（豊臣）秀頼公御守りの儀に候間、御主様御同事に存じ奉り候、跡々の儀は、何事も御免なされ下さるべしと、断りに御座候へども、御合点御座なく候ゆえ、五兵衛（徳山則秀）・（岡田）長右衛門、この段豊後（村井長頼）・伊予（奥村永福）、「この間脱字アルカ」まづ左様に奉行衆御断り申し上げられ候はゞ、御免にて出入り仕られ、しかるべく存じ奉り候旨、（前田）利家へ申し上げ候へば、いか様ともと、相済み申し候に付き、まづ治部少輔（石田三成）は世の御沙汰なく、御礼に参られ候、

秀吉の他界する三年前であるから、ちょうど文禄四年（一五九五）に該当するが、三成らと利家との間で関係が悪化していたようである。とくに利家のほうが三成らに不満を抱いていたようであり、その原因はおそらく利家を蔑《ないがし》ろにした三成らの何らかの行為、または拾（秀頼）との関係をめぐる問題にあったのであろう。三成らが拾（秀頼）の守役としての利

家の立場を主君同様に尊重することを約したことで、ようやく利家が納得した様子が記されている。やはり、三成らと利家との間柄は、それぞれの政治的出自や秀吉との関係性が異なるのであり、完全に一致ということは無理であった。

第四節　豊臣秀吉病没前後の政治力学

石田三成による毛利輝元の取り込み

その三成らが自らの権力の伸張のために手を結ぶ相手として選んだ人物が毛利輝元であった。次の「慶長二年十二月二十五日付榎本元吉宛毛利輝元書状」からは、輝元の立場とそれを取り込もうとする三成らの様子がよくわかる。[204]

一、一昨日（慶長二年十二月二十三日）めミへ（目見え）ニ上様（豊臣秀吉）種々忝き御諚候、我々（毛利輝元）かことのほか（殊の外）気分わるさう（悪そう）ニ候、ひえ（冷え）候ハて、かせ（風邪）ひき候ハぬ様養生専一の由御意候、なしまニ居候とこそ思し召し候ニ、壱岐江罷り渡り、この寒病は煩い出で候てハと、御心遣い候て、急ぎ御朱印遣わされ候なとゝ御諚候、たれ（誰）ニもこの節御対面もなく候ニ、我々をおう（奥）へちかく（近く）の御座の間へ御呼び候て、ことのほか御懇ろニ、御ひろいさま（豊臣秀頼）をもよひ（呼び）申され候てから、のしかき（のし柿）を大かうさま（太閤様、豊臣秀吉）はしめ下され、後ニ秀頼さま又くたされ（下され）、又まんちう（饅頭）なと御いたし（出し）候て下され候、こたつ（炬燵）ニ御前にてあたり候へと御意候、いかにもあたりかね候て、斟酌申し候へは、たゝ物御諚候間、そとこたつ（炬燵）へ手を入れ、あたゝめ（温め）、かゝるきつまり（気詰まり）の忝きことニあい候、御前ニハ治少・増右（石田三成・増田長盛）はかりにて候、はるか御談儀にて候、察し有るべく候

一、国替のさた（沙汰）もやミ候、治少（石田三成）申さるる事ニ、人かなに（何）と申し候とも、気にかけ候ましく候、うつけ共か色々事申し候ハ入らざる事候、高麗か日本の様ニおさまり（治まり）、九州衆もありつき（有り付き）候ハてハ、九州の知行上む《表歟》ハ候ましく候、さて上む《表歟》候上にてこそ、国ふりニゟ《より》備前中国の衆、その

心得も入るべく候、それハさたまらぬ（定まらぬ）事候、その上二年三年ニさ様おちつき（落ち着き）候事ハ候ましく候時ハ、国替の心得も以来入らざる物にて候ニ、人かわるき（悪き）推量候て申す事、うつけにて候と申され候

ここで輝元は、慶長二年（一五九七）十二月二十三日の伏見城での秀吉への拝謁の様子を国元に報せているのだが、秀吉の御前には三成と長盛のみがおり、秀吉は拾（秀頼）とともに輝元をもてなし、体調を気遣いながら干し柿をのしたもの[205]や饅頭を下賜するとともに、こたつに手を入れてやるなど細やかな配慮を見せている。秀吉父子と三成・長盛しかいない閉鎖的空間で特別の扱いを受けた輝元の悦《よろこ》びが伝わってくる。

注目すべきは、拝謁後のことと思われる輝元と三成との会話を記した部分であり、輝元には前述のように朝鮮半島での領知宛行の話もあったわけだが、それは沙汰止みとなったようである。その時の三成の解説が生々しい。三成は輝元にこう述べている。「国替のことは、人が何と言おうと気にかけないでください。愚かな者どもが色々申すことは取るに足りません。朝鮮半島が日本のように治まり、九州の諸大名が居付くことができるようにならなければ、九州の諸大名の領知を召し上げることはできません。いざ九州において上知ということ

になってから、備前国や中国の大名衆の領知のことが話題となるのであって、そのようなことは決まっていませんし、確たることではありません。それに、慶長の役は二年や三年で落ち着くことはないのですから、国替のことは考慮の必要もありませんし、人が何か悪しき推量をして申すことは愚かなことです。」と。

不誠実な石田三成

輝元に便宜を図ろうとする三成の姿勢が顕著であるし、文禄の役の際に秀吉の渡海を必死で止める家康らを横目に渡海の実現を主張していたことといい、今回の慶長の役の見通しといい、戦争の遂行に携わっている者の責任ある発言とは到底思われない。朝鮮半島での戦争で出陣している大名は、渡海した者はもちろん、国内に留まって軍役や普請役を果たしている者も皆疲弊していた。三成は、そのことを全く問題視していない。むしろ戦争に動員され、将来の不安に駆られて様々な憶測をせざるを得ない大名を愚か者呼ばわりしている。三成の政治家としての資質が出ているような気がする。

　慶長の役に対する三成の不誠実な取り組み方は、諸大名の反感を買った。そもそも現地の労苦に思いを致すという発想がない。次の「慶長三年五月二十日付前田利家宛西笑承兌書状案」には、[206] 三成の派遣した福原長堯《ふくはらながたか》・熊谷直盛が蜂須賀家政・黒田長政らの不足を進言し、蜂須賀・黒田を追い詰めたことが記されており、かえって三成の縁戚にあたる福原のほうが加増されたとある。これでは実際に戦場で苦闘していた大名はたまったものではなかったであろう。

> 一、朝鮮の儀ハこなたニ御座候内にて候つる也、定めて聞かるべく候、福原右馬介（長堯）・熊谷半次（直盛）など罷り上られ様躰申し上げられ、蜂阿・黒甲（蜂須賀家政・黒田長政）ハ御せつかん（折檻）にて御前へ出でられず候、兵庫（島津義弘）ハ異儀無く候、加藤左馬（嘉明）へハ御朱印成され、これより以前の儀又今度の働き天下無双の武辺の由御感状ニ候、領知とも四万石御加増ニ候、切々御取り成しのゆえと存じ候、右馬介（福原長堯）も四万石の御加増ニ候、

毛利輝元の後継者問題

その三成が輝元の不安につけいり、輝元の悪いようにはしないし、ならないとの見通しを語ったことの目的は明瞭であろう。戦争の行方と秀吉の没後をにらんで、輝元を自陣営につ

なぎ止めたかったのである。そして、まもなく輝元は、次の「慶長三年八月十四日付内藤元家宛内藤隆春書状」が示すように、[207]末期の秀吉が輝元の養子秀元と実子松寿丸（秀就）の取り扱い方に介入して領知配分の裁定をしてしまうことをうけ、その解決のため、ますます三成に依存せざるを得なくなるのである。

> 去る（慶長三年八月）十三日夜ニ信（二宮就辰）下向候趣は、この朔日（慶長三年八月一日）大（太）閤様（豊臣秀吉）御能仰せ付けられ候て諸大名召し寄せらるの由候、その節当家（毛利家）江仰せ出され候にハ、御実子（毛利秀就）出来の条、定めて（毛利）輝元様大切ニ思し召さるべく候、然らば御家の儀進ぜられ候へ、宇喜多（秀家）と御縁辺仰せ談ぜられ候て然るべきの由仰せ出され候、直の上意にて候間、兎角御請成さるに及ばず候、然らば御存命中松寿様（毛利秀就）御対面成さるべく候由候とて御迎え舟差し下され、（慶長三年八月）十八日御参上の由候、おのおの（各々）御取り乱し申すも疎く候、この中在嶋衆残らず御供の由候

すなわち、慶長三年（一五九八）八月一日に能が催された際、諸大名も召し寄せられたが、

その場で輝元は秀吉から輝元の実子松寿丸（秀就）と宇喜多秀家の娘との婚姻を命じられ、直々の上意であったことから、お請けしないわけにはいかなかったという。そして、秀吉は健在のうちに松寿丸（秀就）と対面する意向を示し、対面は同年八月十八日が予定されていた。秀吉の命日にあたるから、これは実現しなかったが、毛利家中は混乱に陥った。

　光成準治氏によれば、松寿丸（秀就）は「正式に側室と認められていなかったと考えられる二の丸の産んだ」子で「輝元の実子でありながら、跡継ぎとしての正統性が十分でなかった。そのため、誕生後すぐに跡継ぎの地位を得たわけではなく、秀元が跡継ぎとなる可能性も残されていた」という[208]。第一章で引用した「慶長三年八月十九日付内藤元家宛内藤隆春書状」にもあったように、そこでは「秀元が五大老と同格に扱われている」[209]と光成氏は指摘している。引き続き「慶長三年八月十四日付内藤元家宛内藤隆春書状」によれば、秀吉は次のように銀山を除いた出雲国・石見国を輝元から秀元へ渡すことなどを指示したから、両国の国衆・給人も自らの帰属問題に不安を覚えた。

　一、相宰様（宰相様カ、毛利秀元）江ハ出雲・石見銀子山これを相除かれ、進ぜられ候へと仰せ渡さるの由候、（吉川）広家へハ三原の御一跡進ぜらるの由候、右両国の衆、何と〱相澄む（済む）べき事候やとの気遣い半ばの由候、何事も火急なる事どもぜひに及ばず候、一大事この節迄候〱、思ひ〱国衆も参上の由候、（以下略）

光成氏は「たとえ形式上は輝元から給地分配されるとしても、秀元には独立大名に準じた待遇が予定されていた」とし、「このような秀元への厚遇は裏返すと、輝元の力を削ぐことにつながる」と見ている[210]。だとすると、秀吉は本心では輝元をも警戒していたことになり、輝元の立場の弱体化は、秀吉没後の政治体制を展望して奉行衆中心の権力の構築に輝元を協力させたい三成の計画にも狂いを生じさせる。三成の立場からは、輝元が政治の表舞台から後退したり、輝元の政治力が減退したりすることは、当面望ましくないのである。三成と利家との関係もそう良好ではないのだから、尚更であった。

豊臣秀吉の健康状態の悪化と上意

そもそも当時、すでに秀吉の意識水準と健康状態については年寄衆の間でも疑問が抱かれており、次に示すように慶長三年（一五九八）八月十日の段階で、領知宛行などは新規の発令をせず、秀吉の上意の有効性については、ひとまずお請けはするものの、回復後にあらためて上意を得るなどの合意がなされていた[211]。

「ひかへ」《(端裏書)》

条々

一、上様（豊臣秀吉）長々御煩いに付いて、御失念もこれ在る様ニ御座候間、御知行方その外御仕置き等の事、最前仰せ定めらるごとくたるへき事、

一、自今以後の儀は、いかよう（如何様）の儀仰せ出され候とも、御請けハまず申し上げ、御本復の上を以て、慥かに御諚を得、それに随うべきの事、

一、御知行方并びに御仕置き等の事、今度重畳　仰せ出され、誓帋を以て相定め候通り、相違有るべからず候事、

以上

八月十日《慶長三》

（毛利）輝元

（宇喜多）秀家

（前田）利家
（徳川）家康

したがって、本来ならば慶長三年（一五九八）八月一日の上意も、年寄衆の合意に基づいて、ひとまずの無効化が可能であったはずである。ところが、やはり直々の上意を得てしまうと、その全否定は困難であったのだろう。また、三成としては、むしろ秀吉の上意を輝元に有利な形へ変更してみせることのほうが、輝元への貸しを作り、自陣営に協力させる手段とできる利点もあった。

奉行衆と毛利輝元の連携を急ぐ石田三成

ところが、秀吉自身が慶長三年（一五九八）八月十八日に病没し、事態はより急速に展開することになる。次の史料は、秀吉没後の状況を伝える「慶長三年九月二日付内藤元家宛内藤隆春書状」である。[212]

一、大（太）閤様（豊臣秀吉）御事、去る（慶長三年八月）廿三日御遠行成さるの由候、

> 然らば五人の奉行（五奉行）と（徳川）家康半ば不和の由ニて、当家（毛利家）御操半の由候、安國寺《あんこくじ》（恵瓊《えけい》）御使の由仰せ下され候、御手前の御気遣い少しもこれ無き由候、御存命中仰せ堅められ候事、もはや相違の分ニ候、菜塚大蔵（長束正家）・増田右衛門（長盛）・浅弾正忠（浅野長政）・石田治部少輔（三成）・徳善院（玄以）右の衆奉行ニて候

秀吉の命日を誤記しているが、奉行衆と家康との不和が伝えられ、そこに毛利家がどのように関わるかが問題となっている。とくに毛利家中では、生前の秀吉による秀元と松寿丸（秀就）の処遇及び分知に関する上意の取り扱いに関心があり、秀吉が亡くなったのだから生前の上意は無効だとも考えたりはしたようだが、今後の政治情勢がどのように推移するかによっては予断を許さない状況であった。家康か三成のどちらが権力を掌握するのかが毛利家中の関心事だったのである。

　このような状況下、三成は輝元を取り込み、また家康を牽制すべく早速動き出している。次の史料は、奉行衆に宛てた慶長三年（一五九八）八月二十八日の輝元の起請文案である。[213]

敬白　起請文前書之事

大（太）閤様（豊臣秀吉）御他界以後、（豊臣）秀頼様へ吾等（毛利輝元）事無二ニ御奉公致すべき覚悟候、自然世上なにすれぞ動乱の儀候○とも、秀頼様御取り立ての衆と○胸を合わせ、表裏別心無く馳走を遂ぐべく候、大（太）閤様仰せ置かれ候辻、自今以後忘却有るべからず候、各半、時に於いて悪しきやうに申し成し候とも、隔心無く、互ニ申しあらハし、幾重も半ばよきやうに申し合わすべく候、もしこの旨に於いて偽らば、

（以下なし）

慶長三年八月廿八日

安芸中納言

（毛利）輝元

増右（増田長盛）

石治（石田三成）

長大（長束正家）

徳善（徳善院玄以）

右けしたる分、はしめの案、

かた付ハ治少（石田三成）より也、使安國寺（恵瓊）

これは、先行研究が注目するように興味深い起請文案である。基本的には今後どのような情勢となろうとも、秀吉の遺命を忘れることなく遵守し、たとえ時によっては不和が生じよ

うとも、その都度話し合って解決し、秀頼への奉公と忠誠を誓うという内容である。ところが、抹消された部分と挿入部分に追記された次の文章が先行研究では重視されている。(214)

> て、もし今度　御定め成され候五人の奉行の内、いずれも（豊臣）秀頼様へ逆心ニハあらす候とも、心〱ニ候て、増右（増田長盛）、石治（石田三成）、徳善（徳善院玄以）、長大（長束正家）と心ちかい申すやからあらハ、吾等（毛利輝元）に於いては、右四人衆と申し談じ、　秀頼様へ御奉公の事、

これは、起請文案の宛所下部に記されている文章から推すと、三成の意向で添削された結果であり、安國寺恵瓊がもたらしたものである。すなわち、三成は輝元に、今後もし奉行衆と同心しない者が現れた場合には、輝元はその相手方ではなく奉行衆と相談して秀頼に奉公することを誓わせようとしたのである。このまま輝元が受け容れたのかは定かではないが、三成は何としても奉行衆と輝元の連携を確約させておきたかったのである。

石田三成らによる豊臣秀吉の上意の改変

三成は、輝元をつなぎ留めるため、生前の秀吉の上意についても、輝元に有利となるように改変を加えた模様である。光成準治氏によると「出雲・石見二国とされていた秀元への分知は変更され、慶長四年（一五九九）一月、出雲国一円・隠岐国一円・伯耆国三郡、安芸廿日市一万石でいったんの最終決着をみた」という。[215] その際に申し渡された「慶長四年正月二十三日付毛利輝元・毛利秀元宛石田三成・増田長盛連署奉書」には次のようにある。[216]

> （毛利）秀元え御国割の儀、大（太）閤様（豊臣秀吉）仰せ出され候筋目、御不例の刻付て、寄退互いの御為然るべき様ニ、双方御合点の上相定めらるべき事

生前の秀吉の上意は「御不例の刻」に示されたものであるので、秀元への分知については当事者同士が合意できるように定めるとの方針が示されている。これは、厳密には前引の「慶長三年八月十日付四年寄条々」をふまえているようでふまえていない。そこでは、上意はお請けしたうえで、秀吉の回復後にあらためて上意を得ると定められていたのであり、秀吉亡き今となっては上意は無効か、あるいは然るべき後継者が現れるまで保留とすることが

筋であった。上意の内容を当事者同士の合意で定めてよいとなれば、上意の意味はなくなってしまう。

三成の私心と野心が、生前の秀吉の上意とその取り扱いを改変してしまったのである。のちに三成は家康に秀吉の遺命違反の廉《かど》を数々指摘するが、三成も「秀吉時代の取り決めを守るという豊臣政権の重鎮たちとの間で交わした約束を、半ば空手形にするような事態」[217]を自ら招いていたのである。

そして、輝元もまた同罪であった。輝元のほうが、「慶長三年八月十日付四年寄条々」にも合意していたのだから、より重罪かもしれない。次の「慶長四年正月二十三日付毛利秀元宛国割書」[218]を見る限り、輝元は自らの行為の問題性に全く気づいていない。

　右、国割の事、大（太）閤様（豊臣秀吉）御不例中仰せ出さる筋目を以て、寄退の儀、増田右衛門尉殿（長盛）・石田治部少輔殿（三成）指南を得、かくのごとく候、

むしろ、輝元は増田長盛と石田三成の指南による分知の再決定だと明記し、彼らのせいにしている。しかし、本来その再決定は、然るべき秀吉の後継者が行うべきものであった。三

成と長盛による再決定に正当性などなく、今後の三成らの政治的立場如何によって、どうとでもなってしまう流動性・危険性があることに輝元は気づいていない。

前田利家の忠誠

当時の政治問題の核心は、秀吉の後継の天下人は誰になるのかという点であり、秀吉の遺命と幼少の秀頼が建前として存在してはいたけれども、秀頼の実力は未知数である。三成らも輝元もまだ秀頼の将来を含め、次の天下人のことを真剣に考えられてはいなかった。そして、目前の政治的利害にとらわれ、自分たちが天下人となるのだという気概もまたなかった。

そのような中、前田利家だけは、秀吉の遺命を忠実に守り、また守役という責任もあってか、秀頼を守り抜き、盛り立てようとしていたようである。『利家夜話』に、次のような話が収められている[219]。

一、（豊臣）秀頼様、太閤様（豊臣秀吉）御他界遊ばされ候翌年（慶長四年）正月七日、
大納言様（前田利家）大坂へ御供なさるべきの由、いずれも御談ぜられ候ところに、
内府（徳川家康）を始め、又は秀頼様御母儀様（淀）、大坂へ御越しをいやと思し

召され、まずまず（慶長四年）四五月までも、伏見に御座候様にと御申し候ところに、大納言様仰せられ候様は、はや太閤様の御遺言御忘れ遊ばされ候かと、殊の外強く仰せられ候、御遺言には、大坂の城名城にて候間、上様（豊臣秀吉）御他界の後、十日過ぎ候はゞ、大坂へ御供申し、十五になり候はゞ、大坂を御出でこれある様にと、仰せ置かれ候間、ぜひに（慶長四年正月）七日に御供仕るべしと仰せられ候へば、その通りに相極め候へども、一日々々と相延び、（慶長四年正月）十一日に御立ちなされ候、御座船にて御越し遊ばされ候、とにかくに威光強き御事と、上下ともに申す事に候、

これによれば、慶長四年（一五九九）正月七日に秀頼の大坂城への移徙《いし》が実行されようとしたが、何と徳川家康と淀が反対したという。家康と淀は同年四月か五月までの延引を提案したようだが、利家は「太閤様（豊臣秀吉）の御遺言をお忘れか」と語気を強めたという。第一章で検討した慶長三年（一五九八）六月から七月にかけての一連の秀吉の遺言を述べていると思われ、ここではより詳細に、秀吉は自らの死後十日を経て秀頼を大坂城に移すよう命じ、秀頼が十五歳となったならば、大坂城を出るようにとも述べていたことがわかる。

慶長四年（一五九九）正月七日に移徙が実行されようとしたということは、秀吉の死が慶長三年（一五九八）冬まで伏せられていたから[220]、利家としては慶長四年（一五九九）の元日から起算し、なるべく早く実行しようとしたのであろうか。しかし、もともと乗り気ではなかった淀らのせいか、秀頼と利家らは元日から起算し、秀吉の遺命した十日を過ぎることになる慶長四年（一五九九）正月十一日にようやく伏見城を発った。

なお、秀頼が十五歳となった時に大坂城を出よと秀吉が遺命していた点について、秀頼は文禄二年（一五九三）の生まれであるから、満年齢ならば慶長十三年（一六〇八）、数え年ならば慶長十二年（一六〇七）に大坂城を出て伏見城などに入る計画であったのかもしれない。この遺命は、利家のいうように、秀頼・淀らによって忘れられてしまったのであろうか。もし利家が存命であったならば、秀吉の遺命の実行に奔走し、また家康との政治的拮抗も維持され、その後の歴史の展開は変わったかもしれない。

第五節　徳川家康の政治的危機脱出と前田利家病没

徳川家康への弾劾

そのことに関連し、家康も秀頼の大坂城への移徙に反対していた点については、どのように理解すべきであろうか。利家とともに堅固な大坂城に入られることによる、その後の政治的困難を予見していたからなのか、あるいは利家の健在であることが家康の政治的選択・裁量の余地を狭めており、まだ家康に無難な現状維持策を選択させていたからなのか、評価に迷うところである。いずれにせよ、この時点では、まだ家康は利家という巨魁と向き合わなければならないという意味で、政治的にできることは限られていた。

この点を見逃さなかった人物が石田三成であり、奉行衆であった。秀頼と利家が大坂城に移り、秀吉没後の政治が次の段階へと進んだ時を捉え、家康に政治的打撃を与えるべく、家康による秀吉の遺命違反の廉を追及したのである。その時の模様を『利家夜話』は次のように伝えている[221]。

一、（豊臣）秀頼様、（慶長四年）正月十一日に、（前田）利家御供にて大坂へ御著き候、（慶長四年）二月初旬頃より、内府（徳川家康）御法度ども御崩じなされ候事を、奉行衆・国大名衆十一箇条、利家へ御意を得られ候、伏見にて安芸毛利（輝元）殿へ諸大名御寄り合ひ候、大納言様（前田利家）より徳山五兵衛（則秀）・村井豊後（長頼）・奥村伊予（永福）三人、御名代にと遣わされ候、かの十一箇条、（徳川）家康へ有馬法印（則頼）・浅野弾正（長政）殿を以て仰せ遣わされ候、内府御返事の様子、大坂へ註進次第、秀頼御名代に、大納言様御出馬に相極まり申し候、家康、かの条御覧候て、誤り申す由にて、いかようとも〳〵と、十一箇条に点を御懸けなされ候、但し江戸へ隠居の儀、この（慶長四年）八月まで御差し延べ下され候へ、今罷り下り候へば、太閤様（豊臣秀吉）御遠行、程も御座なく候ゆえ、我等（徳川家康）法度も破り申し候由、上様（豊臣秀吉）御仕置も違ひ候にもなり申し候間、（慶長四年）八月、秀頼様へ御暇申し上げ、鷹野と申し慣らし罷り下り、中納言（徳川秀忠）を務めさせ、私に隠居仕るべき由、内々御断りに候、さらばまずそれにて相済み候へと仰せ出され候、色々御物語りども御座候、すなわち、秀頼と利家の大坂城への入城後、家康の法度違反の廉を弾劾した「十一箇条」が奉行衆らから利家に提出されたのである。伏見の輝元邸で対応が協議され、利家からは徳山則秀・村井長頼・奥村永福が名代として遣わされ、「十一箇条」は有馬則頼・浅野長政から家康へ示された。

家康の返事次第では、秀頼の名代として利家が大坂城から出馬する手筈であったが、家康は「十一箇条」に合点を付しながら「どのようにでも、どのようにでも」と非を認めたとある。「十一箇条」においては家康の隠居が求められていたようであり、家康は隠居の時期を慶長四年（一五九九）八月まで延引してもらいたいと利家と交渉することで切り抜けた。

弾劾の具体的内容

この「十一箇条」がどのようなものであったのかは不明だが、次の「慶長四年閏二月十二日付前田利家・毛利輝元・上杉景勝・宇喜多秀家・石田三成・浅野長政・徳善院・増田長盛・長束正家宛徳川家康起請文前書案」から[222]は、家康のいかなる行為が批難されたのかが大体わかる。

一、今度縁辺の儀ニ付いて、御理りの通り承り届け候、しかる上は、向後遺恨ニ存ぜず候間、前篇ニ相替わらず、諸事入魂せしむべく候事、

一、大（太）閤様（豊臣秀吉）御置目、十人連判誓帋の筋目、いよいよ相違有るべからず候、もし失念も候て、誰々身上におゐても相違これ有らば、十人の内、聞き付け次第ニ、一人二人にても、互いに異見申すべく候、その上同心これ無きに於いては、残る衆中一同ニ異見申すべく候事、

一、今度双方へ入魂の通い申す仁これ有るとて、そのものニたいし遺恨をふくミ、存分これ有るべからず候、但し御法度御置目を背き申すニおゐては、十人としてせんさくをとけ、罪科に處せらるべき事

これをふまえると、「十一箇条」とは具体的には、次の「文禄四年八月三日付御掟」(223)への違反をはじめとする様々な事柄が列記された、のちに見る再度の弾劾状の「内府ちかいの条々」に近いものであったのではなかろうか。

御掟

一、諸大名縁辺の儀、御意を得、その上を以て申し定むべき事、
一、大名・小名深重契約せしめ、誓詞等堅く御停止事、
一、自然喧嘩口論においては、堪忍致す輩理運に属すべき事、
一、無実の儀申し上ぐる輩これ有らば、双方召し寄せ、堅く御糺明を遂げらるべき事、
一、乗り物御赦免衆、（徳川）家康・（前田）利家・（上杉）景勝・（毛利）輝元・（小早川）隆景并古公家・長老・出世衆、この外大名たるといえども、若年衆は騎馬たるべし、年齢五十以後衆は、路次一里に及ばば、駕籠儀御免成さるべく候、まさに病においては、これ又駕籠の儀御免の事、
右条々、違犯においては、厳科に処せらるべきもの也、

しかし、この弾劾は、いささか決定力に欠けていた。矢部健太郎氏が「秀吉の遺言についても、秀吉の死が明かされるまではその効力を発揮できなかったといえるのではなかろうか」と指摘し、秀吉没後の家康の行動を全く秀吉の御意を得ていないものと表立っては断じにくい状況があったとしている分析は重要である。[224] だから、「御法度ども」「御置目」（秀吉存命中の「御掟」や「御掟追加」のことであろう）への違反という責め方になったのであろ

う。さらに、秀吉の遺命や年寄衆の合意を守っていない点では、前述のように三成らや輝元も同様であった。

徳川家康の巧妙な交渉

そして、家康は、秀吉の定めた「御法度ども」「御置目」に違反した廉を追及されているにもかかわらず、秀吉の御仕置を守るためとして、秀吉の一周忌という、これまた秀吉を尊重する躰での隠居の具体的時期を提示することにより、反対勢力を安心させる政治的妙技を繰り出した。家康は、秀吉の一周忌にあたる慶長四年（一五九九）八月に秀頼から暇を賜り、秀忠へ政務を任せ、自身は鷹狩りと称して隠居すると表明し、利家を納得させたのである。

　この半年ほどの猶予が、いかに歴史的に重要であったことか。家康は、利家の健康状態を把握していたであろうし、ひとまず告発者を含む周囲の納得が得られ、且つ利家の健康状態を見極められる最長の猶予を設定できる根拠が秀吉の一周忌であることを、おそらく直ちに見抜き、実行したのである。それを受け容れた利家の政治的敗北であった。

　いっぽうでこれは、家康にとって、やはり利家の存命中は行動をかなり制約されていたことも明示している。実際、『利家夜話』には、次のような話が収められている。[225]

> 一、右の条々、内府（徳川家康）誤りたりと、点を御懸け候時、参河殿（結城秀康）・本多《ほんだ》中務（忠勝《ただかつ》）・井伊兵部（直政）など、内府を呼び立て、思し召し切られ、御破り候へ、静められ候て、無念に御座候と申され候、その時内府、倅《せがれ》ども（結城秀康ら）沙汰の限りを申し候、大納言（前田利家）を大将にして、水の出花のごとく、諸大名きほひ申す、何としてと、御叱りなされ候由、その時分（徳川）家康さすが功者と申し慣らし候、この一件には、色々御物語りども御座候、

家康が「十一箇条」に合点を付していた時、結城秀康や本多忠勝、井伊直政らが無念の思いを述べて抗戦を主張したところ、家康は「秀康らはとんでもないことを言うものだ。利家を大将として、一気に諸大名が争うことになるのだぞ。どうしろというのだ」と叱りつけたという。動かなかった家康を褒め称《たた》える評判も立ったとあるが、利家の健在である間、家康は動けなかったのである。

諸大名による石田三成殺害計画

その少し後、慶長四年（一五九九）閏三月三日、利家は世を去った。この機を捉え、朝鮮半島における戦争で煮え湯を飲まされた諸大名の怒りが爆発し、彼らは三成の殺害を企てた。前述のように家康をして行動を制約せしめていたことといい、諸大名の動く時期といい、利家の存在がいかに大きく、重要であったかがよくわかる。諸大名の決起の経緯は、次の姜沆の証言に詳しい[226]。

> （慶長四年）閏三月〈倭の暦に閏三月がある。それで、閏三月〔と書いておいたの〕である〉九日になって、（加藤）清正らが武装兵を率いて伏見に上り、治部（石田三成）を攻めようとした。〔毛利〕輝元の参謀僧、安国寺〔恵瓊〕は、（毛利）輝元に説いて言った。
>
> 「関白や摂政は、ただ一人のみであります。人臣で富んでいる者も、公を踰《こ》えることはありません。戦ってどうしようというのですか」と。
>
> 輝元は、心のうちに、これを尤《もっとも》だと思い、遂に安国寺（恵瓊）をやって（徳川）家康を説得させたところ、家康もこれに同意した。

長束大蔵〔頭正家〕は、治部（石田三成）の婚家であったので、やはり治部を説得し、家康のもとへ往かせて謝罪させた。輝元らが、遂に家康を推して盟主とし、伏見城に入居させた。

治部は、主謀者であったので、自分の子（石田重家《しげいえ》）を家康の人質にした。家康は治部をその領地に却《しりぞ》けた。〔福原〕右馬助〔長堯〕は、〔事の〕張本人であったので、その土地を奪って、〔早川〕主馬頭〔長政〕らに返した。右馬助（福原長堯）は、頭髪を剃《そ》って僧となり、名を緑雲と更《か》え、山寺を建ててそこに住んだ。

利家の病没直後、加藤清正らが立ち上がり、三成の殺害を企てたようである。安國寺恵瓊の説得により、輝元らは応戦せず、家康もその方針に同意したという。そして、長束正家は三成を説得して家康に謝罪させ、三成は嫡子重家を人質に出した。[227] 家康は、近江国佐和山へ三成を送り、紛争の原因となった慶長の役に際しての福原長堯らの所業（前述の蜂須賀家政や黒田長政らを不当に貶《おとし》めておきながら加増にあずかったこと）を罰し、福原を改易して加増分の領知をもとの領主に返付した。

清正らと立ち上がった面々は、「慶長四年閏三月五日付長岡忠興・蜂須賀家政・福島正則・藤堂高虎・黒田長政・加藤清正・浅野長慶宛徳川家康書状」[228]から推して、その宛所である七人であったと思われるが、彼らと家康の関係はどのようであったのか。また、毛利家の事情から三成に依存していた輝元、そしてほかの年寄の動向はいかなるものであったのか。

毛利輝元父子と徳川家康のせめぎ合い

光成準治氏は『関ヶ原前夜　西軍大名たちの戦い』において、年月日未詳ながらこの時のものと思われる厚狭毛利家文書中の毛利輝元による書状群を用い、輝元の視点からこの間の事情を詳細に解明している。光成氏の成果に拠りながら経過を追いかけていくと、それまで石田三成や増田長盛に依存・肩入れしてきた輝元の苦しい立場と今後の生き残りをかけた取り組みの様が浮かび上がる。

追い詰められた三成と長盛は、利家亡き後、少なくとも七人の大名からの求心力を得ていた家康にではなく、輝元と上杉景勝に今後の処置を委ねようとしたようである。これに輝元と景勝がどのように関わるかは、その後の家康との関係にも影響することから、輝元・景勝としては悩み所であった。そのことは、次の「年月日未詳毛利元康宛毛利輝元書状」[229]からもうかがわれる。

> 面むきあつかいの事、いまた澄まず（済まず）候、増右（増田長盛）・治少（石田三成）より申さる分ニハ、（上杉）景勝・我ら（毛利輝元）覚悟次第、何に分ニも相定べしとの儀候条、景勝申し談じ候て異見申し候、分別有るべきやと存じ候趣申すべく候、

長盛・三成に頼られた輝元と景勝は対応に悩んだ。とくに景勝には異見があったようである。なぜ悩むかといえば、やはり家康との関係があったからである。輝元は同書状中で、

> 内府（徳川家康）入魂ハ大形ならず候、その上に於いても神文等とりかハし候様ニとの申さる事候、いよいよ異儀無く候、御心安かるべく候、

と述べており、少なくとも家康は輝元に融和的に接していたことがわかる。また、景勝に対しても家康は独自の働きかけを行っていたようであり、別の「年月日未詳毛利元康宛毛利輝元書状」には次のようにある。[230]

一、上様（豊臣秀吉）仰せ置かるの由候て、昨日内府（徳川家康）・（上杉）景勝縁辺の使い、互いニ増右（増田長盛）案内者にて調え候、内心ハそれニハそミ候ハす候、公儀ハ上様（豊臣秀吉）御意まゝと景勝ハ申さる由候へとも、これもしれぬ物にて候〳〵、とかくはやよいめ成り行き候間、ここハ分別のある所候、

何と増田長盛を仲介として、秀吉の遺命という扱いで家康と景勝との縁辺が調えられつつあるというのである。景勝は応諾して、秀吉の遺命に従う旨を述べたそうだが、すでに秀吉の上意を三成らに助けられながら覆したことのある輝元は、秀吉の遺命の有効性に半信半疑のようである。

いずれにせよ、ここでは家康が景勝を取り込もうとしていたことが重要であり、輝元も景勝も家康に対抗しにくい状況に置かれていたといえよう。そして、増田長盛が家康の意向をうけて景勝との縁組を進めようとしている点は、長盛の苦しい立場を示している。というのも、戦わずに事態を収束させるためには、七人の大名が怒りの矛先を向けている三成らの処分は不可避だからである。家康の使者となっている長盛の姿からは、長盛の保身が透けて見える。

そのようなことであるから、事態にけじめを付けようとすれば、三成の身柄をいかに取り扱うかに関係者の関心は収斂《しゅうれん》していくこととなる。さらに別の「年月日未詳毛利元康宛毛利輝元書状」には次のようにある。[231]

> 一、治少（石田三成）身上むきのあつかい（扱い）三人衆へ申し渡し候、これもこの中あつかい（扱い）かけこれ有り候由候、治少一人さほ山（佐和山）へいんきよ（隠居）候て天下事存知無く候様との儀候、これニ相澄むべく候、増右（増田長盛）をもミな〳〵種々申し候へとも、治少一人にて澄むべしと内意候、さ候とも増右はそのまゝにてハ居られ候ましく候条、同前たるべく候、これほとニ澄み候へば然るべく候、

石田三成への処分

光成氏も述べるように「三人衆」とは誰なのかが気にかかるが、[232]輝元が彼らに申し渡したというから、ここでは年寄である輝元の視点で記されていることを考慮すると、奉行への申し渡しという意味になろう。すなわち、これは光成氏の推測[233]とは異なり、石田三成・浅

野長政を除いた残る三人の奉行、増田長盛・長束正家・徳善院玄以のことを指すと思われる。

長盛をそのままとすることには異論もあったようだが、三成一人を近江国佐和山へ隠居させ、奉行としての政務から退かせることで手を打とうとしたことがわかり、それは同書状中に「この一通事、(徳川)家康よりも一段ミつ〱(密々)候へとの事候」とあるから、[234] 家康の決断であった。

光成氏によれば、これを聞いた輝元は涙を流したというが、[235] 政治的状況としては、三成の退隠を呑まざるを得ないくらいに家康の手回しが素早かったのである。すなわち、輝元が毛利元康に報じたところでは「御城ハかなた衆持ち候と聞こえ候、こなた衆一切出入りとまり入り立たざるの由候事」という状況であり、「御城つめニはこいて(小出秀政)・かたきり(片桐且元《かたぎりかつもと》)など居り候、これハ内府(徳川)かたにて候、かくのごとく候時ハ、何もかもいらさる趣候」ともあるから、利家亡き今、伏見城も大坂城も家康の掌握下にあり、このような事態に増田長盛も「増右(増田長盛)申さるる事ニ、とかく治少(石田三成)より身を引き候ハてハ、すミ候ましく候」と述べざるを得なかった。[236]

第六節　石田三成退隠後の徳川家康と大坂城

徳川家康の政治的立場の強化

この後、家康がそのような状況をより徹底させた様子は、次の「年未詳十二月十四日付小泉守・由七右・其外番中宛立花《たちばな》尚政（宗茂《むねしげ》）書状」からも明らかである[237]。

兎角かみかた（上方）の計ハ、
（豊臣）秀頼様衆の分ハ、申す事一切御聞き入れ候ハす候、時々御目見へ一篇の由候、内府様（徳川家康）衆計ニて諸篇調の由候、それに就き秀頼様御たい（台）所のたき木（薪）以下迄、太閤様（豊臣秀吉）の時の金銀ニて御かい（買い）候分ニて候由ニて候間、その分別有るべく候、とかく井伊兵部（直政）・本田佐渡（ママ、本多正信）両人ニて候由ニて候、秀頼様衆ニハ小出播广（秀政）・片切市正（ママ、片桐且元）・寺澤志广（広高）三人ニて候由、甲州（黒田長政）申され候、その外ハ一切物をも申され候事もならす、たゝ公儀一篇の由候、その意を得らるべく候、大坂城の経済は秀吉の遺金で賄われており、家康は表向きの事柄と秀頼の生活とを完全に分離し、秀頼とその周辺への特別な計らいや取次を一切行っていないとある。

最初からこのようなことが可能であったとは思われないが、七人の大名の決起を収拾し、三成を退隠させた家康が慶長四年（一五九九）閏三月十三日に伏見城へ入り、「(徳川)家康伏見の本丸へ入らる由候、天下殿に成られ候、目出候」[238]と称されたこともふまえると、家康の政治的立場は利家の死を経て格段に強化されたことは間違いない。

このような家康に輝元が抗し得るはずもなく、また家康も三成の退隠をふまえ、今度は自身が輝元を取り込むべく、慶長四年（一五九九）閏三月二十一日、家康は輝元に「貴殿（毛利輝元）に対し表裏別心無く、兄弟のごとく申し承るべく候」と記し[239]、輝元もまた家康に「貴殿（徳川家康）に対し奉り、表裏別心無く、父兄の思いを成し、貴意を得べく候」と記して[240]、互いに起請文を取り交わす。そして、同年五月から六月にかけては、毛利秀元の要請をうけ、家康は三成らによってなされた国割にも介入し、三成・長盛らの斡旋した決定を覆すのである[241]。

徳川家康の政治戦略の変更

しかし、三成が去ったからといって、政治に安寧は訪れない。これまでに見てきたように、小田原の陣の前後から、家康をはじめとする織豊期《しょくほうき》を生き抜いてきた諸大名、三成ら秀吉に取り立てられた吏僚、そして秀吉に取り立てられて大名となった者たちのせめぎ合いは常に続いてきた。さらに、三成らの殺害を目指した者たちは、三成を生かす決断をした家康に不満を有していたといわれる。今度は、再び家康に批判の矛先が向く恐れがあった。その当時の雰囲気は、次の姜流の証言がよく伝えてくれる。[242]

（加藤）清正なる者の性質は、もともとよこしま（邪）で、はげしい。それで、（徳川）家康に治部（石田三成）を攻めるように勧め、それによって乱を起こそうとしたのである。家康と治部とが憾《うら》みを釈《と》くに及ぶや、結局その禍心を逞《たくま》しくすることができず、憤ろしい言辞をあれこれとはきちらして、遂に家康に叛《そむ》き、前田肥前守〔利長〕・備前中納言〔宇喜多秀家〕・〔伊達〕中将政宗・長岡越中守〔細川忠興〕・黒田甲斐守〔長政〕・浅野弾正父子〔浅野長政・幸長〕らと刺血〔血判〕同盟を結び、共に〔力を合わせて〕家康をうち滅ぼし、その土地を分けようと約束した。

〈その謀議に参加しなかったのは、ただ〔毛利〕輝元、〔小早川〕金吾〔秀秋〕らの五、六人だけであった。盟約は成ったものの、「地醜《ひとし》く、徳斉《ひと》し」といったような者ばかりで、統率する者がいないものだから、〔前田〕肥前守〔利長〕・〔加藤〕清正ら、大半が自分の領地に帰ってしまった。〉

ここでは、加藤清正が家康を批判する急先鋒と目されているが、これについては清正と家康が相互に認め合っていたことなどを前述したように、そのまま承認はできない。三成を退隠させたからといって、家康の権力が盤石になったわけではない。家康としては伏見城に加え、大坂城も遠隔操作の形ではなく、物理的に掌握しなければならなかった。そして、対立していたはずの三成父子・兄弟が家康に協力する様を見て、三成に批判的であった諸大名の側にはこのまま家康に任せてよいのかとの疑念も生じたであろう。だから、家康を暗殺する企てが現実味を帯び、家康もそのような混乱や不満を背景に、諸大名と対峙し、水野伍貴氏がいうように残る年寄を同時に相手とせず、一人ずつ打破していく戦術を採ったのである。[243]

その結果、家康は北政所と入れ替わる形で、もはや利家のいない大坂城へ入ることに成功したが、水野氏の注目した慶長四年（一五九九）十月一日の家康による十人の集団指導体制の改変は、退隠していた三成の眼に家康による豊臣体制の否定と映ったであろう。そのことが、残る年寄の景勝に照準を合わせていた家康の背後を突く決断をさせたものと思われる。[244]

　しかし、だからといって、家康は、三成らが決起し、それに年寄や奉行が与同したことに驚きはしなかったであろう。むしろ、会津攻めに向かう途次に打った手を見ると、ある程度のことは予期していたのではなかろうか。なぜなら、これまで詳しく検討し、また繰り返し指摘してきたように、年寄と奉行が家康に対抗することは、今に始まったことではなかったからである。あとは、いったいどの勢力の誰が家康の政治的力量を正確に評価し、その後の政治を家康に託すべきだと本気で考えるのかという問題であった。

第四章　関ヶ原・山中における戦勝とその実態

第一節　徳川家康を利する淀と三奉行の行動

増田長盛からの永井直勝宛の書状

会津攻めのために出陣中の慶長五年（一六〇〇）七月十九日、永井直勝《ながいなおかつ》のもとに増田長盛から書状が到来し、直勝は祐筆《ゆうひつ》部屋にてそれを読み、家康のもとへ届けた。家康の御前へ運んだ人物が誰なのかは不明だが、家康は写しを作成させて宇都宮に集結しつつあった会津攻めの先鋒隊へ回覧するよう命じたと板坂卜斎は伝えている。次の史料は『慶長年中卜斎記《けいちょうねんちゅうぼくさいき》』の該当箇条であり[245]、書状は慶長五年（一六〇〇）七月十二日付で永井直勝宛であった。

同日（慶長五年七月十九日）、申之刻、増田右衛門尉状永井右近（直勝）所へ来たる、
その状に曰く、
一筆申し入れ候、今度樽井（美濃国垂井）に於いて大刑少（大谷吉継）両日相煩い、
石治少（石田三成）出陣の申し分、ここもと雑説申し候、なお追々申し入るべく候、

恐々謹言

（慶長五年）七月十二日

増田右衛門尉長盛

永井右近大夫（直勝）殿

この状を祐筆部屋にて右近（永井直勝）披見候て否や、状を越し申され候、御目に掛けるべしとて御前へ持参、上意に、その状を寫し、先手へ遣わし候へと仰せ出され候により、俄に百姓どもに代官衆申し渡され、江戸より宇都宮まで一里飛脚を置き候

増田長盛は、会津攻めに合流すべく出陣して美濃国垂井まで来ていた大谷吉継がここ二日ほど体調を崩しており、石田三成が出陣するとの申し立てについて、上方では様々な説が飛び交っており、今後も報告すると永井直勝に書き送っている。

この書状については、長盛が三成の決起を家康に内報したものとして研究史上も取り扱われ、近年は偽文書の疑いも指摘されるなど[246]、注目されてきた史料である。たしかに『慶長年中卜斎記』の信憑性については私も気になる。前述のように、会津攻めに際しての秀頼からの餞別の有無については留保せざるを得ないと私は考えており、また記事によって錯誤や

精粗もあるようである。
しかし、到来した書状が家康に供覧される際の手続きなどが併記されており、これを除外することもできないように思われる。

増田長盛らからの毛利輝元宛の書状

この史料の信憑性が議論される理由は、収載史料のことのみならず、増田長盛は永井直勝宛の書状と同日付で在国中の毛利輝元宛に長束正家・徳善院玄以との連署書状も出しているからである。次の史料がそれである。[247]

大坂御仕置の儀付て、御意を得べき儀候間、早々御上り成さるべく候、様子に於いては、安國寺（恵瓊）より申し入れらるべく候、長老（安國寺恵瓊）御迎えのため、罷り下らるべきの由候へども、その間もこの地の儀申し談じ候付て、その儀御座無く候、なお早々待ち奉り存じ候、恐惶謹言

（慶長五年）七月十二日　　長大（長束正家）

増右（増田長盛）
徳善（徳善院玄以）

（毛利）輝元様
人々御中

ここで三奉行は、大坂での仕置について輝元の考えを聴きたいから、大坂へ上るようにと述べており、詳細は安國寺恵瓊から伝えるとしている。本来は安國寺が輝元を迎えに国元へ行くべきところ、大坂で協議すべきことがあるため、安國寺の下向はないとわざわざ断っている。書状では済ませられず、上坂を待ち望んでいるとしていることからも、通常の用件ではないことを示唆している。先行研究では、この書状が決起の内容などを明記していない点を確認しつつも、輝元が七月十五日に上坂を決定していることから、この後の戦に至る展開への輝元の関与の程度を評価するうえで、輝元の「即断」を重視している[248]。

長盛が、同日に二つの書状を出したとすると、二つの書状に共通することは、肝心の内容にまでは踏み込まず、最低限の用件のみが記されている点であろう。すなわち、書状の文面を素直に読めば、長盛が家康に三成の決起を内報したとか、輝元に大坂城でともに決起してほしいと要請したとまでは読めないのである。

増田長盛による内報の意図

それでは、長盛が永井直勝に書状を出したとすれば、何を伝えようとしたのであろうか。この点について、水野伍貴氏の指摘[249]は考慮されるべきである。すなわち、本書でも前引したところの、白峰旬氏によって慶長五年（一六〇〇）五月二十六日のものと推定された浅野幸長の書状にある次の内容への注目である[250]。

一、石治少（石田三成）子息隼人（石田重家）出陣ニ候へきは、この間何の儀の為（ママ）ニ候や（ら脱カ）ん（覧）、佐和山（近江国）騒ぎ申すニ付き、治少（石田三成）は罷り立ち候様ニとこの程仰せ出さるの由候事

水野氏は、会津攻めに際して石田三成の嫡男重家に出陣が命じられたが、三成は抵抗したと述べている[251]。石田家として、会津攻めにどのように関わるかが当時の論点となっていたことがわかる。水野氏は、この内容と増田長盛の書状とを必ずしも直接関連づけて考察して

いないが、同氏は三成の立場については挙兵計画の進行中であったがために、重家が出陣すると関東で人質となってしまうことを恐れ、重家の出陣に反対したのではないかとし、いっぽうの長盛の書状については疑義を示しつつも、三成らの決起の利点を計りかねて家康とも内通していたのではないかと見ている。(252)

しかし、これは複雑に考え過ぎであり、書状を素直に読めば、長盛は会津攻めに関する連絡だから家康に仕える永井直勝に書状を出したのであろう。すなわち、会津攻めに大谷吉継が合流できそうにないから、当初出陣する予定にはなかった三成が重家の代わりに出陣するとの申し立てを行っており、そのことについて様々な説が出ているから、わかり次第にまた報告するという主旨である。また、家康宛ではないことも重要である。長盛の立場が表れているとすれば、その点であろう。

これまで見てきたように、三成の伏見での危機の際、長盛は家康からの使者として上杉景勝にも連絡していた。長盛も三成とともに処分される恐れがあったが、長盛は助かっている。長盛の保身はあったであろうし、これまでにもあった。(253) 決起のことを報せてはいないが、後々の情勢次第で、あれは家康に報せたつもりの書状であったと言い逃れできるぎりぎりの線の書状であるともいえる。現に、後世の研究者は、長盛が家康に三成らの決起を内報したと捉えてきた。

家康は、何かに感づいたかもしれないが、この書状のみで何かを判断できたわけでもあるまい。家康の情報網が長盛からの回線のみだったとは思われない。会津攻めの前から、名のある大名たちが様々な提言をしていたことは前述したとおりである。同じように、上方の動静も刻々と家康のもとに届いていたであろう。だから、藤井讓治氏の指摘にあるように、家康は慶長五年（一六〇〇）七月十九日か七月二十日には上方の決起の報は得ていたと思われ、七月二十二日までには会津攻めの中断を決断できたのである[254]。

大坂城からの徳川家康の早期上洛要請

このように検討すると、同じく先行研究の注目する次の「慶長五年七月二十七日付秋田実季宛榊原康政書状[255]」との関係が問題となろう。

> 然らば上方に於いて、石治少（石田三成）・大刑少（大谷吉継）、別心仕るニ付いて、大坂より御袋様（淀）并びに三人（長束正家・増田長盛・徳善院玄以）の奉行衆、北国羽肥州（前田利長）など、早々内府上洛致され尤もの由申し来たり候間、右の別心仕る両

人（石田三成・大谷吉継）成敗の為、今度こなた江御下り候上方衆同道致し、上洛申され候、路次中城々江も番勢を入れ、仕置き丈夫に致し、罷り上られ候、この表の仕置は、
武蔵守（徳川秀忠）に申し渡され候、

　この書状では、三成と吉継が決起したとの報について、大坂城から淀と三奉行が、そして北国からは前田利長などが早期の家康の上洛を求めてきたことが報じられている。ここに幼少の秀頼の名がないことは、この書状での言及が形式的なものではなく、ある程度当時の実態を反映した文言であることの反映であろう。そして、三成と吉継を成敗するため、家康は会津攻めのために下向した大名衆を同道して上洛するとし、路次の城々へは城番を入れ、抜かりなく手を打ち、関東の仕置は秀忠に任せたともある。実際の経過は少し異なることにはなるが、以後、大筋でそのように事態は推移する。

　この書状で三奉行は淀とともに家康の上洛を求めていることから、当初の三奉行は三成と吉継に与同していなかったと理解されてきたし、事実そうだったのであろう。笠谷和比古氏は、この書状とあわせる形で前引の永井直勝宛の増田長盛の書状を評価し、長盛は初期段階では家康とも通じていたと見たのである。[256]

石田三成・大谷吉継の決起と三奉行との関係

しかし、惜しまれる点は、康政の書状で述べられている事柄の時間的な経過が正確に判明しない点である。この書状は、あくまでも実季に会津攻めの中断を説明するとともに、奥羽の諸大名の動揺を抑えるためのものでもあることを考慮する必要がある。

会津攻めの前、秀頼・淀・三奉行、そして北政所が出陣を思い留まってほしいと家康に要請したとの観測があったことは前述した。だから、淀と三奉行が三成と吉継の行動に不安を覚え、また将来の情勢の変化に備え、保身のために、家康の上洛を求めた可能性はあるし、もともと会津攻めに反対だったのだから、それを取り止めさせる理由として三成と吉継の行動を活用したとも考えられる。だが、いずれにせよ、三成と吉継の企てはいつ、どこで、どのように具体化され、それを淀・三奉行らはいつ知り、康政のいう家康への上洛要請はいつ行われたのかがわからない。

後述のように、三奉行は七月十七日には家康への再度の弾劾に動いている。長盛と正家・玄以による七月十二日の二つの動きも勘案すると、康政の記した動きは七月十二日から七月十六日までの四日間かそれより前でなければならない。七月十二日に三奉行から輝元へ安國寺恵瓊経由で連絡が行われた段階において、すでに三成・吉継の決起への与同が決定事項であったのならば、四日間のうちの行動は成立しにくく、それより前に淀・三奉行は家康に働きかけていたことになろう。また、もし七月十二日付の輝元宛三奉行連署書状が、まだ三成・吉継の決起に与同するか否かの検討途中でのものであり、三奉行が輝元の上坂と見解を待って結論を出そうとしていた段階のものならば、康政のいう動きは四日間のうちで可能となる。

だとすると、いずれにしても、淀・三奉行はいったん三成・吉継の企てを家康に漏らしたことになるから、この決断は重要であったはずである。もしその決断を要する事情があったとすれば、会津攻めの中止をさせたい一心であったろう。そして、家康の上洛を求めたのであるから、家康の反転は、少なくとも淀・三奉行にとっては予想の範囲内で既定事項となったはずである。

徳川家康への情報漏洩を知らない石田三成

その後、あまり時を置かずに三成・吉継が淀・三奉行を説得し、与同させることに成功したのだとすると、果たして三成・吉継は、淀・三奉行が家康に決起のことを通報したと知っ

ていたのであろうか。三成は、「慶長五年七月晦日付真田昌幸宛石田三成書状」において、[257]

> 一、まず以て今度意趣兼日御知らせも申さざる儀御腹立ち余儀無く候、然れども内府（徳川家康）在大坂中諸侍の心いかにも計りがたきニ付て言発する儀遠慮仕りおわんぬ、（中略）、いつれも隠密の節申し入れ候ても世上成り立たざるニ付てハ、御一人御得心候ても専（詮）無き儀と存ずる思慮、但今ハ後悔候、（後略）

と述べ、昌幸に前もって決起のことを話さなかったことを詫びているほどである。よりによって家康に漏れていたことを知っていたら、このような文面となるであろうか。私は、淀・三奉行は家康に話してしまったことを三成らに黙っていたと思うし、三成・吉継は家康に情報が筒抜けであったことを明確には知らなかったと思う。この点は、三成の戦への対応ぶりにも関わることなので、あらためて検討しよう。

いっぽう、家康は会津攻めを天皇の餞別を受けて開始したが、その中止と上洛も、三成・吉継の不心得の所業に対処する必要からの淀・三奉行の要請によって反転するという建付《たてつけ》が可能となった。会津攻めを進めようが中止しようが、家康の本来の思いは別として、手続き上の瑕《か》疵《し》はないのである。だから、康政は実季に家康の正当性を強調するために時間的経過を曖昧にした必要な流れと展望のみを説明したのであろう。

第二節　大坂方による徳川家康再弾劾の限界

徳川家康の正当性

会津攻めの最中での三奉行の去就、とくに三成・吉継への与同は、従来の研究において家康の行動にとっての打撃とされ、家康の正当性が損なわれるものと捉えられてきた。その打撃と制約のもとで家康は行動せざるを得なくなり、諸大名のある意味で自主的な支持に基づいて戦い、家康の権力はその成立過程において自主的な支持を表明した諸大名の影響を受けざるを得ないと説明されてきたのである[258]。

しかし、本書で繰り返し述べてきたように、家康の正当性が先行研究のいうほどに損なわれていたのかについては、疑問とせざるを得ない。むしろ前述のように家康は会津攻めの出陣の時期について、在京期間を定めた秀吉の遺言に抵触せぬよう配慮していたし、また自らの行為を歴史的に位置づけるために源頼朝の先例をも参照した形跡があった。たとえ水野伍貴氏が指摘したように慶長四年（一五九九）十月一日に十人の集団指導体制を自らにとって有利な形に改変しようとも、[259] 家康は秀吉の体制を全否定しておらず、自らの権力がある意味で秀吉の授権によるものである以上、全否定することは自殺行為であることもわかっていたであろう。家康は、いかに秀吉の遺《のこ》した体制を利活用しつつ、無理なくそこから脱却できるかを考えていたはずである。そのような家康が、自らの正当性に無頓着であったはずがない。

いっぽう、慶長四年（一五九九）閏三月に奉行の立場を追われ、退隠に追い込まれた三成は、ひとまず石田家の存続を優先すべく、家康と妥協せざるを得なかったであろうが、慶長四年（一五九九）十月一日のことを聞くに及び、家康がそれまでの体制を否定しようとしていると捉えたかもしれない。三成には、家康に正当性などないと思えたであろう。そして、おそらく私の見るところ、先行研究も、どちらかといえば、大坂方の言い分のほうに正当性を認めてきたように思われる。

徳川家康への再度の弾劾

だが、果たしてそのような理解は妥当であろうか。試みに、慶長五年（一六〇〇）七月十七日に三奉行の名で各大名に布達された再度の弾劾状を見てみよう。（260）

内府（徳川家康）ちかひ（違い）の条々

一、五人の奉行五人の年寄ども、上巻の誓紙連判候て幾程無く、年寄どもの内貳人追い籠められ候事

一、五人の奉行衆内、羽柴肥前守（前田利長）事、遮りて誓紙を遣され候て、身上既に果てらるべき候ところニ、まず（上杉）景勝討ち果たすべきため、人質を取り、追い籠め候事

一、景勝なにのとかもこれ無きニ、誓紙の筈をちかへ、又ハ大（太）閤様（豊臣秀吉）御置目に背かれ、今度討ち果たさるべき儀歎かわしく存じ、種々様々その理り申し候へども、終に許容無く出馬せられ候事

一、知行方の儀、自分ニ召し置かれ候事ハ申すに及ばず、取次をも有るましき由、これ又上巻誓紙の筈をちかへ、忠節もこれ無き者どもニ出し置かれ候事

一、伏見の城、大（太）閤様仰せ出され候留主居どもを追い出され、私ニ人数入れ置かれ候事

一、拾人の外、誓紙取やりあるましき由、上巻誓紙ニ載せられ、数多取やり候事

一、政所様（北政所）御座所ニ居住の事

一、御本丸のことく殿守を上げられ候事

一、諸侍の妻子、ひいき〳〵ニ候て、国元へ返され候事

一、縁篇の事、御法度に背かるニ付て、各その理り申し、合點候て、重ねて縁邊その数を知らず候事

一、若き衆ニそくろ（そくら）をかい、徒党を立させられ候事

一、御奉行五人一行ニ、一人として判形の事

一、内縁の馳走を以て、八幡の検地免ぜられ候事

右誓紙の筈ハ少しも相立てられず、大（太）閤様御置目に背かれ候へハ、何を以てたのミ（頼み）これ在るべく候哉、かくのごとく一人宛果てられ候ての上、（豊臣）秀頼様御一人取り立てられ候はん事まことしからす（然らず）候也、

慶長五年七月十七日

水野伍貴氏の指摘によれば、この条々のねらいについては、真田家文書中の「慶長五年七月三十日付真田昌幸宛大谷白以書状」における「内府（徳川家康）去々年（慶長三年）以来御仕置、大（太）閤様（豊臣秀吉）御定に相背かれ、（豊臣）秀頼様御成り立ち難き由候て、年寄衆（毛利）輝元・備前中納言殿（宇喜多秀家）・嶋津（島津義弘）、この外関西の諸侍一統を以て、御仕置改め申し候事」の文言もふまえ、[261]「家康に排斥された五大老・五奉行の構成員の復権による「遺言体制」の立て直しと、家康の独裁権力化で行われた施策の白紙化にあったと考えられる」という。[262]

たしかに宇喜多秀家と毛利輝元も、慶長五年（一六〇〇）七月二十九日に文字遣いが少し異なるだけの同じ文面にて真田昌幸宛に「去年（慶長四年）以来、内府（徳川家康）御置目に背かれ、誓紙を違《たが》えられ、恣《ほしいまま》の働き是非無く候間、今度おのおの相談じ、鉾楯（ママ、楯鉾）に及び候」とし、「（上杉）景勝申し談ずる上は、関東の儀平均に属すべき事、案の内候」と述べている。[263]また、白峰旬氏は『歴代古案』に所収される条々を分析し、その条文は敬語を用いず、より厳しい内容のものであることから、上杉景勝に示された案文である可能性があり、諸大名に示された条々は当初案よりも後退したものだったのではないかと推定しているから[264]、条々は、三成・吉継のほか、三奉行と秀家・輝元・景勝が中心となって、在坂・在伏見の大名有志にも内覧させながら作成された可能性があろう。

再度の弾劾の弱さ

しかし、条々は、真田家文書中のものもそうであるが[265]、次のように三奉行の差出による書状とともに布達されている[266]。

なお以て、貴所の義は、越中（細川忠興）と相替わる義候条、（豊臣）秀頼様へ御忠節尤もに候、以上、

急度申し入れ候、今度（上杉）景勝発向の義、内府公（徳川家康）上巻の誓紙ならびに太閤様（豊臣秀吉）御置目に背かれ、（豊臣）秀頼様見捨てられ、出馬候間、おのおの申し談じ、楯鉾《たてほこ》に及び候、内府公御違いの条々、別紙に相見え候、この旨尤もと思し召し、太閤様御恩賞を相忘られず候はば、秀頼様へ御忠節あるべく候、恐々謹言、

（慶長五年）七月十七日　長大（長束正家）

増右（増田長盛）
徳善（徳善院玄以）

松井佐渡守（康之）殿
御宿所

　文言は文字遣いのほかは真田家文書中のものと同じであり、条々の内容を尤もと思い、秀吉の恩を忘れていないならばとの留保をしたうえで、秀頼への忠節を求めている。この表現は、例えば、前引の「慶長五年七月三十日付真田昌幸宛大谷白以書状」において吉継が条々のことを「内府（徳川家康）置目御ちかへ、十三ヶ条書き顕し候、諸人存知ニ付き中々不審無き躰候」(267)と解説していることと比べると、かなり控えめである。条々に関わった者たちは、なぜ二年寄・三奉行連署の形で布達せず、なぜ吉継のいうような諸人に明らかな家康の罪状として断言・断罪しなかったのであろうか。

　これは私見だが、十三箇条の条々は、たしかに事実を部分的には反映しているのであろうが、これまでに本書でも検討してきたように、大半の指摘内容はすでに政治的には解決済みのことである。解決とは、この場合、誰もが納得してのそれではなく、政治的には終わったこと、という意味である。

たとえ年寄・奉行や関係者の中に不満があったとしても、それぞれの段階で生起した政治的事件・事案について、ある決定がなされ、それに従ったという経緯がある。あるいは、家康の判断や行動が仮に横暴で問題のあるものであったとしても、それらを全力で止めたり、是正しなかった側にも責任がある。年寄・奉行も、その都度保身を図り、自己の利益を優先させていたことは本書でも見た。会津攻めでさえ、三奉行は、前述のように「慶長五年六月十五日付荻野孫五郎宛徳善院玄以・長束正家・増田長盛連署書状」において、先陣や軍法については家康の指示に従うよう命じ[268]、事実上、戦の遂行に加担していたのである。

また、前引の山田貴司氏の紹介した「慶長五年七月二十一日付黒田如水宛加藤清正書状」には「御存知の如く、拙者式（加藤清正）などにハ奉行衆（増田長盛・長束正家・徳善院玄以）よりも　大（太）閤様（豊臣秀吉）仰せ置かる筋目ありやう仰せ聞かされず候間、内府公（徳川家康）何を御たて候も、御違い候も存ぜず候」とあった[269]。清正の所感は正直なものであろう。秀吉の遺言とはいっても、諸大名が全員聞いたわけではない。それへの違反といわれても、どこが違反していたのかがわからないし、家康の行動を見て、そう間違ってはいないのではないかと見ていた大名も一定数いたはずである。清正は、その一人であろう。

家康も、諸大名からどのように見えるかは気にしていたから、自身の正当性には細心の注意を払っていたのである。

大坂方の正当性と論理の破綻

すなわち、大坂方の年寄・奉行・三成・吉継らの主張は、意外と弱く、それこそ正当性に欠けるものだったともいえるのではないか、ということである[270]。家康による年寄・奉行の追放を非難しておきながら、自分たちは家康を武力により打倒するというのだから、論理的には破綻している。秀吉は、自身の死後、そのような仲間割れが起こることも想定して、話し合いによる解決を遺言した。それは、秀頼が成長するまでの第一人者が不在の間は、裁定を行う主体がいないからである。

今回も、幼い秀頼では、家康と年寄・奉行・三成・吉継とでは、どちらが正しいのか、公然と裁くことができないのである。秀頼の名をかたったところで、それは現実味がないから、かえって逆効果である。むしろ関ヶ原・山中の戦いにおいて、大坂方に苦しい部分があったとすれば、自身の意思で戦っているはずのない秀頼を前面に出したことそのものであり、かえって年寄・奉行の恣意性が露わになっていた点もあるのではないか。

さらに、大坂方の論理そのものがおかしいという点も指摘できる。例えば、次の史料は「慶長五年八月五日付鈴木重朝宛二年寄・四奉行連署書状」であるが、これは伏見城攻めに関する論功行賞の秀頼奉書である。[271]

> 去々年（慶長三年）以来、内府（徳川家康）、太閤様（豊臣秀吉）御置目に背かれ、上巻誓紙違《たが》われ、ほしいままの働きニ付いて、御置目を相立てらるべきため、鉾楯（ママ、楯鉾）に及ばれ候、第一伏見御城仰せ置かれ候御留守居を追い出し、関東の凡下野人の者ども、御座所を踏み荒らし候段、ぜひ無き次第ニ付いて、今度堀際迄、各押し詰められ、即時乗り崩され、大将鳥井彦右衛門（鳥居元忠）を始めて八百余討ち果たさるの儀、比類無き儀候、殊にその方事、鳥井彦右衛門首を討ち捕られ、御粉骨の至り、（豊臣）秀頼様御感斜めならず候、仍って御太刀一腰、御馬代銀子拾枚、並びに御知行千石宛がわれおわんぬ、なお御忠功を抽《ぬき》んぜらるべきの由、仰せ出さるの状件の如し、

まず、この程度の論功行賞を二年寄・四奉行の連署奉書として出すくらいなら、前述のように十三箇条の条々を年寄・奉行の連署で出すべきであったし、そもそも伏見城とは亡き秀

吉の居城であり、政権の政庁である。

その重要な城が鳥居元忠をはじめとする「関東の凡下野人の者ども」に踏み荒らされたから攻め落としたという論理は大丈夫なのだろうか。鳥居勢は、奉書にもあるようにわずか八百名ほどである。なぜ家康は当初声をかけていた島津義弘ではなく、わずかな手勢で元忠に伏見城を守らせたのか。それも私は三成らの性質を見極めたうえでの家康の計略であったと思うが、大坂方はその八百名ほどの軍勢を大軍で攻めあぐね、何とか押し崩したのである。戦の方法としては最悪手である。そして、亡き秀吉を尊重していたはずなのに、晩年の主君が地震で倒壊するも必死で再建した伏見城を落城・焼失させて悦び、褒め称えているのである。大坂方は、勝負の方法・為所を誤っていたといわざるを得ない。

また、大坂方の根本的な論理的矛盾は、これまでにも見たように、家康は間違いなく秀吉の遺言により、亡き利家とともに秀吉から跡を託されていたということである。家康は、将来的に後述のごとく実行するけれども、拾（秀頼）と秀忠の娘（千）の縁組も秀吉から命じられていた。利家亡き後、どのように考えても家康が集団指導体制の首席的地位にあることは明らかである。それを基盤としつつ、家康は利家の病没後に権力の強化を図っており、その過程で他の年寄・奉行が敗北していったということ以上でも以下でもない。敗北した側は納得していないから、十三箇条にそれを結実させたまでである。

片桐且元・貞隆兄弟の聴いた豊臣秀吉の遺言と徳川家康

だが、その十三箇条が、当時のことを知る他の者たちの眼に、いかにおかしなものとして映っていたかをうかがわせる史料が、石川武美記念図書館所蔵の片桐文書中にある。次の「大坂一乱起之覚書」がそれである。[272]

一、常々（豊臣）秀頼公へ市正（片桐且元）・主膳（片桐貞隆《さだたか》）御異見申し上げ候段、大（太）閤様（豊臣秀吉）、（徳川）家康様へ御遺言の様子、只今御末期に及び候に付き、御直ニ仰せ置かれ候ハ、秀頼公御幼少の儀ニ候間、家康様御親ニ頼み思し召され候、随分御介抱遊ばされ、秀頼御成長の上、十五歳より廿歳迄の内、天下をも知ろし食さるべき御器量ニ候ハヽ、天下を返シ遣わさるべく候、今日より天下の儀家康様へ御渡し成され候、この外誰々ニも別の御遺言ハ毛頭これ無き由、御誓紙御血判遊ばされ、家康様へ御直ニ御渡し成され候、家康様もその座ニ両牛王をこハせられ、御遺言相違無く相守るべき由の御誓紙御血判遊ばされ、大（太）閤様へ御進

上成され候、家康様御誓紙ハ　大（太）閤様御くハん（棺）に入れ候へと仰せ付けられ、その分ニ納リ申し候事

一、右の上ニ　大（太）閤様仰せ出され候ハ、異国まてかくれなき御馬印ニ候間、全（金カ）のふくへ（瓢）家康様へゆつり（譲り）遣わさるの由ニて、すなわち御渡し成され候、以来秀頼様天下しろしめさるへき御器量ニ成らせられ、天下返し遣わされ候時分、右の御馬印、秀頼公へ遣わされ候様ニと、これ又御契約成され候、その後御縁組み迄遊ばされ、只今かくのごときの上ハ、御親様ニ頼み思し召され、いつまでも御つゝしミ（慎み）遊さるべきところニ、関ヶ原御陣の時分石田治部少輔（三成）謀叛と申しなから、こなたより大（太）閤様の御遺言ハちかひ（違い）申し候と、家康様ニハ思し召さる儀ニ候間、その御心をなため（宥め）思し召され候様ニ秀頼公御覚悟これ無く候ハてハ罷り成らず候由、不断の御異見にも申し上げ候へども、とかく大御所様（徳川家康）一味仕り、かくのごとく申し候とよこしま（邪）に御袋様（淀）思し召され候ゆえ、万事違い、一乱出来候事

これは片桐且元の弟貞隆の子孫に伝えられた覚書の一部であるが、片桐兄弟が常々秀頼に

言い聞かせていた秀吉の遺言についての記述である。すなわち、秀頼が十五歳から二十歳になるまでの間、天下を治める器量があると見込まれる場合は秀頼に天下を返してほしい。しかし、それまでは家康に天下を渡すと述べたとあり、互いに起請文を交わしたという。その起請文のうち、秀吉のものは家康に渡され、家康のものは秀吉の棺に納めるよう命じられたため、そのようにしたとある。

秀頼が十五歳になったらとの発言は、秀吉の没後十日を経過したら、いったん大坂城に移徙するも、秀頼が十五歳となったら大坂城を出るよう遺命があったとしていた『利家夜話』における利家の回想とも一致する。この点をふまえると、秀吉は利家にも個別に遺言していたのであろう。

また、利家の回想の際にも検討したが、文禄二年（一五九三）生まれの秀頼の十五歳とは、満年齢ならば慶長十三年（一六〇八）、数え年ならば慶長十二年（一六〇七）にあたる。今回、生前の秀吉は家康に、秀頼が十五歳から二十歳になるまでの間、天下を治める器量があると見込んだならば、秀頼に天下を返してほしいと述べていたことが明らかとなった。この場合、家康が秀頼の器量を見極めるための期間は、数え年・満年齢でそれぞれ計算すると、慶長十二年（一六〇七）・慶長十三年（一六〇八）から慶長十七年（一六一二）・慶長十八年

（一六一三）までということになる。後述するその後の家康の歴史上の行動を理解・評価するうえでも、この点はふまえておく必要があるかもしれない。

さらに、この秀吉と家康とのやりとりの具体策としてであろうか、秀吉の馬印も家康へ渡され、秀頼の器量次第で馬印も返してほしいと秀吉は述べたという。馬印は、大坂夏の陣で秀頼が使用していることがわかるから[273]、さすがに家康は秀吉の馬印を受け取らなかったか、関ヶ原・山中の戦い後、家康が大坂城を出て伏見城へ移る際に返したのであろう。

そして、のちの秀頼と千の婚姻をふまえ、その後の心得として、片桐兄弟が秀頼に説いていたことも記されている。家康のことは親とも思い、慎むべきところ、片桐兄弟としては、石田三成らが決起の折に主張していた秀吉の遺言について、家康は自身への遺言と異なるとのお考えであったろうと見ていたので、その家康の納得できない思いを秀頼が宥《なだ》める覚悟でなければ今後は成り立たないと常々秀頼に語っていたという。片桐兄弟は家康の一味だからそのように言うのだと淀から思われていたので、あらゆることが間違いとなり、大坂の両陣となったのだという。

豊臣秀吉と徳川家康の起請文の行方

起請文の話については、なぜ家康は自身に渡されたという秀吉の起請文を根拠に自身の立場を明示・弁明しなかったのか、またなぜ三成の主張の誤りを正さなかったのかという疑問が残る。もしここにいう秀吉の遺言と起請文が実在して、家康に都合の悪い点があるとすれば、天下を一時的には預かるが、時が来たら秀頼の器量次第で返さなければならない旨が発言・明記されていた点であろうか。家康が秀吉に渡したという起請文は秀吉の棺に納められたとあるから、豊国社の廟所に納められたことになろう。

この秀吉の家康への遺言や互いの起請文の話が全くの虚偽とも言い切れないと思う理由は、後述のように大坂冬の陣を視野に入れた家康の行動の開始時期が秀吉の遺言で示された秀頼の器量の見極め期間の経過直後であることのほか、次の「元和元年七月二十四日付文殊院宛板倉勝重・以心崇伝連署書状」が念頭にあるからである。[274]

> 今度豊国御改易ニ付いて、貴院（文殊院）の儀上意を得候ところニ、当院并びに西隣の徳善院相添え下され候、北の茶園畠の儀、妙門（妙法院）へ理り申し候間、何段と相究められ、以来申し分無き様ニ尤も候、高野衆下山の剋、宿の便かたがた仰せ付けられ候

間、その意を得らるべく候、恐々謹言

（元和元年）七月廿四日

板倉伊賀守（勝重）判

金地院（以心崇伝）判

文殊院

かねて私は、なぜ大坂夏の陣後、豊国社が封鎖され、神体や宝物も妙法院へ移転されたのかと疑問に思っていた。[275]そのような例は、神仏をめぐる日本の歴史上、私の知る限り、あまり例がないからである。

当時の感覚では「豊国御改易」であった。すなわち、家康は神となった秀吉とそれを祀《まつ》る社を改易したのであり、片桐兄弟の証言をふまえると、家康は自らが秀吉に差し出した起請文の納まる廟所を破却はできないが、存続されても困り、限りなく破却に近い状態で参道を塞ぎ、朽ちるに任せ、封鎖せねばならなかったのではないかと今のところは考えている。

大坂方の主張の綻び

いずれにせよ、ここで確認しておきたいことは、秀吉の遺言は、本書でも確認したように日々変わり、様々な内容のものがあったということであり、片桐兄弟の証言は最も家康の立場を保障した秀吉の遺言の存在を示唆するものであるということである。そして、片桐兄弟の証言した内容の実証は困難であるが、秀吉の遺言を根拠とした三成らの主張は本来おかしいと考える勢力もあったこと、家康の政治的立場を秀吉からの政務の委任に近い正当なものとして認識する立場もあり得たことである。家康本人も、三成らの主張に納得していなかったであろうことは、片桐兄弟の証言をふまえても、ふまえずとも、想像はつく。三成らの主張に疑問を抱き、また共感できない立場からすれば、必ずしも大坂方の主張は説得力を持たないのであり、大坂方の主張が非の打ち所のない完全無欠の正当なものとばかりはいえないということである。

だからであろう、家康自身にたじろいだ様子はない。次の「慶長五年七月二十三日付最上義光宛徳川家康書状」はそのことをよく示している[276]。

きっと申し入れ候、治部少輔（石田三成）・刑部少輔（大谷吉継）才覚を以て、方々触状を廻らすに付いて、雑説申し候条、御働きの儀、先途御無用せしめ候、こなたより重ねて様子申し入るべく候、大坂の儀は仕置等手堅く申し付け、こなたハ一所に付き、三奉行（長束正家・増田長盛・徳善院玄以）の書状披見のためこれを進め候、

三成と吉継があちこちに触状を廻らしていることについて、様々な噂があるので、まずは会津攻めに関する対応は無用とし、こちらからはさらに情勢を報告すること、大坂のことについては仕置を手堅く命じており、こちらは一体であるので、三奉行からの書状をお見せするため進上するとある。「こなたハ一所」の意味は、水野伍貴氏もいうように家康と三奉行との関係のことであろう[277]。

前述したところでは、七月十二日付の増田長盛の永井直勝宛書状が七月十九日には家康に供覧されていたから、ここでの三奉行の家康宛書状とは、七月十二日かそれより後に発せられたものであろう。ということは、三奉行は七月十二日に安國寺恵瓊を通じて輝元を大坂に呼び寄せていたいっぽうで、家康にも三成・吉継の決起を報知していたことになる。このどちらにも連絡する三奉行の立場は、少なくとも十三箇条の条々が布達される前日の七月十六日までしかとることができない。したがって、最上義光に転送された三奉行の書状も七月十

六日以前の日付であったろう。このように考えると、増田長盛の永井直勝宛書状は、三奉行としてではなく、個人的に一足早く家康に連絡をとったという躰にしたいがためのものであったか、実際の事態がまだ会津攻めへの三成・吉継の関与の仕方如何という段階のものであったかのどちらかであろう。

三奉行の輝元宛の書状には三成・吉継のことにはふれていなかったから、当事者間においてはもはや敢えて述べるまでもないことであったか、または安國寺を通じてしか伝えられないほどの機密に属していたのであろう。[278] いずれにせよ、逆に七月十二日付の輝元宛の三奉行の書状は、輝元に三成・吉継の決起を伝えて注意を喚起する趣旨ではなく、それへの参加とその方法・程度を検討するためのものであったことが浮かび上がろう。

ということは、ここでいわれている三奉行の書状とは、前引の「慶長五年七月二十七日付秋田実季宛榊原康政書状」において言及されていた淀と三奉行からの書状のことである可能性も高まろう。そこでは三成・吉継の決起と早期の上洛を要請されていたから、会津攻めへの対応は無用となったこと、大坂の仕置を手堅く指示した家康の文言とも符合はする。

第三節　徳川家康の胆力と覚悟

三奉行の決起に対する徳川家康の態度

そして、事態は新たな段階に入る。三奉行は三成・吉継への与同を決したのである。その公表は七月十七日のことである。家康と一体であったはずの三奉行が矛盾に及んだのである。しかし、次の「慶長五年七月二十九日付最上義光宛徳川家康書状」[279]を見る限り、

> 急度申し入れ候、仍って上方奉行衆（長束正家・増田長盛・徳善院玄以）一同候ニて鉾楯（ママ、楯鉾）之由申し来たるに付いて、会津を閣き、まず上洛せしめ候、中納言（徳川秀忠）差し置き候の条、かの表働きの儀相談せられ尤も候、なお後音の時を期し候、恐々謹言

家康に動揺は見られず、まずは秀忠に事後を託して上洛する大方針に変化はない。すでに淀から上洛を要請されていたのだから、論理的な正当性にも破綻はない。仮に家康が内心で動

揺していたとしても、義光にはその素振りすら見せられないであろう。私が家康はそれほど動揺しておらず、動揺したとしても、その影響は小さかったと思う理由は、次の「慶長五年七月二十九日付黒田長政宛徳川家康書状」をふまえているからである。[280]

先度御上り以後、大坂奉行衆（長束正家・増田長盛・徳善院玄以）別心の由申し来たり候間、重ねて相談せしめんと存じ候ところ、御上りゆえその儀無く候、委細の様子羽三左（池田輝政）へ申し渡し候の間、よき様相談せらるべく候、

すなわち、先行研究において近年その有無が議論となっている小山の評定後（小山の評定に関する私見は後述する）、黒田長政に宛てた家康の書状である。そこでは、すでに西上を開始していた黒田らに対し、本来ならば大坂で奉行衆が決起したことをめぐって再度協議すべきところ、西上の最中なので再協議は行わず、池田輝政に伝言を伝えさせるから、よいように相談してほしいと記されている。

　この池田輝政による伝令と現地の相談に任せたことについては、すでに西上させてしまった諸大名を呼び戻したりはできなかったからという消極的評価がなされてきた。[281]

たしかに西上させた後に三奉行の決起の報が届いたことは、家康にとって厄介なことではあったろう。三奉行の決起のないほうがよいに決まっている。しかし、三奉行の決起をうけても、家康は伝令と現地の相談によって対処できると判断したのだから、直ちに気持ちは切り替えられており、家康には諸大名を西上させた後にとるべき方策に大筋で迷いはなかったとはいえるのではなかろうか。本書のこれまでの検討をふまえると、やはり家康は奉行衆を心底信用していたわけではなく、それまでの政治過程の延長線上に三奉行の決起を位置づけていたものと思われる。

もともと永きにわたる対立構造があったのであり、それをふまえて家康は「またか」と思ったのではなかろうか。だから、家康が殊更に驚いたわけではなかったであろうし、三奉行の決起に関する水野伍貴氏の「三奉行が、家康にとっては輝元よりも都合の悪い相手であり、事態がより深刻化した」[282]との評価は当たらないように思う。

徳川家康の江戸城待機の理由

だが、家康はこの後、小山から江戸へ戻ったものの、九月一日まで動かなくなる。この点についても、いわば家康の直面した迷い・不安・危険の発露として注目されてきたところである。このあたりの事情はどのように考えるべきなのであろうか。

例えば、そのような考えをとる笠谷和比古氏は「家康が豊臣系武将を信頼しきれていなかったことが家康の江戸滞留の原因」とし、とくに家康が福島正則の去就について黒田長政に確認したという『譜牒余録』収載の話に注目している。[283] 笠谷氏の引用史料は、次の史料の傍線部分である。[284]

右は慶長五年（徳川）家康公関東御発向、下野国小山迠御座成され、（徳川）秀忠公ハ宇都宮（下野国）迠御越し成され候ところ、上方に於いて石田治部少輔（三成）乱を起シ申し候次第註進御座候由、この時甲斐守（黒田長政）も宇都宮迠罷り越し居り申し候を、右の到来ニ付き、小山へ御呼び成され、福嶋左衛門大夫（正則）・甲斐守等を御先ニ遣わされ、尾州辺りニて御上りを待ち奉り候へと仰せ付けられ、罷り越し候ところ、家康公より奥平《おくだいら》藤兵衛（貞治《さだはる》）を御使者として甲斐守を中途より御呼び返し成さる、すなわち家康公御前江召し出され、上方御合戦の義、御用ども深更に至る迠仰せ聞かさる、さて福島左衛門大夫ハもし別心これ有るまじきやと御意成さるニ付き、甲斐守申し上げ候ハ、左衛門大夫（福島正則）儀、兼ねて忠義を存じ奉り罷り有り候、その上石田

（石田三成）と中悪しく候の間、かたがた遠変ハ御座有るまじく候、不慮ニ志を変じ候はば、私（黒田長政）異見を申すべき由申し上げ候、

まず注意を要する点は、これは『譜牒余録』の特長であるところの各家所蔵史料の引用部分ではなく、貞享《じょうきょう》期の黒田家の見解を述べた地の文であるという点である。[285] また、家康の発言を裏づける史料などは示されていないし、家康が長政を呼び返して傍線部分を問うたとしていることも、前引の七月二十九日付の書状が『譜牒余録』にも引かれているのだから、無理がある。さらに、ここに記されている家康と長政の問答は、会津攻めとその中止、そして反転という政治決断、さらに三奉行の決起という情勢の変化を経た慶長五年（一六〇〇）七月下旬から八月上旬のやりとりとしては今更の感があり、緊張感に欠ける。

徳川家康の覚悟

家康が諸大名を信用していなかったのではないかとの見方を徹底させれば、どこまでも疑うことはできよう。しかし、家康の立場に立てば、これまで秀吉に服従して以来、互いの政治方針に相違の見られた三奉行と、現に会津攻めに従軍している諸大名とのどちらを信用で

きるであろうか。

そもそも小山で定められたという組編成に従って反転・西上した東海道沿いの諸大名が[286]、小田原の陣と秀次事件の後に秀吉から与えられた自分たちの城々を明け渡し、家康の家臣を城番として受け入れたことは、小山の評定の有無を問わずとも事実なのだから[287]、家康は諸大名との関係を維持・信用して政治的な生き残りをかけるよりほかなかったのではないか。これは、家康の覚悟の問題であり、その意味で私はこの期《ご》に及んで家康に大筋での迷いはなかったのではないかと思うのである。

黒田長政の遺言に見る諸大名の心理

もちろん私は、家康と諸大名との関係が蜜月で、両者の間に何も問題はなかったなどと述べるつもりはない。実際、次の黒田長政の遺言覚[288]を見ると、当時、主観的には諸大名の頭に様々な考えがよぎったことは事実のようである。

> そもそも、御当家（徳川家）天下を御シキ成され候ハ、（徳川）家康公御武徳故とハ申なから、偏ニ（黒田）如水・（黒田）長政か功ヲ以て、御心安く天下の主とハ成せ給

ふ者也、その子細は、去ル石田（三成）か乱の時、如水ハ九国を切したかへ、某（黒田長政）ハ関東江御供申し、関ヶ原御一戦前、関東ゟ《より》先立テ美濃国へ馳セ、加藤（清正）・福嶋（正則）・浅野（長政）・藤堂（高虎）等を申し合わせ武を張り申すゆえ、そのイキヲイニ恐テ、石田方川を越え働き候事成らず候、尤も合渡ヲ一番ニ渡シ敵ヲ切り崩シ、関原御一戦の日ハ、粉骨を尽し、石田か本陣ヲ追い立て候、然れどもこれ等ハ珎しからざる事ニ候、第一その智謀ヲ、毛利家（吉川広家）并びに金吾中納言（小早川秀秋）御方（味方）と成り候、これニ付、その外御方（味方）仕る者多く成り候、この節先立ち美濃路江馳せ上り候輩、多くハ太閤（豊臣秀吉）御取立の大名どもなれハ、この時我等（黒田長政）心を変シ、かくとすゝめ候ハヽ、福嶋・加藤・浅野・藤堂を始めいずれも悦びイサミ（勇み）、則日大坂方と成るべき事案ノ内也、右の者ども上方勢ニ加り、嶋津（島津義弘）・我等先手として打ち出るものならば、その外の東国勢一戦ニ及ばず、敗北は眼前也、その上、大略大坂方と成るへし、これヲ聞かば、国々にて日和を見たる大名・小名悉く大坂方に参るへし、サレハ　家康公も我々心中ヲ御気遣いゆえ、百里に餘りたる大敵ニ先手ばかりヲ遣わされ、その後、各二心無く御働き見届けニてこそ御出馬候也、然らば右の通り、某諸大名ヲすゝめ、嶋津・福嶋・加藤・浅野・浮田（宇喜多秀家）等を先として押して下らば、関東方より誰かこの者どもニ出向き、快く一戦をとけんや、家康公弓矢の御長者と申すとも、御自身先手罷り成るゟ《より》外ハあるまし、万一右の大名ども、なおも関東方仕るとも、我等上方勢ニ加りタラハ、毛利家も金吾中納言、その外の者どもも安堵候て無二大坂方仕るべく候、嶋津・某・浮田等諸勢ヲ働シ先手として打ち出でば、岐阜の城せめハさて置き、誰か一人も美濃路に足ヲタムヘキ、ほうほう関東へ引き取り候か上の仕合わせなるへし、是等をたやすく追い立たば、諸国の大坂方日々蜂起すへし、サアラハ　家康公箱根ゟ《より》西へ御出馬ハ思いよらす、さて又、西国ニて如水ト加藤肥後守（清正）申し合わば、（加藤）清正ハ無二の大坂方ナレハ、同心云うニ及ばず、

長政自身、「多くハ太閤（豊臣秀吉）御取立の大名どもなれハ、この時我等心を変シ、かくとすゝめ候ハヽ、福嶋（正則）・加藤（清正）・浅野（長政）・藤堂（高虎）を始めいずれも悦びイサミ（勇み）、則日大坂方と成るべき事案ノ内也」と述べている。慶長五年（一六〇〇）九月一日まで動かなかった家康の意図についても「（徳川）家康公も我々心中ヲ御気遣いゆえ、百里に餘りたる大敵ニ先手ばかりヲ遣わされ、その後、各二心無く御働き見届け

ニてこそ御出馬候也」と理解している。家康としては、長政らの心情はわかっており、また自身も政治的に生き残らなければならないのだから、当然である。そして、長政は、もし自分たちが大坂方となっていたら、いかに家康といえども応戦は無理だったろうし、大坂方が勢いづき、家康は箱根より西に進出することも不可能だったろうと強調するのである。長政の遺言はさらに続く[289]。

サレハ（黒田）如水、大坂方と申し遣サハ、（加藤）清正悦び一味申へし、その外九州大名嶋津（島津義弘）・鍋嶋《なべしま》（鍋島直茂《なおしげ》）・立花（宗茂）等ニ至る迄、皆大坂方ナレハ、西国一同シ、如水・清正押し上らハ、中国所々ノ軍勢相加り、凡そ十万騎ニ及ぶべし、上方の大勢ニこの大軍一ニ成り、（徳川）家康公一人ト戦ン事ハ、タトへハ玉子ノ中ニ大石ヲナケウツカ如《ごと》クナラン、もし万一　家康公御良将ナレハ、参河（三河）・遠江へ早ク御打ち出で、不思議ニも我々一戦仕りマケタリ𪜈《とも》、同勢の大名ども志を変すましければ、中〱関原敗北の躰ニきたなき負けハすまし、仕損タリ𪜈《とも》、江州辺へ引き取り、所々城ヲ堅クシ、嶋津ヲ大坂ニ籠め、我等（黒田長政）ト浮田（宇喜多秀家）伏見ニ相サヽへ、家康公ヲ待ち申すニヲイテハ、関東勢せた（瀬田）よりこなたへつら出し成るまじく候、嶋津ヲ始め歴々大坂ニこれ在り、我等伏見城ニ居り、さて又西国より如水・清正大軍ニテ後詰めセハ、日本ハさて置き、たとい異国の（諸葛亮）孔明・太公（太公望）・項羽・韓信カ来り向フ𪜈《とも》、我が陣ニ対シテ勝利ヲ得ン事思いもよらす、我が朝近代の武将（織田）信長・（武田）信玄・（上杉）謙信等ヲ　家康公ニ加ヘタリ𪜈《とも》、漸く無事ニテ引き取られ候か十分ならんか、然らば　家康公の御浮沈危キ所ニあらすや、これ等ハ皆あるまじき事ナレ𪜈《とも》、万一かくの如きニ我等二心の時ハ、かくの如き次第ナル事ヲ、各ニも語り聞せテ、サテハ如水・我等の忠義大功ナルヨト、合点サセ置きたく思フゆえ、かくハ語り聞スル也、

長政の父黒田如水と加藤清正が連携して大坂方とともに九州で立ち上がれば、家康一人と戦うことなど造作ないことであり、万が一負けたとしても、志が変わらなければ、関ヶ原の際の大坂方のような負け方はしなかったであろう。近江国あたりへ後退し、防御を固めれば、関東勢が手出しすることはできまい。大坂城と伏見城の諸勢に九州から如水と清正が駆けつければ、いかに家康といえども危機に陥ったであろうとある。

なぜ長政がこのように語ったかといえば、「万一かくの如きニ我等（黒田長政）二心の時

ハ、かくの如き次第ナル事ヲ、各ニも語り聞せテ、サテハ（黒田）如水・我等の忠義大功ナルヨト、合点サセ置きたく思フゆえ」であった。

徳川家康の凄み

しかし、長政も認めるように「これ等ハ皆あるましき事」であった。いくら前引のように勇ましく語っても、慶長五年（一六〇〇）当時、如水も長政も清正もそのようには動かなかった（動くことができなかった）という現実がある。この遺言は、三成らを葬った後しばらく後だからこそいえる結果論・仮定論なのである。

慶長五年（一六〇〇）当時、なぜこの遺言で述べたような展開とならなかったのか。また、長政らもそのような選択をしなかったのか。そのことが問題である。それは、家康にも長政らにも立ち向かうべき政敵が現にいたからであり、その政敵の力量・行動との比較考量の中で進路を選択・開拓しなければならない現実があったからである。

あの時こうなるはずであった、こうしていればこうなるはずであったといくら述べても、現実は変わらない。さすがの長政も「（徳川）家康公弓矢の御長者と申すとも」であるとか「我が朝近代の武将（織田）信長・（武田）信玄・（上杉）謙信等ヲ（徳川）家康公ニ加ヘタリ𪜈《とも》」と述べざるを得ないくらい、長政の実感としての家康の政治的力量は、三成やその周辺と比べものにならぬものであったのだろう。その家康の凄みを長政らも実感していたから、慶長五年（一六〇〇）当時に前引の遺言のようなことは実行できなかったのである。私は、その家康の凄みを少しでも理解できればと思い、本書の執筆に取り組んでいる。

　そのような観点に立てば、近年議論されている小山の評定の有無などについては(290)、あまり優先すべき議論ではないように思われる。事実を確定しようにも史料的限界があって結論は得られないであろう。

　少なくとも諸大名やその家臣が慶長五年（一六〇〇）七月下旬に「去る（慶長五年七月）廿三日の御状畏れ入り候、その刻小山へ罷り越し。御返事申し入れず候(291)」または「（下野国）小山ゟ《より》下され候我等（加藤清正）もの一人参着候、それ以後又一人進上申し候(292)」とあるように小山に集結していることから、小山が重要な政策決定の場であったことは動かないし、小山において「上方の儀各申し談ぜらる仕置きニ付き、会津表御働き御延引ニ候、上辺の儀、いよいよ聞こし召し届け上げられ、様子仰せ出さるべき旨、内府様（徳川家康）仰せられ候、我等（浅野幸長）儀、この間宇都宮ニこれ在り候へども、結城辺り迄罷り越し候、駿州よりの御人数ハいずれも国々へ御返しニ候(293)」との決定がなされたことも否定のしようがない。もうそろそろ議論を家康の行動の歴史的評価のほうに移行させていくべきであろう。

徳川家康を支持する諸大名の存在

その三奉行とともに、輝元や秀家も三成・吉継の決起に与同した。このことについて、水野伍貴氏は「西軍が「遺言体制」を立て直して二大老・四奉行による新たな「公儀」を自称するのは自然な流れといえる」としつつ、「会津征討軍が真田昌幸などのわずかな離脱者にとどまり、解体することなく東軍として西上している点からも、家康は依然として諸大名の支持を失ってはいなかった」と述べ、その理由については「諸将のこうした行為は、西軍が出した秀頼の命令を、家康が再び秀頼の命令として覆す可能性があったからにほかならない」と説明している。[294] 三奉行らの決起をうけ、大坂方のほうに正当性を認め、それへの家康による対抗が困難となったと理解されがちであった研究史においては、重要な指摘である。

しかし、大坂方の主張・行動が完徹できず、諸大名からの家康への支持も完全に失われなかった理由については、いま少し史料から具体的に説明する必要があろう。その意味で、次の「慶長五年七月十六日付堅田元慶宛蜂須賀家政書状[295]」は重要であろう。

わざと啓上候、仍って今度石治（石田三成）・大刑（大谷吉継）逆意、是非無く存じ候、それに就き、（毛利）輝元様も御同意の様ニここ元申し候、御心元なく存じ奉り候、もし事実に於いては、さりとてハ世間の批判御勿躰無く存じ候、もちろん、近年内府（徳川家康）御届け無き儀ども御座有るべく候、しかりといえども、（豊臣）秀頼公に対し奉り、餘りに相違の題目、拙者式（蜂須賀家政）承らず候、しかるに於いては、御覚悟を以て天下の乱出来有るべき儀、歎かわしき御事、御分別を過つべからず候、

蜂須賀家政は、三成・吉継の決起に輝元が参画したと聞き、輝元のことを心配している。もし事実ならば、「世間の批判」を受けねばならないとも案じている。これは、かつて家政には慶長の役で三成らに苦しめられた経験があり、家政としては、輝元がそのような者と手を組むことに対する疑念・批判を表明する意味もあったであろう。そして、家政は、家康にはたしかに無届けで事を進めるなどの問題はあったが、秀頼に対する深刻な問題は生じさせていないとの認識を示し、輝元が敢えて天下の乱れを生起させかねない行動をとることは嘆かわしく、もっとよく考えるべきだと誡めている。

この家康に何の問題があっての決起なのかがわからないという指摘・発想は、前引の山田

貴司氏の紹介した「慶長五年七月二十一日付黒田如水宛加藤清正書状」で示されていたものと共通するから、やはりある一定の数だけそのような観測をしていた大名はいたのであろう。

そして、その清正も、関ヶ原・山中の戦いの当日である慶長五年（一六〇〇）九月十五日に、豊後国岡の中川秀成《なかがわひでなり》を九州で味方にすべく説得する中、次の起請文を差し出し[296]、当時の政治権力のありように対する自身の見解を秀成に披瀝《ひれき》している。

一、（豊臣）秀頼様御幼少ニ付いて、大（太）閤様（豊臣秀吉）御置目をそむき内府公（徳川家康）へ別心仕る衆これ有るニ付いて、大（太）閤様御遺言を相立てられ、秀頼様御奉公成さるべきニ付いて、無二内府公へ御一味有るべきの旨、其験として人質差し越され候、後日に内府公へ御存分の通り申し達すべき事

（中略）

一、万事　公義（儀）の御為、貴殿（中川秀成）御為ニ罷り成る儀ニをいてハ、隔心無く申し入るべく候、しかる上は、表裏ぬきくし（抜公事）仕るまじき事

すなわち、清正の立場からは、秀吉の御置目に背いて家康に対抗している大坂方のほうに

問題があると見えていた。これは、家康こそが秀吉の遺言によって政務を委任された正当な政権担当者であるとの片桐兄弟の見方とも共通する。清正は、大坂方の主張するような秀吉の遺言の遵守に基づく秀頼への忠誠・奉公を働こうとするならば、家康に味方すべきであるとの考えであり、そのことへの同意として秀成が人質を差し出したことを評価し、家康へ秀成の思いを伝えると記している。そして、清正と秀成の行動は、公儀のためになるとの認識であり、そのため今後の緊密な意思疎通を誓うのである。

ここからは、家康こそが秀吉の遺命と秀頼を尊重しており、その下で運営されている体制こそが公儀であり、大坂方はそうではないとの認識が当時明確に存在していたことがよくわかる。

徳川家康の江戸城待機の利点と欠点

しかし、そうはいっても、家康が思いのままにあらゆる手を打てたわけではなく、実際、潜在的には、表面化するかどうかは別として、黒田長政が回顧していたような諸大名の様々な思惑も交錯していた。家康は、それらに巻き込まれぬよう、長政のいうように安全な距離を保ちながら、奥羽・東国と西国の諸大名の動きを冷静に観察することに徹していた。当時の長政が、実際そのことに苛立っていたことは、次の「慶長五年八月十九日付井伊直政・本多忠勝宛黒田長政・徳永寿昌等連署状[297]」からもうかがわれる。

内々犬山表ニ押しの城を仕り、各御出次第ニ川ヲ越え相働くべき旨惣（相）談究め候ところ、村越毛介（茂助、直吉）殿御使として御越候て俄に談合相替わり、とても内府様（徳川家康）御馬きり〳〵と出で申さずはか（捗）参らず候間、何事も入らざる義候、一刻も急ぎ川ヲ越え、いか躰ニ成るとも相果つるべく候由誰々なく申し出でらるに就き、各その分ニ同意ニ候、然らば天下の勝負川越ニ相究まり候間、御両所（井伊直政・本多忠勝）急ぎ御越し候て今一往御談合候て尤もニ存候、御人数ハ置かせられ、御自身迄片時もはやく御出専用存じ候、

これによると、犬山城の攻め方が諸大名らの軍議で決まったところ、家康から村越直吉が使者として遣わされたことによって作戦が変更となったこと、にもかかわらず、家康の出馬がなかなかないことによって戦の進展に支障が生じていたことがわかる。口は出すが、出馬はしない家康という印象を諸大名から持たれつつあったことがわかる。長政らの覚悟に揺ら

ぎはなかったが、家康の本心の所在が見えにくくなり、むしろ先行研究のいう、家康が諸大名を疑うという構図とは逆に、諸大名が家康を疑う局面もあり得たということであろう。

尾張国・美濃国における戦況の推移

それでは、なぜ家康はそのような煮え切らない様子に見えてしまう対応をとったのであろうか。その理由をうかがわせる史料が、次の「慶長五年八月二十二日付本多正信・西尾吉次・村越直吉宛井伊直政書状[298]」である。

一、石治少（石田三成）この節は岐阜へ切々見廻り申し、その上河手と申す所ニ陣取り申し候事も候ところ、川越え候てゟ《より》、大柿（大垣）へ引き入れ、ものミ（物見）を一人この筋へ出し申す事これ無く候、今日赤坂（美濃国）辺り迄も押し申し候はば、大方佐和山（近江国）へにけ入り申すべく候と、何れもわらい（笑い）申す事候、

これは、前引した長政の書状の宛所の一人であった井伊直政から家康の側近らに宛てられた書状である。直政は、三成が大垣城から出ようとせず、偵察もしようとしていないことに

ついて、指揮者としての三成の能力の限界を見抜いていたようなのである。したがって、直政は、美濃国赤坂まで一気に押し出せば、三成らは大垣城から本領の近江国佐和山まで退くのではないかと読んでいた。

このように、長政らと直政との間で、戦況の認識に相違のあったことも、意思疎通の阻害要因であったと思われ、家康の使者村越の役割の一つは、そのような意見の擦り合わせであったろう。そして、村越の帰着後、家康は次の「慶長五年八月二十三日付伊達政宗宛徳川家康書状」を発し[299]、

> 昨夜村越茂助（直吉）清須（尾張国）より罷り帰り候、かの表左衛門大夫（福島正則）丈夫御座候間、御心易かるべく候、我々（徳川家康）出馬の儀、一左右これ在るべきの由候間、延引申し候、その為使者を以て申し入れ候、

尾張国・美濃国での戦況は福島正則に任せて確かであるので、安心してほしいと述べ、自身の出馬は正則からの報せを待つことになったので延引することにしたと伝えている。家康は、正則らを信用し、三成らを追い詰めるべく、尾張国・美濃国での戦を正則に委ねたのである。

うまくいけば、報せがあってから動けばよく、不首尾に終われば態勢を立て直すしかない。家康は尾張国・美濃国の戦況の推移を慎重に見極めようとしていたのである。

第四節　徳川家康と石田三成の当初の戦術

徳川秀忠による上田城攻め

このような情勢の変化に対応する意味もあったのであろうか、藤井譲治氏によれば、まさに同日の慶長五年（一六〇〇）八月二十三日、秀忠による信濃国上田への仕置実施が決定されており、この時点で家康が動かない理由には、その秀忠の八月二十四日の出陣に伴い、景勝の動きに備えておく必要性が生じたからでもあったことがわかっている[300]。ただし、この時点では秀忠の中山道進軍は決まっておらず、その決定は正則らが岐阜城を陥落させた八月二十七日であり、これに先立つ小山の評定では秀忠の中山道進軍は決まっていなかったとの重要な指摘も藤井氏は行っている[301]。

その後の秀忠の動静を追った藤井氏は、秀忠の信濃国上田城攻めが中山道の西上の途中でなされたわけではないことをふまえ、当初の秀忠の任務は上田城攻めであって中山道の西上ではなかったとし、中山道の西上を命じる使者が家康の想定した時期に秀忠の居所まで到達せず、秀忠の関ヶ原・山中の戦いへの遅参となったと結論づけている[302]。

　家康による追加の命令を伝えるはずの使者が秀忠のもとへ適切な時期に到着しなかったことは、家康の戦術的失敗ともいえよう（だから秀忠は遅参しても政治生命を絶たれなかったのであろう）。いっぽう、そもそも秀忠が信濃国上田城にのみ対応していればよかったのならば、当初の家康の計画では、自身の出馬後に想定されていたであろう尾張国・美濃国以西での戦では、もともと秀忠勢を活用する計画はなかったことになる。

　もちろん秀忠勢があるに越したことはない。家康は秀忠に追加の命令を出した時点で秀忠勢の存在を計算に入れていたであろうが、そのいっぽう、すでに秀忠勢のない場合の戦術も存在していたのではなかろうか。だから、家康は秀忠の遅参には衝撃を受けたものの、発想を切り替え、もとの戦術に戻すことができたのであろう。このことは、これまで秀忠勢の不在のまま戦わざるを得なかった家康の限界を指摘し、そこに実際の戦力として豊臣系諸大名に依存した家康の政治的立場の脆弱性を読み取ってきた先行研究[303]について、再検討の必要を示唆しているともいえるのではなかろうか。

石田三成の戦略の問題点

それでは、前引の「慶長五年八月二十二日付本多正信・西尾吉次・村越直吉宛井伊直政書状」において直政から指揮者としての能力の限界を指摘されていた三成は、果たしてどのように家康と戦おうとしていたのであろうか。三成は、慶長五年（一六〇〇）七月晦日から八月十日までの間、真田昌幸らに宛てた書状で自らの戦術などを披瀝しており、それらからは直政の問題視した時期よりも少し前までの三成の考えをうかがうことができる。例えば、次の史料は「慶長五年七月晦日付真田昌幸宛石田三成書状」である。[304]

一、当暮（慶長五年末）・来春（慶長六年春）の間関東御仕置のため差し遣わさるべく候、仍って九州・四国・中国・南海・山陰道の人数、既に（慶長五年）八月中を限り、まず江州ニ陣取り並びに来たる兵粮米先々へ差し送らるべきの御仕置の事

これによると、三成の当初の計画では、慶長五年（一六〇〇）の年末から慶長六年（一六〇一）の三月までの間に関東の仕置のための軍勢が派遣されるといい、畿内よりも西の大名

の軍勢を慶長五年（一六〇〇）八月までに近江国へ集結させ、近江国に集めた兵粮米は前線に送る手筈を調えるとのことであった。すなわち、三成としては長期戦を思い描いており、半年以上をかけて関東への仕置を行おうとしており、その拠点としては自らの本領のある近江国を想定していた。そして、次の「慶長五年八月五日付真田昌幸・信之《のぶゆき》・信繁《のぶしげ》宛石田三成書状」[305]によると、

> 一、拙者（石田三成）儀、まず尾州表へ岐阜中納言殿（織田秀信《ひでのぶ》）申し談じ人数出し候、福島左太（正則）只今御理申半ニ候、相済むに於いては三州へ打ち出ずべく候、もし済まざるに於いては清須（尾張国）へ勢州口一所ニ成り候て行いに及ぶべく候、
> （以下略）

美濃国岐阜の織田秀信、尾張国清須の福島正則に働きかけて三河国へ繰り出し、それが成らない場合には伊勢国から福島正則を攻撃するとある。このような長期戦の想定や、相手方の動きが想定通りとならなければ攻撃すると述べるしかない戦術の前提には、次のような三成の考えがあった。[306]

一、内府（徳川家康）、上杉（景勝）・佐竹（義宣）敵ニ任せられ（仕られ）、僅か三万の人数を持ち、分国十五城を抱え、廿日路上らる事成る物候や、路次筋の面々今度出陣候上方衆如何に内府次第と申すとも、二十年以来　太閤様（豊臣秀吉）の御恩を内府去年（慶長四年）一年懇切ニ相替わり、（豊臣）秀頼様へ如在仕り、あまつさえ大坂ニ差し置きたる妻子を捨て申すべく候や、その上内府この中各へ差して懇ろもこれ無きと承り候、右の分別もこれ無き衆の人数一万、上勢一万計を語らひ候はんを尾・三（尾張国・三河国）の間ニて討ち取るべき儀誠ニ天の与ニ候、然らば会津（上杉景勝）・佐竹（義宣）・貴殿（真田昌幸）等は着袴〔関東へ脱〕乱入有るべしと存じ候、（以下略）

三成は、家康が上杉景勝や佐竹義宣と対峙しつつ、三万ほどの手勢で分国内において十五の城を持っていることをふまえ、そのような状況で家康は会津攻めから反転して西上することはできないだろうと見ていた。そして、会津攻めに従軍した諸大名が、三奉行の命令によっていかに家康次第と命じられていようとも（前引の「慶長五年六月十五日付荻野孫五郎宛徳善院玄以・長束正家・増田長盛連署書状」のことであろう）、二十年来の秀吉の恩がわずか一年ほどの家康との交誼に取って代わられたり、秀頼が蔑ろにされるとも思えず、剰《あまつさ》え大坂には人質を置いているから、大半の諸大名は家康に与同できないだろうとも考えていた。さらに、家康が諸大名と懇親を深めているとの話も聞かず、もし三成の見込みとは異なる行動をとって家康に味方する大名が一万ほどの手勢を繰り出し、それに家康の西上の手勢一万ほどが加わっても、尾張国と三河国の間で討ち取ることができ、まことに天の味方するところであるとの非常に楽観的な見通しが述べられている。その見通しを実現するためにも、三成は、景勝・義宣・昌幸に関東への乱入を持ちかけるのである。

　ここには、いかに三成自身が家康の能力を実態の裏づけもなく過小評価し、またこれまでいかに三成が他者から批判の眼差しを向けられてきたかということへの気づきがない。そして、家康の不利となると思われる材料のみを集め、自身に都合のよい偏った情勢分析に陥っている。この分析の中で唯一根拠のあることとすれば、大坂にある人質のことを諸大名は気にするだろうという点のみである。しかし、名のある諸大名が、そのようなことに手を打たないで行動するとは思われない。全体として、三成は、自身以外の他者の力を大いに侮っているのである。

そのような三成が、人をどのように使うかといえば、「金銀・玉薬料入り候はば承るべく候、（豊臣）秀頼様より遣わさるべく候、太閤様（豊臣秀吉）御貯えの金銀并びに闕地いずれも御忠節次第それぞれニ下さるべく候」[307]とあるように、結局は公儀としての関東への仕置であるとの建付を根拠に、秀頼からの金銀・弾薬の支給を標榜し、恩賞は秀吉の遺金と欠所が財源であった。これがうまくいくかどうかだが、三成自身には領知宛行や恩賞下賜の権限も実力もないのである。ましてや、自身の領知を恩賞の財源に差し出す発想などもないであろう。

会津攻めからの反転西上は想定外

そのうえで、やはり三成の見通しの甘さが最も示されている点は、家康の実力を低く見積もり、会津攻めを中断しての反転・西上はないと決めつけている点である。例えば、「慶長五年八月十日付真田昌幸・信繁宛石田三成書状」[308]には、

拙子（石田三成）儀しかと濃州ニ在陣候、長大（長束正家）勢州ニ在陣候、この口の儀、（徳川）家康ほとの者十人上り候とも御心安かるべく候、討ち果たし候ゟ《より》ほか他事これ

在るべからず候、今度関東めん〱、尾・三州（尾張国・三河国）の間ニ集い居り候て懇望申す族も候、又江戸にて人質をしめられ迷惑致す族もこれ在る事候、味方説ニ申し候やらん、家康急度上ルなとゝ申し成し候由候、あわれ上り候へかしと念願迄候事、

とあり、三成は美濃国に、長束正家は伊勢国にあるが、それぞれに家康ほどの者が十人上ってこようとも討ち果たすとし、関東から尾張国・三河国に集って大坂方に通じようとする者もあり、江戸で人質をとられて迷惑している者がいるようだから、そこから切り崩して味方を増やすことができるのではないかとの見通しも述べられている。

　総じて自陣の不足を顧みない楽観論であり、家康が急ぎ西上するとの話があるが、「ぜひとも西上してください」と願うまでのことだと、もし西上してきた場合の戦局への影響の重大さを直視しない軽い物言いが目立っている。同じことは「慶長五年八月十日付佐竹義宣宛石田三成書状写」でもいえ[309]、

一、会津（上杉景勝）も度々到来、伊達（政宗）・最上（義光）・相馬（義胤）、いずれも入魂申され候由候、その国の儀もちろん会津御入眼有るべく候旨、仰せ談ぜられ、

（徳川）家康討ち果たさるべき御行いこの時候事

一、万か一も家康うろたゑ候て上り候ハヽ、尾州・三州の間ニて討ち果たすべき儀案中に候、然る間三口人数を遣わさる備え書き立て御披見のためこれを進める事

景勝からは伊達政宗・最上義光・相馬義胤との和融の進展が示唆されているとし、三成は佐竹義宣にも景勝との協力を要請し、奥羽の諸大名が家康を討ち果たすよう期待を示している。そして、もし家康が奥羽の大名からの攻撃にうろたえ、西上するようなことがあれば、尾張国・三河国の間で討ち果たす用意があるとし、伊勢口・美濃口・北国口の備えを書き立てて進上するとしている[310]。

奥羽諸大名の動静と徳川家康の予測・決断

光成準治氏によると、奥羽の諸大名の動静は、関東における家康の動静と連動しており、家康が会津攻めを中断し、諸大名を西上させた時点で、政宗らは家康の動静も睨みつつ、景勝との関係をどのようにするのかの検討を迫られ、三成が期待するような景勝らによる関東への乱入などは難しく、むしろ景勝や政宗らにとっては自らの所領の維持・拡大が最優先課

題であった。[311] のちに実際に家康は西上するが、それは光成氏によると家康がそのような奥羽の諸大名や景勝らの「本音を見抜いていたからであり、上杉氏の関東への大規模な進攻は当面ないことを知っていたからであ」った。[312]

太田浩司氏は「三成にとって、この合戦は誤算の連続であった」とし、「三成にとっての関ヶ原合戦は、西への後退の連続であ」り、「尾張国の動向を左右した清須城主の福島正則が味方すると想定していたことが、三成最大の誤算であり、敗因だったと考えられる」と述べている。[313] それに加え、三成は、関東における家康の判断に規定されている奥羽の情勢を家康の行動の把握を抜きにして主観的に分析し、家康の西上はないと決めつけ、西上があったとしても討ち取ることができると見ていた。しかし、西上した諸大名の動きは速く、自身は大垣城から動くことができないでいた。

その三成によって西上しない（できない）であろうと見込まれていた家康は、岐阜城の陥落の報をうけ、秀忠に中山道の西上を命じたことは前述したが、自身は慶長五年（一六〇〇）九月一日に江戸を出立する。その際、まず次の「慶長五年九月朔日付福島正則・池田輝政宛徳川家康書状」において、[314]、わざと加藤源太郎（成之）を以て申し候、今日（慶長五年九月）朔日神奈川に至り出馬申し候、中納言（徳川秀忠）使い罷り帰り候趣、つぶさに承り候、樽（垂）井御陣取り尤も候、今迄の御手柄ども申し盡くし難く存じ候、この上は我等父子（徳川家康・徳川秀忠）を御待ち付き候て御働き尤も候、委細口上申し候条、つぶさに能わず候、恐々謹言

秀忠からの使者の口上と、正則らが美濃国垂井に陣取ったことを了承したうえで、これまでの手柄をねぎらうとともに、家康・秀忠の到着を待ってから次の行動に移るよう求めている。

この点は、笠谷和比古氏が、自身の不在の状況で天下の形勢が決定されることを恐れたからではないかと推定しているが、[315]「慶長五年九月十一日付本多正信・西尾吉次宛加藤清正書状」にも、下野国小山から戻った清正の小姓が「尾州表迄御馬成されず已前ニ卒尓の働き仕るまじきの旨、仰せ下さる」と家康の口上を伝えたとあるから、[316]この自身の到着を待つようにとの家康の求めは尾張国・美濃国での合戦のみを想定したものではなく、広く西国・九州での合戦を掌握しようとする意図から行われたものであろう。

また、家康は「慶長五年九月朔日付堀直寄宛徳川家康書状」において、三成らの籠もる大

垣城への攻め方を述べる中で次のように[317]、

急度申し候、仍って大柿（垣）ニ治部少輔（石田三成）・嶋津（島津義弘）・備前中納言（宇喜多秀家）・小西摂津守（行長）籠もり居り候、即ち取り巻き水責めを成すべしとて早速出馬せしめ候、自然（上杉）景勝その口相動くに於いては真田伊豆守（信幸）・本多豊後守（康重《やすしげ》）・平岩《ひらいわ》主計頭（親吉《ちかよし》）・牧野《まきの》右馬允（康成《やすなり》）申し付け候条、談合有り、そこもと城堅固相抱えらるべき儀肝要候、そのため飛脚を以て申し候、恐々謹言、

自らの出馬は大垣城を水攻めにせんがために行うものであるとし、もし自身の出馬で景勝に動きがあったならば、真田信幸・本多康重・平岩親吉・牧野康成に指示してあるので、彼らと相談のうえで対処することが肝要だと述べている。ここからは、前引したように家康の西上がないと決めつけて自身に都合のよい見解ばかりを述べていた三成と異なり、江戸を発つ時点で将来的に起こり得る事態を予測して手広く指示を与えて備える指揮者としての家康の姿を知ることができる。

徳川家康の当初の攻撃目標は大垣城

そして、西上の段階で家康は、大垣城そのものに狙いを定めていたこともわかり、その水攻めの計画との関連では、次の「慶長五年九月八日付前田利長宛徳川家康書状」[318]に、

> 三枝源三（守英）罷り帰り、そこ表の様子承り、満足せしめ候、然らば濃州一篇申し付け、大柿（大垣）城ニ備前中納言（宇喜多秀家）・石田治部（三成）・嶋津（島津義弘）・小西（行長）以下取り籠もり置き候えば、後詰めとして敵罷り出で候所を、くい留め置き候由申し来たるに付いて、討ち果たすべきため、夜を以て日を次ぎ罷り上り候、殊に大津宰相（京極高次）も罷り帰り、色を立ち候、そこもと早々御手合わせの儀尤も存じ候、そのため申し入れ候、恐々謹言

とあることから、家康は大垣城のみならず、大垣城を救援すべく繰り出されていた大坂方の後詰めの軍勢をも討ち果たすために急ぎ西上していたことがわかる。当時の大垣城の状況については、次の「慶長五年八月二十九日付黒河内長三宛保科正光書状」に詳しい。[319]

昨日（慶長五年八月二十八日）両三度御先手より御注進の分ハ、大柿（大垣）の城、石田治部少輔（三成）・備前中納言殿（宇喜多秀家）・筑前の中納言殿（小早川秀秋）・島津兵庫助（義弘）・小西摂津守（行長）その外（豊臣）秀頼様御馬廻衆も随一の衆五三輩楯篭もり候、こなたの御人数取り寄せられ、去る（慶長五年八月）廿六日より付城致され取り詰められ候、城中の衆より安芸の森方（毛利方）へ後詰致し候へ由飛脚参り候処ヲ、虎口場にて生け取りすなわち御注進候、天下の落居只この城一城ニ候上ハ、西国衆後詰致し候ハんや、御味方の人数着到七万の積御座候間、大形の事ニ而ハ後詰ハ叶い難きかと存じ候、去りながら御味方中の人数勝ニ乗じ候て余ニ敵ヲみこなし候の間、これ事あやうく存じ候、後詰より内ニ内府様（徳川家康）御着馬ニ候ハんかと存じ候、内府様御馬さへ清須へ着き候はば、後詰の儀も存知寄るまじく候、その上大柿ニ篭もり候人数弐万余これ有り候由申し候間、小城ニてさやうの人数楯篭もり候はば、すなわち詰み候ハんと存候、

すなわち、大垣城には三成のほか、宇喜多秀家・小早川秀秋・島津義弘・小西行長や秀頼の馬廻衆のうちの精鋭が籠城していたという。西上した家康方は慶長五年（一六〇〇）八月

二十六日から付城を構えて大垣城を取り囲んでいたため、大垣城の籠城勢は毛利勢に後詰めの軍勢を派遣するよう依頼したが、その籠城勢の飛脚が家康方に捕まってしまい、後詰めの存在が家康の把握するところとなったのである。

保科正光は、今回の戦の帰趨は大垣城の攻防戦で決まると思われるので、大坂方も後詰めをしてくるであろうと読んでいる。しかし、家康方の軍勢は本隊の到着もふまえると七万人を数えることになるから、そう簡単に後詰めができるとも思われない。ただ、家康方が数を頼んで油断することを正光は恐れており、後詰めの軍勢が調う前に、家康の到着することが望ましいと考えていたようである。正光は、家康さえ到着すれば、後詰めのことも心配はなくなり、大垣城の籠城勢は二万人だから、大垣城のような小さな城に二万人も籠もっていては、その収容力からも持たないだろうと予測している。

徳川家康の戦術に対する伊達政宗の評価

このような家康方の戦略と観測は、奥州の伊達氏にも報知されていた模様である。書状が届くまでの時間差があるから、実際にはもう関ヶ原・山中の戦いは終結していたが、政宗が家臣に家康方からの情報を伝えた「年月日未詳（慶長五年九月二十六日頃）片倉景綱宛伊達

政宗書状」[320]には、

> 上かた（上方）の事、大かき（大垣）ニいしぢぶ（石田三成）・ひせん中なこん（宇喜多秀家）殿・しまつ（島津義弘）・こにし（小西行長）、こもり（籠もり）候事必ずにて候、ないふさま（徳川家康）今月（慶長五年九月）十一日ニきよす（清須）へ御つき（着き）と、大かきへのたすけ（助け）に、もりさいしやぅ（毛利秀元）わつか（僅か）一まん五千計の人しゆ（人数）にて、大かき南の山へぅちいて（打出）候、これをまつ（先ず）ぅちはたされ（討ち果たされ）へきのよし（由）にて候、大かきのおさへ（押さえ）ニハ、此いせん（以前）よりぎふおもて（岐阜表）ニちんとり（陣取り）の衆、さしむけられ（差し向けられ）へきにて候、かたく御かち（勝ち）たるへく候とつもり（積もり）候、

とある。大垣城の後詰めは城の南側の山上（南宮山のことであろう）に配置されており、家康方はこれをまず討ち取ろうとしているらしく、大垣城そのものに対応する軍勢は岐阜城を落とした軍勢を差し向けるようだとの情報をふまえ、政宗は家康方の勝利を予想している。

この政宗の所感は、次の「慶長五年九月二十九日付村越直吉・今井兼久宛伊達政宗書状」においても述べられており(321)、当時の戦術としては妥当なものと判断されたのであろう。

> 一、そこ表の義、大柿（大垣）助けを為す衆、毛利宰相（毛利秀元）・長大（長束正家）・吉川（広家）・安國寺（恵瓊）罷り出でらるの由、これに依りまず此の衆へ打ち向かわれ、即時ニ討ち果たさるべきの旨、尤もと存じ候、勝利を得らるべき事、必定と存じ候、

のちに関ヶ原・山中の戦いとして展開する戦はまだ想定されておらず、当初はこのような大垣城の攻防戦が予想され、それを目指して家康も急速な移動をしていたのである。

大垣城を出る石田三成

ところが、この大垣城から三成らが出てしまうという事態が発生する。もともと保科正光の分析では、大垣城の大きさから大坂方の軍勢を収容し続けることは難しく、長期間の籠城はできないのではないかと予測はされていた。しかし、この城を出るという行為は、籠城

戦・攻城戦から野戦へと戦いの様相を大きく変えることにつながる。(322)ある意味で前引の「慶長五年八月二十二日付本多正信・西尾吉次・村越直吉宛井伊直政書状」において井伊直政が述べていた通りの動きなのだが、なぜ三成らは大垣城を出る判断をしたのであろうか。

この点について、通常よく指摘される理由は次のようなものである。島津家によって編纂された『後編《こうへん》旧《きゅう》記《き》雑録《ざつろく》』によると、大垣城に籠城していたところ、家康は大垣城に構わず、そのまま上洛するとの情報があったため、そのままの通過をさせないために城を出たという説明である。(323)

赤坂（美濃国）の内岡山と申所ニ公方様（徳川家康）御陣御取り成され、大柿（大垣）へハ手当を召し置かれ候て、京都のごとく公方様ハ御通り成され候由、大柿へ相聞こえ申し候ニ付き、左様ニ候てハ何とも成さるべき様これ無く候間、関ヶ原へ打ち立ち、一軍成さるべしとの御談合ニ相済み、（以下略）

だが、この説明は、これまで検討してきた家康方の当初の作戦とは大幅に異なる。もしこの理由に基づいて城を出たならば、大坂方の情報収集能力は、三成の指揮者としての能力を検討した時と同様、かなり脆弱であったということになろう。

また、先ほどの『後編旧記雑録』には、これとは別の次のような説明も記録されており[324]、私はむしろこちらのほうが、前述の三成による当初の作成計画との関わりで、かなり真相に近いのではないかと考えている。

一、その後陣中兵粮これ有るやと御尋候へば、御座無きよし申し候ニ付、いずれもに御談合成され、夜中に田地の稲等を取り入れ申すべしと仰せ付けられ、諸侍衆もいずれも稲を手ずから御持成され候、（慶長五年九月）十四日の晩迄その通りニ御相談ニて候、（慶長五年九月）拾三日ゟ《より》雨ふり、四日（慶長五年九月十四日）の夜は大雨ニて、殊の外寒く御座候て、長寿院・平左衛門殿抔も稲こつミに火を付け、御あたり成され候事、

一、ケ様の御談合最中に、筑前中納言殿（小早川秀秋）野心のよし注進候、それに就き石田治部少輔殿（三成）方は、川上四郎兵衛殿御談合、御使者ニ御出の由承り候、後ニ軍評定ニ、中納言殿（小早川秀秋）を呼び入れ候て質に御取り有るべしと、大将衆御内談候へども、風気のよしニて御出でこれ無きよし承り候、その時中納言殿

若年ニて、家老の計り事と風聞仕り候事、

すなわち、大垣城内で兵粮が不足し、夜間に刈田をせねばならないくらいに困窮していたといい、諸侍衆が稲穂を手ずから持ち寄るような状況であったとある。この状況は慶長五年（一六〇〇）九月十四日の夜まで続いたが、九月十三日からは雨が降り、九月十四日の夜はとくに大雨で寒く、食糧であるはずの稲に火をつけて暖をとらねばならない始末であったという。

しかも、このような状況下、小早川秀秋に野心があるとの注進があり、三成らが協議したところ、秀秋に使者が遣わされたという。九月十四日までに、秀秋は大垣城を出ていたのであろうか。のちに開かれた軍評定では、秀秋を呼んで人質をとるべきであるとの内談があったが、秀秋は風邪と称して出てこなかったという。大垣城内では、秀秋の野心については、秀秋の判断というよりも家老の稲葉《いなば》正成《まさなり》らによる謀であろうと噂をしていたという。

これらの内容から、大垣城内の大坂方は、もはや軍勢として機能しておらず、兵粮もなければ、暖もとれず、すでに秀秋の野心まで察知される有様で、籠城戦は困難であったことがうかがわれよう。三成が真田昌幸に述べていた、兵粮米の集積や秀頼からの金銀・弾薬の支給の算段はなされていなかったのである。

石田三成勢らの行軍先

このような状況が、大坂方をして大垣城を出る決断をさせたものと思われるが、城を出た軍勢はどこに向かおうとしていたのであろうか。この点について、「慶長五年九月十七日付吉川広家自筆書状案」は、次のように述べている(325)。

> 筑中(小早川秀秋)御逆意はや色立つ仕合わせ候、それに就き大柿(大垣)衆も、山中のごとく、大刑少(大谷吉継)陣心元無きの由候て、引き取られ候、これハ佐和山(近江国)へ二番《重》引き仕るべき覚悟眼前候《と相見え候》、

吉川広家は大垣城内の兵粮のことには言及していないが、小早川秀秋の逆心の露顕が影響し、美濃国山中に陣取っていた大谷吉継のことが心配されるということで、大谷勢の陣近くまで動いたと証言している。吉継は山中という所に陣取っていたから、秀秋もその付近にいたのであろう。大垣城の軍勢は、吉継の救援のために山中方面へ向かったということであろ

うか。しかし、広家は、大垣城の軍勢は山中まで動いた後、近江国佐和山まで退くのではないかと見ていたようである。このことは、慶長十年（一六〇五）以降のものと推定される[326]、再度広家が用意した自筆覚書案において[327]、さらに具体的な表現で回想されている。

一、石治（石田三成）・大刑（大谷吉継）兼々相談相澄まさるる（済まさるる）様子、（美濃国）大垣関か原人数、南宮山へ相まるミ一戦仕るべきニ相極められ候ところ、（慶長五年）九月十三日、内府様（徳川家康）赤坂御着き候刻、治少・大刑少大垣南宮を捨て候て、山中（美濃国）へ引き取り候時ハ、前日の儀定相違候て、佐和山（近江国）へ打ち入らるべき催し露顕候、拵えの儀連々申上ぐるも、この時ニ候間、（中略）、（慶長五年）九月十四日、御和平相澄み候事、

もともと三成と吉継の考えでは、大垣城の軍勢は南宮山の軍勢とともに一戦をする覚悟であったが、慶長五年（一六〇〇）九月十三日に家康が美濃国赤坂に到着したことにより、南宮山の軍勢のことを考慮しなくなったという。これは、家康方が増強されたことで、大垣城の後詰めとして配置されていた南宮山の軍勢が撃破されることを恐れたからであろう。保科

正光の読みと一致する流れである。そして、後詰めが不可能ということは、大垣城も持ちこたえられないことから、城を出て山中へ退いたということのようである。

ところが、山中へ退く際、そのことを決めた前日の評定とは相違して、近江国佐和山城へ入ることがわかり、広家らは意見をしたけれども、もはやこれまでと考え、九月十四日に家康と「御和平」を約したという。このことについて、家康は「慶長五年九月二十一日付堀直政宛徳川家康書状」において「安芸宰相（毛利秀元）ならびに吉川（広家）濃州表に於いて降参候間」と表現している。[328] 事実上、大坂方のうち南宮山の軍勢は家康に降伏したということであろう。

大垣城の三成ほかの軍勢は、本隊を迎えた家康方に抗し得ないと考え、また兵粮の問題と小早川秀秋の逆心のことも重なり、大垣城から山中へ、さらにそこから佐和山への退却戦を強いられた。

第五節　関ヶ原・山中の戦い

小早川秀秋勢の布陣場所と美濃国山中

秀秋という人物については、実際に会ったことのある藤原惺窩《ふじわらせいか》が「大体、その性格が軽薄で、感情の起伏が激しく、その兄たちに及ばぬこと甚だ遠い」[329]と酷評しているけれども、彼の去就は事前の黒田長政や浅野長政らによる働きかけによって入念に決定されていたことが笠谷和比古氏によって指摘されており、[330]また最近は秀秋の軍勢が九月十五日の本戦の初期段階から旗幟《きし》を鮮明にして行動していたと明らかにされている。[331]

それでも、秀秋がどこに布陣していたのかは不明のようであり、これまでに検討してきた内容から推すと、秀秋の野心の発覚によって山中に布陣していた大谷勢を守る必要性が生じていたことから、山中の付近ということになろう。[332]

この山中という場所は、現在は旧中山道（旧東山道）沿いの両側に住宅が建ち並んでいる。[333]小池絵千花氏によると、近世初期にあっては「関原村」と「山中村」があり、「関ヶ原合戦時点で「関ヶ原」「山中」（ママ）地名が指す領域はある程度明確に区分されていたと考えられ

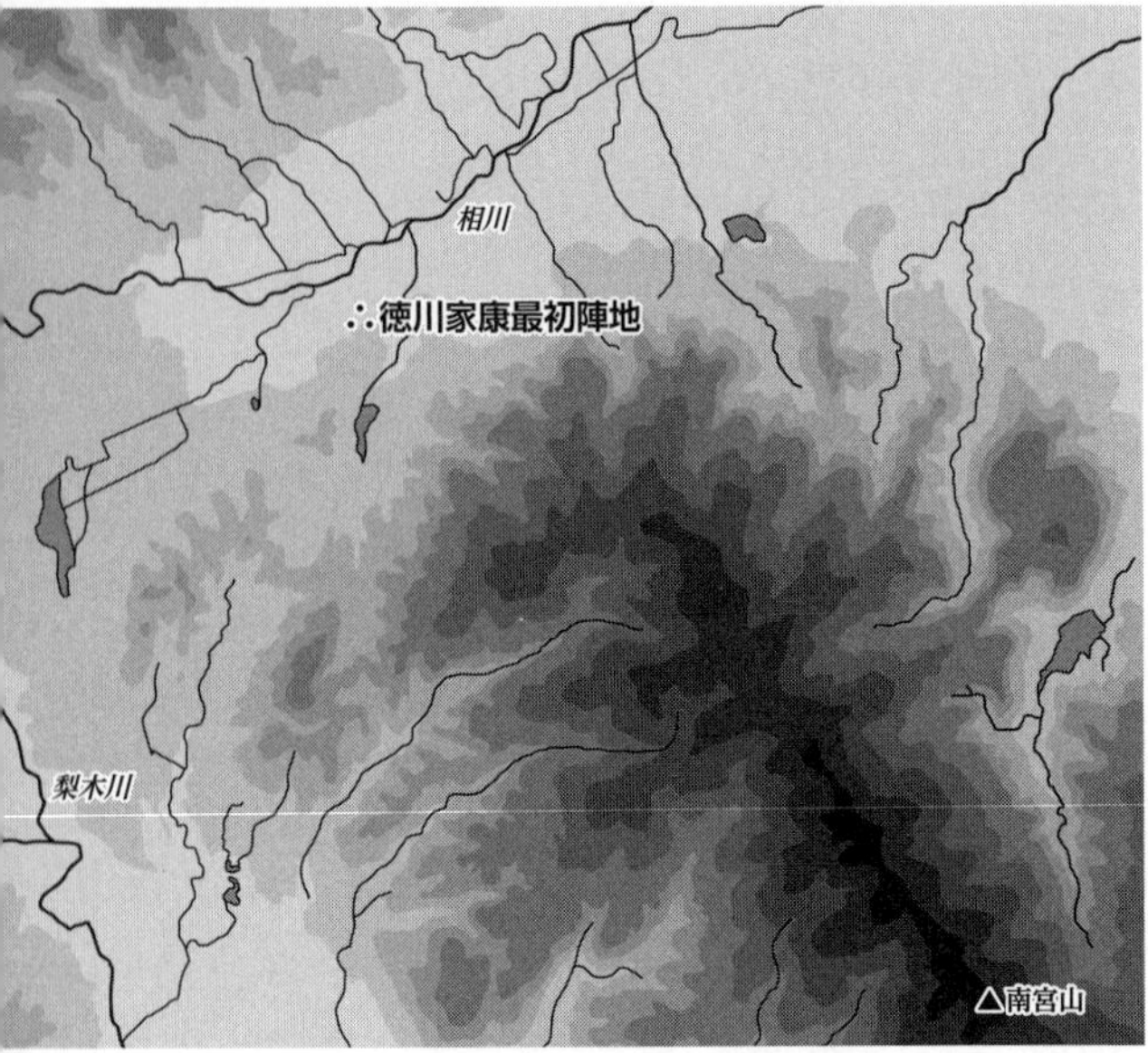

る」といい、「当時は藤下の範囲も含めて「山中」と呼称されていた可能性が高い」という[334]。

だとすると、小池氏のいうように「山中に布陣」していた吉継勢が「戦闘開始後は川を越えて北野へ展開」したと理解するならば[335]、同氏自身は「現大字藤下内には小字「口北野」「西口北野」「奥北野」が存在」すると述べ、北野のある藤下は山中に含まれていたとも記しているから[336]、吉継は当時の山中の範囲を出ていなかったことになろう。ところが、小池氏は吉継勢が「関ヶ原村の境界線に近

参考地図　関ヶ原・山中の戦いの戦地とその周辺

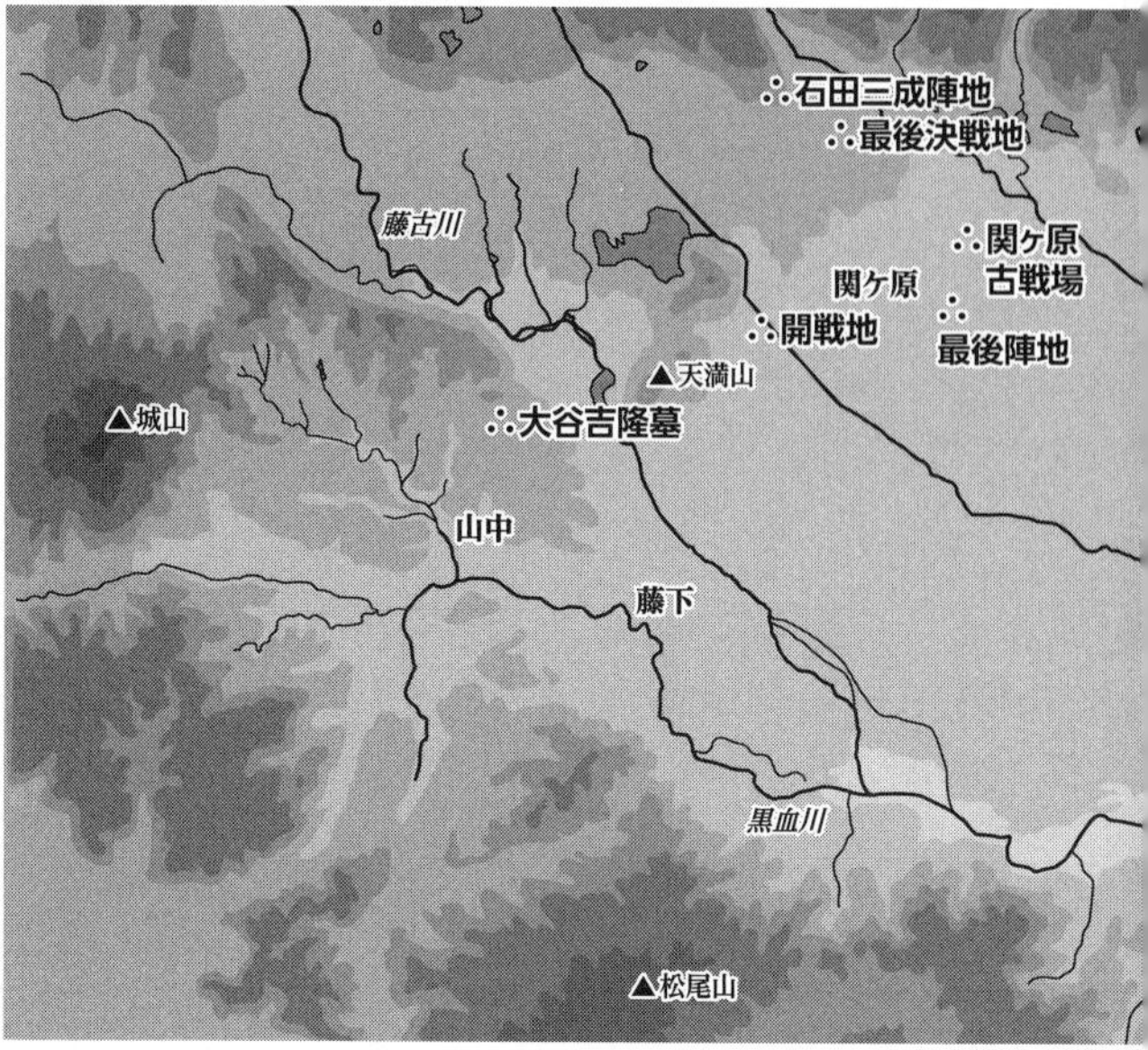

註：「地理院地図（電子国土Web／GSI Maps」標準地図、傾斜量図（https://maps.gsi.go.jp/#15
35.361284/136.473713/）をもとに作成。

い」地へ向かったとも述べており、それを根拠の一つとして山中は主戦場ではないとの主張を展開している。[337]

そのうえで小池説は、史料上、関ヶ原と山中の二つの地名が記されることについて「関ヶ原エリアと山中エリアの二方面で二段階にわたる戦闘が行われたからと考えるよりも、地名認識の変化の結果として双方の地名が出てくると考える」ことを提言している。[338] しかし、小池氏も述べるように認識は変化するものである。そして、その認識の変化は実態を反映させた変化である可能性もあるし（少なくとも小池氏はそのように考えている）、当事者による都合のよい事後の解釈変更の恐れもある。

ここで注意を要する点は、歴史上の人物本人ですら、事件・事象の全容や歴史的意義を把握しているわけではないということである。だから、歴史家の存在が重要なのである。史料を解釈する限りにおいて、戦地が二つあったと理解するよりほかかないならば、後世の私たちはそのように解釈して歴史的な評価を行えばよいのである。

二段階あった合戦

小池説を丹念に読むと、小池氏にとっては不本意なことかもしれないが、かえって戦は二段階あったと考えざるを得ない。少なくとも山中における大谷吉継勢をめぐる動きが戦の第一段階としては重要だったことは動かないのではなかろうか。だから、小早川秀秋の不審な動きに気づいた三成も山中にいた吉継勢を守るとの名目で大垣城を出たのである。

吉継勢の布陣地・展開地は小池説の中でも一定していない部分があり、まだ完全に山中主戦場説が崩れたわけではない。実際に現地を歩いてみるとよくわかるが、山中近辺についてては関ヶ原古戦場からは山（天満山など）を隔てて見通すことができない。山中からも関ヶ原古戦場をうかがうことはできない。互いに近接はしているが、ほとんど別区画といってもよいくらいである。もし山中で秀秋勢と吉継勢が早々にぶつかり、勝敗が決していても、ほとんど見えなかった可能性がある。しかも、当時は次の『後編旧記雑録』に収録された証言によれば、[339]

一、（慶長五年九月）十五日早朝ニ、諸勢ハ内府様（徳川家康）勢上り切り候の由申し来り候、一戦ハ辰巳の間ニてもこれ有るべく候、雨天にて候間、細々ミへかね候事、

とあり、戦そのものは午前七時頃から午前十一時頃までの間とされ、天候は雨であり、視界は極めて悪く、誰がどこにいるのかはよく判らなかったというのだから、尚更であろう。

秀秋勢が吉継勢を撃破してから、脇坂安治《わきざかやすはる》勢などとともに関ヶ原へ雪崩《なだ》れ込んだなら、これは大坂方にとって衝撃であったろう。小牧・長久手の戦いのように、二つの戦場での戦況の推移が事を決したのならば、私は小牧・長久手の戦いの呼称に倣い、関ヶ原・山中の戦いと呼称すべきだと思う。

開戦の時刻と場所

その前提で、近年の研究を参考に、そこで使用される一次史料などを用いて戦の模様を再検討してみると、次の「慶長五年十月七日付本多正純宛池田輝政書状案」[340]には当日の状況について、

> わざと申し入れ候、仍って石川備前守（貞清）儀、最前犬山（尾張国）を相渡し、大柿（大垣）表へ罷り出るべき由候ところ、我等（池田輝政）才覚を以て山中へ廻り申し候、しからば、（慶長五年）九月十四日の夜、大谷刑部少（吉継）陣取りへ相着き申し候ところ、明（慶長五年九月）十五日未明御一戦にて仰せ付けられ、備前（石川貞清）調義ニ及ばざる仕分けニ候、別ニ曲事御座候の儀ニ候ハヽ、是非に及ばず候、上方へ相廻り申し候事ハ、我等調儀ニ遣わし申し候条、この一ヶ条の事ハ、仰せ分けられ下さるべく候、そのため申し入れ候、恐々謹言

とある。少し意味がとりづらいが、それはこの書状案が戦の直後、犬山城の石川貞清の動静とそれに伴う処分をめぐり、輝政が正純に陳情をした中で慶長五年（一六〇〇）九月十五日

の戦況に言及しているからである。石川貞清は犬山城を出て家康方に合流する手筈であったが、『譜牒余録《ふちょうよろく》』によると「関ヶ原陣所江御内意ニて羽柴三左衛門殿（池田輝政）御差圖を以て罷り越し候ところ、私ならぬ儀ニ付き、ぜひ無く遅参に及び候」[341]という仕儀となった。輝政の説明によれば、それは前日の九月十四日の夜に輝政の指示で貞清は山中の大谷吉継の陣所へ着いていたが[342]、九月十五日の未明に一戦となってしまい、もはや貞清の役割がなくなったため、これまた輝政の指示によって貞清は何らかの事情で上方へ先回りしたということであった。

　すなわち、貞清が家康方と合流できなかったことは戦況の変化と輝政の指示によるのであり、貞清の責任ではないから、輝政としては、このあたりを考慮しての家康への言上を正純に求めたのであろう。

　この輝政の陳情はあまり功を奏さなかったようだが、その後も輝政は貞清を弁護し続けたものと思われる。というのも、貞清のその後については、『譜牒余録』に「備前守（石川貞清）浪人仕り候」とあり、「遅参の儀、御不審を蒙り、しばらく逼塞仕り、罷り在り候ところ、羽三左衛門殿（池田輝政）御取り持ちを以て、武州品川迠参上致すべき旨御免許、その後、御目見　仰せ付けられ候、上方へ罷り登り居り候様ニと上意ニ付、京都ニ住居仕り候」[343]

と伝えられているからである。

しかし、本書がより注目したい点は、輝政が貞清を弁護する中で開戦時刻について「明(慶長五年九月)十五日未明御一戦にて仰せ付けられ」と明言していることである。これは、家康の側近の本多正純宛に述べられたことであり、また輝政としても貞清の行動に問題はなかったことを証明しなければならなかったから、「明(慶長五年九月)十五日未明」の語は確度が高いと見なければならない。

いっぽう、前引の『後編旧記雑録』所収の証言には戦の時刻について「(慶長五年九月)十五日早朝ニ、諸勢ハ内府様(徳川家康)勢上り切り候の由申し来り候、一戦ハ辰巳の間ニてもこれ有るべく候」とあった。早朝に徳川方が到着し、午前七時から午前十一時に戦闘があったということになろうか。輝政は九月十五日の未明に一戦を命じられたと述べているから、『後編旧記雑録』のいう早朝の徳川方の到着とは別儀であろう。

近年、白峰旬氏によって注目を促された次の「慶長五年九月十七日付松平家乗宛彦坂元正・石河安通連署書状写」は、最も戦のあった日に近く、且つ当事者によるものとされる書状であり、研究史上、重要視されているものである。[344] この史料により、軍記物などに依拠しない形での戦の実態の検討が可能となったことの研究史的意義は大きい。

早々御飛脚本望に存じ候、その様子すなわち御耳ニ立ち申し候、しからば去る（慶長五年九月）十四日赤坂（美濃国）ニ御着き成され、（慶長五年九月）十五日巳の刻、関か原へ指し懸かり一戦に及ばせられ、治部少輔（石田三成）・嶋津兵庫頭（島津義弘）・小西（行長）・備前中納言（宇喜多秀家）四人ハ、十四日の夜五ツ時分ニ大柿外曲輪を焼き払い、関か原へ一所ニ打ち寄せ申し候つる、この地の衆井兵少（井伊直政）又福嶋殿（正則）先手として、その外悉く打ち続き、敵切所を抱え有る所へ指し懸かりとりむすひ候刻、筑前中納言殿（小早川秀秋）・わき坂中書（脇坂安治）・小河土佐父子（小川祐忠・小川祐滋）、此四人御味方申され、うらきり（裏切り）を致され候、すなわち敵敗軍仕り、追討ニ際限無く、うちとり（討ち取り）申し候、大将分ハ大谷刑部少輔（吉継）・嶋津又八郎（ママ、島津忠恒）・嶋左近・嶋津中務（島津豊久）・戸田武蔵（勝成）・平塚因幡（為広）、この外討取申候へども、まず人の存じ候衆ハこの分ニ候条、打ち捨てはなをかき（鼻を掻き）候て捨て申し候間、誰を討ち捕り申し候も、しかじかと存ぜられず候、（以下略）

関ヶ原・山中の地形（著者撮影）
左側の写真は石田三成陣地より天満山を望む。山の向こうが山中である。右側の写真は石田三成陣地より南宮山を望む。

これによると、美濃国赤坂への家康の到着は慶長五年（一六〇〇）九月十四日とされ、九月十五日の午前十一時頃に関ヶ原へさしかかって一戦に及んだとある。石田三成・島津義弘・小西行長・宇喜多秀家の四人は、九月十四日の午後八時頃に大垣城の外曲輪を焼き払い、関ヶ原のほうへ打ち寄せていた。そこへ徳川方の井伊直政・福島正則が先手となり、そのほかの軍勢が残らず続き、交戦しているところに、小早川秀秋・脇坂安治・小川祐忠父子の四人が徳川方に味方して大坂方の裏切りをした。大坂方は敗軍となり、追い打ちは際限なく行われ、大谷吉継ら大将格（史料には人名の誤記がある）を多く討ち取ったということである。

まず注目すべき点は、家康の到着は前日の九月十四日とされており、関ヶ原での一戦は午前十一時前後とあることである。石田三成らは前夜から関ヶ原に集結しており、徳川方の井伊直政・福島正則が先手となって徳川方が押し出し、交戦しているところへ小早川秀秋らの軍勢が徳川方として戦い、大坂方は敗走したとあるが、この一連の戦闘は「巳の刻」にあったのであろう。すると、前引の「慶長五年十月七日付本多正純宛池田輝政書状案」で輝政が述べていたところの、山中に陣取っていた大谷吉継と貞清との連絡が不要となるほどの「明（慶長五年九月）十五日未明御一戦にて仰せ付けられ」たことは[345]、どのように理解すればよいのか。

その点については、山中付近では吉継勢をめぐる戦闘が九月十五日未明に前もって始まり、すでにその時点で秀秋勢は徳川方として吉継勢と交戦し、そのまま関ヶ原へと転戦していったと考えれば、前述の諸点は不整合なく理解が可能となるのではなかろうか[346]。

すなわち、戦の場所については、まず「関か原」が含まれることは間違いない。なお、「慶長五年十月八日付秋田実季宛最上義光書状[347]」には十月六日に義光の手の者が持ち帰った情報が記されているが、場所については「をのゝ原」と称されている。この地名は他の史料にも散見されるといい、関ヶ原や山中、青野ヶ原の地名を記す史料のほか、

関ヶ原・山中の地形（著者撮影）
松尾山の手前の道路と住宅のある付近が山中である。

地名ではない別の語でこの戦を表現する史料もあることは藤井譲治氏が指摘している。[348] このような戦の別称について小池氏は「いずれも関ヶ原合戦に参戦していないので、他者からの情報であれば、この程度の地名認識のずれは生じるだろう」と見ている。[349]

関ヶ原・山中の戦いという理解

いっぽう、「慶長五年九月晦日付伊達留守政景ほか五名宛伊達政宗書状」には「大柿（大垣）ニ籠もり候衆夜中ニまきれ、ミのゝ（美濃の）山中と申す所へ打返し陣取り候を、（慶長五年九月）十五日未明ニ無二ニ切り懸かられ押し崩し、大谷形部（吉継）・戸田武蔵（勝成）・嶋津又一郎・平塚因幡（為広）、その外先をも心懸け候衆、その場ニて悉く討ち捕られ候」とあり、[350] 戦の時刻は「（慶長五年九月）十五日未明」とあるから、輝政の証言と一致する。場所は「ミのゝ（美濃の）山中と申す所」となっているから、前述のように関ヶ原の段階よりも前の時間帯に山中で戦闘が行われたと想定すれば、これらの記述を無理なく解釈できよう。

　また、政宗は「慶長五年九月晦日付伊達留守上野介政景宛伊達政宗書状」において、大垣城の後詰めとして期待されていた毛利秀元・吉川広家・安國寺恵瓊らの軍勢が布陣していた南宮山を「山中よりかミ道三里ほと隔て候て山ニ陣取り候」と説明している。[351] 南宮山は山中から西へ約六キロメートルに位置するから、政宗の距離感がさほど誤っていたわけではない。小池氏のいうほど、山中の表記が家康の情報一辺倒によりなされていたとも言い切れないように思われる。[352] このような諸点からも、本書は、関ヶ原・山中の戦いという呼称の選択が、当時の戦の実態と歴史的意義を考察・明示するうえで最適であることを強調・提言しておきたい。

徳川方の陣容

戦における双方の軍勢の人数は「慶長五年十月八日付秋田実季宛最上義光書状」では大坂方が「十二萬ほと」、家康方は「八萬ほと」とされる。[353] 前引の「慶長五年八月二十九日付黒河内長三宛保科正光書状」では徳川方について「御味方の人数着到七万の積御座候」とし、大垣城の籠城勢については「大柿（大垣）ニ篭もり候人数弐万余これ有り候由申し候」としていたから、[354] 最上義光のいう徳川方の人数はほぼ正確ないっぽう、大坂方の十二万人は多過ぎるように思われる。近衛前久の書状を読解・分析した藤井譲治氏は、徳川方の福島正則らの軍勢も上方のそれと表記されて四万ばかりとあることのほか、「上方ヨリ《(ママ)》出陣の人数五万ばかりのうち四五千も討死した」との表現を見出している。[355] だとすれば、家康の本隊の数を算入すれば、双方は数でほぼ互角か、やや徳川方が優勢であったことになり、徳川方が豊臣系大名の力に依存したこと[356]は相違ないとしても、辛《かろ》うじて勝利したということではなく、最初から徳川方が指揮者の能力や戦術、軍勢の人数において優勢であったということになるのではなかろうか。

その軍勢の陣立てについては、徳川方のそれが「慶長五年九月十七日付松平家乗宛彦坂元正・石河安通連署書状写」において「井兵少（井伊直政）又福嶋殿（正則）先手として、その外悉く打ち続き、敵切所を抱え有る所へ指し懸かりとりむすひ候」とされているが、[357] 近衛前久の書状を分析した藤井氏によると「先手の人数は一番福島正則、二番細川忠興、三番金森長近、そして田中吉政と続く。福島正則が一番であることは後年の諸書とも一致するが、長岡以下は必ずしも一致しない」という。[358] 白峰旬氏の注目した大関家文書中の陣立書はこれらの情報を可視化したものであろうし、[359] 従来の軍記物などに基づいて描かれてきた戦闘の様相とはかなり異なった、徳川方による一気呵成《かせい》の総掛かり戦であったことがうかがわれよう。[360]

秀秋の軍勢が動いた時機については「慶長五年十月八日付秋田実季宛最上義光書状」が

「大柿ニ籠もり居り候治部（石田三成）・刑部（大谷吉継）・備前中納言（宇喜多秀家）・嶋津（島津義弘）なとかをのゝ原へ罷り出で、人数十二萬ほとニてひかへ候ところへ、内府様（徳川家康）ハ人数ハ八萬ほとニ候て切り懸かられ候ところニ、敗軍の躰ニ候ところニ、又筑前の中納言（小早川秀秋）後切を成され候ゆえ、尚々ます敗北仕り候」としており[361]、大坂方の敗色が明らかとなりつつあったところに秀秋勢が現れたとある。藤井讓治氏の分析した近衛前久の書状には福島正則らが「攻め立て勝利した」「ちょうどその時」に秀秋勢が動いたと記されているという[362]。「慶長五年九月十七日付松平家乗宛彦坂元正・石河安通連署書状写」のいう認識よりも、やや時間差があったという観測もあったことがわかる。このあたりの実否については今後の究明が俟《ま》たれようが、これらの証言における秀秋勢は、すでに山中において吉継勢を撃破し、関ヶ原へ転戦・展開してきたものであった可能性のあることは前述した通りである。

第五章　徳川家康による幕府権力の構築と継承

第一節　関ヶ原・山中の戦いの戦後処理開始

過小評価される小早川秀秋

慶長五年（一六〇〇）九月十五日の関ヶ原・山中の戦いについて、同日の未明に山中において小早川秀秋勢が大谷吉継勢を撃破し、そのまま午前七時頃から午前十一時頃までの間、秀秋勢などが関ヶ原へと向かい、福島正則勢を先手とする家康方と合流する形で大坂方を押し崩すという戦況であったとすると、家康方は圧倒的に優勢であったといえる。

それでは、なぜ従来いわれてきたような、家康方と大坂方がほぼ互角で交戦中、秀秋勢の去就は定まらず、家康からの催促を受けてようやく秀秋勢が大坂方に雪崩れ込み、勝敗が決したという合戦像(363)は必要とされたのであろうか。

これは私見だが、九月十五日の未明に山中で秀秋勢が当初から行動し、吉継勢を攻略ないしは圧服していたとしたら、合戦における戦功第一は小早川秀秋となるのではなかろうか。その初動があれば、視界と天候が不良の中にあっても、家康方は山中における鬨《とき》の声を聞いたであろうし、秀秋勢に脇坂安治ら四名の軍勢も加われば、福島正則勢などが動き出す前に関ヶ原の大坂方は動揺したに相違ない。そこへ正則勢なども突撃すれば、兵粮不足のうえに身体も冷え切っていた大坂方はかなり苦しかったであろう。

すなわち、このような山中での戦闘とそれを主導した小早川秀秋を過小評価しなければならない事情があったのではないかということである。

秀秋はかつて羽柴秀俊として秀吉の養子とされていた人物であり、北政所の出自木下家の一族である(364)。だから、家康方にとって、秀秋勢の加勢は、三成ら大坂方に対する論理的対抗の面でも重要であった。

しかし、合戦の全体像が正確に伝承されることは、たとえ家康の勝利に相違なくとも、そのような家康の政治的正当性の一部をも担う秀秋の存在を際立たせ、また徳川家の劇的勝利というよりは、豊臣一族の戦いの様相を合戦に帯びさせるおそれもあった。だから、秀秋には合戦の伝承においてぎりぎりまで逡巡《しゅんじゅん》した挙げ句に裏切ったという不名誉な位置が与えられ、しかもその秀秋の逡巡を必要とするため、合戦は互角でなければならなかったのではないかと私は考えている。

また、先行研究は、家康が豊臣系大名に依存して勝利したと強調し、その後の政治もそれによる制約を受けていると見てきた。(365) しかし、かつて中村孝也《なかむらこうや》氏が会津攻めの段階から「家康親衛軍は三千餘人、その部将は錚々たる名臣揃ひであるけれど、これだけでは天下を争ふのに足りない。家康は最初から外様の諸客将の力を用いるつもりなのであった」(366)と指摘していたことをふまえると、すでに会津攻めに際して家康は豊臣系大名に依存していたから、家康は会津攻めも豊臣系大名の力で乗り切ろうとしていたのであろう。それが三成らと三奉行などの決起によって中断となり、諸大名の動向がどのようになるかという問題はあったが、三成の予想に反して会津攻めに従軍した大名はそのまま家康と行動を共にしたのである。そこに、もと豊臣一門であった秀秋も加わったのだから、当時の大坂方にあっては衝撃的であったろう。

ここで本書が確認しておきたいことは、当時の家康は豊臣系大名に依存しても構わなかったし、秀秋の支持も必要だったということである。そして、福島正則をはじめ、秀秋らは、なぜ三成らではなく、家康を選んだのかということのほうが、歴史的にはより重要な問題のはずである。

石田三成・毛利輝元と徳川家康の政治的力量の差

そもそも家康は秀吉から後事を託されていた。そして、大坂方による家康の弾劾の論理は、必ずしも妥当で周囲を納得させられる内容ではなかった。さらに、家康と三成の能力という点でも、家康は豊臣系大名の心情・本音を考慮して敢えて距離をとりながら身の安全を図りつつ、小山と江戸で自陣営のみならず去就の不明な大名らにも頻繁に判物を発出し、自身の行動に伴って起こるであろう広範な地域での様々な軍事行動をあらゆる角度から想定しながら対応を指示・依頼するなどしていた。

まさに中村孝也氏が指摘したように「慶長五年の家康文書は、二百通に垂《なんな》んとする書状の大集積を主とし、家康の生涯において、空前絶後であるばかりでなく、他の諸雄の場合もこれに匹敵するものがあるとは思はれない」し、「五十九年間鍛練を重ねて来た家康の智能は、この一戦に当つて縦横自在に発揮せられ、陸離たる光彩を放」ち、「その一端が実に約二百通の書状として現れ、今においても惻々《そくそく》として人を動かす迫力を示し」ており、「それは儀礼的な閑文章ではなく、一字一句、こと〴〵死生の関頭に立つて活路を打開しようとする必殺の意力の裡より湧き出たものである」(367)といえよう。

それに比して三成は、家康の西上はないものと決めつけていたばかりか、それを前提に奥羽の諸大名に関東への乱入を要請しつつ、自身は長期戦の構えで近江国を前線基地としながら福島正則らを調略する計画であり、戦況の推移によって家康が西上してきた場合には伊勢国などに展開する諸勢とも連携して尾張国・美濃国の間で迎え撃つという程度の戦略であった。近江国で集積するはずの兵粮などもなかった。

これらの点から家康の能力との差は歴然であり、中村孝也氏も「事実上の中心人物と目せられる石田三成は奇策に富んでゐても、大軍を統率すべき力量と声望とを有せず[368]」と評している。

さらに中村氏の大坂方に対する評価は手厳しく、同氏は「輝元は、策士たちにかつぎあげられた傀儡《かいらい》総帥たるに過ぎず、満々たる闘志を有せず、成功後における政局担当の計画すら用意してゐたらしくない。副総帥格たる宇喜多秀家は、前進して美濃大垣城に在り、指呼の間に陣する東軍部隊と接触してゐるのだから、若《も》し秀家が、政略家たり、軍略家たる素質を有するならば、実戦場における総司令官として、多少なりとも光彩ある行動を取り得たであらうに、彼は全然無能であつた[369]」とする。

近年の研究によって輝元は「毛利氏の勢力拡大を企図している」とされ、「反徳川闘争決起という点では一致していた三成・長盛ら豊臣奉行衆と輝元の間に、目指す方向のずれが生じてきたこと」が指摘されている。[370] また三成よりも輝元・秀家のほうが決起の主謀者であったのではないかとの見方[371]も提示されるなど、輝元と秀家の行動に議論の余地はあろう。

しかし、家康との力の差という点では、輝元と秀家に決起後の明確な展望があったとは思われず、戦中・戦後の身の処し方を見ても、政治的力量においては家康に遠く及ばなかったという評価は動かないように思う。

徳川家康による新政権樹立の可能性と豊臣体制

このように家康は会津攻めを中断させて臨んだ関ヶ原・山中の戦いに豊臣系大名と豊臣一門の小早川秀秋の加勢も得て圧倒的勝利を収めたが、その後は九月十七日に近江国佐和山城を落とし、近江国大津・山城国淀経由で大坂城を目指した。[372] この段階で家康は勅使（「御つかい」）を迎えているが[373]、その際に征夷大将軍職を打診されたのではないかとの観測があったことは前述した。そのくらいの圧倒的勝利だったのである。

慶長五年（一六〇〇）秋から冬に家康が将軍となった事実はないが、関ヶ原・山中の戦いを経て、家康が将軍となってもおかしくはない情勢であったとするならば、なぜ家康は慶長五年（一六〇〇）に将軍に任官せず、慶長八年（一六〇三）に任官したのであろうか。

本書が推定したように、会津攻めが将軍任官前の源頼朝の奥州合戦をなぞるものであって、会津攻めが成功裏に終結していたならば、関ヶ原・山中の戦いがなくとも、やはり同様に慶長五年（一六〇〇）秋から冬に将軍職のことは話題に上った可能性がある。そして、家康が在京期間等に関する秀吉の遺言を明確に意識し、秀吉の没年の慶長三年（一五九八）から三年目にあたる慶長五年（一六〇〇）に出陣し、秀忠を伏見に置くことで秀吉の遺言の遵守の姿勢も示していたことから推すと、会津攻め前の家康は頼朝の例を忠実に踏み、江戸で将軍職に就くことを計画していた可能性も出てこよう。

このように推定を重ねると、当時の家康が豊臣体制を直ちに否定する理由はなく、否定せずとも、家康の思い描く政治体制の樹立は可能であったし、事実、家康は豊臣体制や豊臣系大名、豊臣一門の存在を前提に動いていたのである。

しかし、そのような当時の家康の眼前に横たわっていたであろう当初の計画やいくつかの可能性は、三成らの決起で間違いなく変更を余儀なくされたり、消え失せた。その意味で家康は影響を受けたけれども、おそらく直ちに方針を変更して西上できた背景には（三成は家康の西上を不可能と見ていた）、完全に家康の想定通りではなかったとしても、自身の留守中に上方や西国で何らかの政治的変動が起こり得ることは諸大名らの進言も加味して予期していたからであろう。それでも対処できると考えたから、会津攻めを優先させたのである。

新たな政治状況への対応

関ヶ原・山中の戦いとその結末は、当初の想定よりも早く、また当初考えられていたよりも深奥部から広範囲に当時の政治体制の変革を前進させたという意味で、家康の想定通りではなかったであろう。当初家康の心の内で思い描いていたであろう将軍職のこと、想いの外早く消滅した年寄衆・奉行衆と自身の関係や立場の問題、豊臣秀頼の処遇の問題、自身に協賛したり反目した諸大名の処遇の問題など、新たに生じた政治状況への対応が必要であった。

かつて二木《ふたき》謙一《けんいち》氏は「関ヶ原合戦後における家康の最大関心事といえば、西軍の総帥毛利輝元に奉じられた豊臣秀頼のいる大坂城の存在であった。秀吉の遺児から、輝元を一刻も早く遠ざけなければならない。このまま金城鉄壁の大坂城を相手に籠城戦をしいられるようになったら大変なことになる。家康はそれこそ反逆の汚名をかぶせられ、世間を敵に回すことになるのは必至である」[374]と述べていた。

しかし、少なくとも家康は、大坂城をそのまま攻めることは考えていなかった模様である。「慶長五年九月二十二日付前田利長宛徳川家康書状」には次のようにある。[375]

> 先書申し入れ候ごとく、悉く討ち果たし、一篇申し付け候間、御満足成さるべしと推量せしめ候、大坂も一両日中相澄み（済み）申すべく候、すなわち乗り懸かり責め崩すべく候といえども、（豊臣）秀頼様御座所ニて候間、遠慮致し候、

家康は、佐和山城の落城などの情勢をふまえ、大坂方を撃滅したとしたうえで、大坂城も一両日中に掌握できるであろうとの見通しを語っている。その中で、大坂城を攻め落とすことは可能だが、秀頼の御座所であるため、城攻めについては遠慮するとしている。大坂城での籠城戦をされると困るというより、大坂城を舞台に戦をすること自体が双方の正当性に関わるという認識であったことがわかる。この時点において、秀頼の身柄の保護が依然重要であったことは確かである。

徳川家康の大坂城凱旋

慶長五年（一六〇〇）九月二十七日に家康は大坂城に入ったが、そのことについて山科言経は「秀頼卿和睦也云々」と記した[376]。年寄衆・奉行衆の構成員が家康を除いて事実上いな

くなった今、今後の焦点は家康と秀頼の関係性に移ったと周囲も見ていたのである。

大坂城へ入城時の家康の様子について、石川武美記念図書館所蔵の片桐文書中の「大坂一乱起之覚書」は次のように伝えている。[377]

一、関ヶ原の時分、市正（片桐且元）・主膳（片桐貞隆）打ちはたし申すべきたくミ仕り候へども、両人（片桐且元・片桐貞隆）もその覚悟用心仕り候ゆえ、恙無く候、その節大坂より飛脚を以て
大御所様（徳川家康）へ市正・主膳言上仕り候ハ、関ヶ原御理運ニ仰せ付けられ、早速大坂へ御馬を入れらるべく候、兄弟の者（片桐且元・片桐貞隆）大（太）閤様（豊臣秀吉）御遺言を相守り罷り在り候上ハ、御親様に対し違乱を存ぜず候旨申し上げ候、大御所様前々より相違無く、心中御満足の由ニて、関ヶ原より直ニ大坂へ御越し成され、尼ヶ崎又右衛門いにしへよりの御宿のゆえ、まず御着座成され、市正・主膳も御迎えニ罷り出で候事

一、権現様（徳川家康）御意成され候ハ、この家ハ町ニて如何候、主膳正（片桐貞隆）儀ハ大（太）閤様より仰せ渡さる内証の御取り次ぎをも仕り候者の事ニ候間、

兄弟と申しなから主膳にはよしミこれ有る由、御意成され、せはく（狭く）候ても苦しからず候、主膳所御座成さるべき由ニて、そのまま成らせられ候、この段杉浦《すぎうら》内蔵允（正友《まさとも》）なとも御供にてよく覚え申され候由、物語り仕られ候、この証拠正しく候間、書き付け申し候事

一、翌日（豊臣）秀頼公へ御対面遊ばされ、直ニ西の丸ニ大御所様ハ御座成され候、その時兄弟の者申し上げ候ハ、大（太）閤様ニなりかハらせられ候御親様の儀ニ御座候間、御朱印出させられ然るべき旨申し上げ、尤もの由　御意ニてすなわち秀頼公の細工人右京と申す者ニ申し付け、主膳所ニて御朱印ほらせ、各へ成し下され候事

これによると、片桐且元・貞隆兄弟は関ヶ原・山中の戦いの時点ですでに命を狙われていたが、あらかじめ用心をしていたため無事であった。これは、前述のように大坂城内において片桐らが家康方として動いていたことから、大坂方による打倒の対象となっていたためであろう。家康の勝利をうけ、片桐兄弟が家康に大坂城へ誘引する飛脚を遣わしたとある。

片桐兄弟は、秀吉の遺言に基づいて家康のことを「大（太）閤様（豊臣秀吉）ニなりかハらせられ候御親様の儀ニ御座候」と認識しており、その秀吉の遺言が家康の政治的立場・行

動の根拠を考えるうえで重要となることは前述の通りである。家康も、そのように自身を尊重する片桐兄弟を高く評価しており、とくに秀吉存命中から内証の用命を伝達することの多かった貞隆に親近感を抱いていたようである。大坂城への入城時は、いったん城下の町屋で泊まったものの、のちに貞隆邸へ移ったとある。これは、自身の身の安全を図るための措置でもあったろう。

徳川家康の朱印調製

家康は九月二十八日に秀頼と対面後、西の丸へ入ったが、片桐兄弟は家康に、もはや秀吉の代理者・秀頼の親なのだから、朱印状を出すことができるように朱印を作ることを提案している。

このような提案が行われたとするならば、事実上、家康は前述のような「大（太）閤様（豊臣秀吉）、（徳川）家康様へ御遺言の様子、只今御末期に及び候に付き、御直ニ仰せ置かれ候ハ、（豊臣）秀頼公御幼少の儀ニ候間、家康様御親ニ頼み思し召され候、随分御介抱遊ばされ、秀頼御成長の上、十五歳より廿歳迄の内、天下をも知ろし食さるべき御器量ニ候ハヽ、天下を返シ遣わさるべく候、今日より天下の儀　家康様へ御渡し成され候[378]」という秀吉の遺言、すなわち秀吉が家康に秀頼の十五歳から二十歳までの間を想定し、その時点で秀頼に天下を治める器量があると見込まれるならば、秀頼に天下を返してほしいと述べていたことをふまえ、慶長十二年（一六〇七）・慶長十三年（一六〇八）から慶長十七年（一六一二）・慶長十八年（一六一三）までの間は秀吉の代理者として天下を統《す》べるよう片桐兄弟から求められたことになろう。[379] このようなことが、この時点での家康の征夷大将軍任官の観測にもつながったものと思われる。

そして、家康もこれを了承したとあり、秀頼の抱える職人に片桐貞隆邸で印を作成させ、それを押したものを片桐兄弟に与えたという。

それまでにも家康が朱印状を発給したことはあり、また家康の印は数種類が確認され、それらの使用期間などについても詳細な研究がある。[380] この「大坂一乱起之覚書」のいう家康の印がどのようなものであったのかは確認できないが、慶長五年（一六〇〇）九月よりも先行して使用されていた「忠恕」印など[381]や「慶長十五年前後の使用印」である「恕家康」[382]印を除く「源家康」印が該当する可能性はあろう。しかし、この「源家康」印は「慶長七年六月十六日」を初見とするようだから、[383] 家康は慶長五年（一六〇〇）九月二十八日から慶長七年（一六〇二）六月十五日まで「源家康」印の使用を控えていたという見方も成り立ち得る。このことは、家康の領知宛行権の評価にも関わるので、後述する。

石田三成らへの処分

さて、家康の大坂城への入城前、慶長五年（一六〇〇）九月二十五日、毛利輝元は大坂城から摂津国木津へと立ち退いた。[384] もともと家康は、輝元の行動の詳細を知ってか知らずか、前述の慶長四年（一五九九）閏三月二十一日に取り交わした起請文を基準に輝元を評価していた。例えば、「慶長五年八月八日付黒田長政宛徳川家康書状」にも、[385]

> 吉川（広家）殿よりの書状、つぶさに披見せしめ候、御断りの段、一々その意を得せしめ候、（毛利）輝元兄弟のごとく申し合わせ候間、不審存じ候ところ、御存知無儀ども候由承り、満足致し候、この節候の間、よき様仰せ遣わされ尤も候、恐々謹言

とあり、家康は輝元が三成らの企ての詳細を知らぬまま大坂城へ入ったと認識していた。ところが、実際には、次の「慶長五年十月二日付吉川広家宛黒田長政書状」が示すように、[386] 輝元の退去した後の大坂城内では、輝元が三成らに加担し、また四国攻めにも関与していた

ことを示す判物や書状が発見され、輝元の身上は一段と危ういものとなった。

一、（毛利）輝元御身上の儀、羽左右《（太）》（福島正則）申し談じ、涯分候つれども、奉行ども（長束正家・増田長盛・徳善院玄以）御一味候て、西丸御移り、諸方同通の廻状数々、中納言殿（毛利輝元）御判慥かに候上、なお又四国へ人数差し渡され候到来、かたがた以てぜひに及ばざる儀どもニ候

また、石田三成・安國寺恵瓊・小西行長・長束正家の身柄も拘束され、輝元への処分とあわせ、家康の判断に委ねられることになった。三成らの身柄の取り扱い方について、伊達政宗は家康の側近今井宗薫を通じて次のように進言している[387]。

一、石治（石田三成）・安国（安國寺恵瓊）・小西（小西行長）・長大（長束正家）生け捕られ候事、今度筋無き謀叛これ仕り候ゆえ、たちまち神罰を蒙り、かくのごとく縄の端に及び候事、天道有り難く存じ候、諸国ヲ御引かせ候ハん由、尤もニ候、〱、去りながら時刻延べ候事、危うく候間、五畿内、洛中、洛外、大坂、堺御引

かせ成され候はば、早々五条河原辺りニて、御成敗候て、首獄門に掛けられ候様ニ然るべく候か、いかよう身命の有る間、番以下油断無く仰せ付けられ候様、専一ニ候、しかし当坐逃れ候ても、何方へ参るべく候やと存じ候へハ、御番に及ばず候か、

政宗は、三成らの行動を「筋無き謀叛」として神罰が下ったことは当然だとし、諸国を引き回すことも一案だが、時間のかかることを懸念して五畿内と洛中・洛外、大坂・堺で引き回し、京の五条河原あたりでの斬首・梟首《きょうしゅ》が妥当であろうと述べている。たとえ逃亡しても逃げられる所はないから、番をする必要はないとある部分が政治の形勢の変化を物語っているが、三成らの身命が果てない間は油断せずに警戒しておくほうがよいという観点からの厳しい処分案であった。

実際、三成・恵瓊と行長は慶長五年（一六〇〇）九月二十九日に身柄を大坂・堺へ送られ、同年十月一日には京の六条河原で斬首され、首は三条大橋に晒された。[388]長束正家は同年九月三十日に近江国日野で自害したという。[389]

第二節　保留される会津攻め・薩摩攻め

奥羽情勢をめぐる伊達政宗の進言

そして、政宗は、このほか今後に必要となる措置についても家康に進言している。すなわち、大坂方の主要人物は捕縛・処刑されたり、処分が保留されるなどしていたが、そもそも会津攻めは中断したままであり、また島津氏の取り扱いも大きな問題として残っていた。関ヶ原・山中の戦いが終わって家康の大坂城入城を寿いだ政宗は「天下始り候て、かくの如く早速ニ日本国中相済み候事、承り及ばざる事候」と述べたが[390]、全てが決着したわけではなかった。政宗は、前引の書状の中で続けて次のように述べている[391]。

一、唯今より申し入れ候、かくのごとく天下思し召しのごとく候上は、世見（間）何の御用心も入らざる事に候へども、内府様（徳川家康）御下向候はば、佐竹（義重）隠居ヲ江戸へ引き越され、御心安く会津（上杉景勝）へ御調義候様ニ、必ず仰せ上げらるべく候、うら切り（裏切り）なとハ、多勢不勢も入らざる物にて候、御塩味候様ニ然るべく候、この上は、佐竹（義重・義宣）などへ、いかようの事仰せ出され候とも、もちろん御意に背かるべからず候、御下向も候はば、（今井）宗呑を以て、申し入るべく候、

すなわち、政宗は、このように天下が家康の思い通りとなったうえは、何も用心することはないけれども、奥羽の上杉景勝や佐竹義宣を従わせるため、家康が江戸へ戻った際に佐竹義重を江戸に呼び出して周旋させるよう、必ず今井宗薫父子から家康に提案すべきだとしている。もはや裏切りの有無などが問題となる情勢ではなく、佐竹氏が家康の命令を拒絶できるはずもないとして、会津攻めの終結を図るべきだと述べているのである。

毛利輝元・秀元への処分と徳川家康・秀忠

しかし、そのいっぽう、当時は秀忠を総大将とした薩摩攻めも現実味を帯びて検討されていた。次の「慶長五年九月晦日付福島正則・黒田長政宛榊原康政・本多忠勝・井伊直政書状」によれば[392]、

一、薩摩の行いに付いて、広島迄、中納言（徳川秀忠）出勢致さるべく候条、大（太）
閤様（豊臣秀吉）御置目のごとく路次筋諸城へ番手入れ置かるべき事

とあり、広島まで秀忠が出陣するので、秀吉の存命中の「御置目」に基づいた城番が命じられているのである。この時点においても家康が「大（太）閤様（豊臣秀吉）御置目」をふまえていることは、あくまでも自身が秀吉の遺命を尊重していることを正則らに明示しているのであろう。その先陣は「薩摩御陳御先へ、（毛利）輝元御自身御出陳有るべき事」[393]とあるように輝元に命じられていた。

ところが、前述のように、この直後、大坂城内で輝元の大坂方への積極的与同の証拠が発見され、中村孝也氏によれば、家康方へ協力した吉川広家に輝元の旧領のうちから領知を与えられる意向が内示されたが、広家らの嘆願により、輝元父子は周防国・長門国のみを安堵されるという処分となった[394]。

このように家康は、大坂城に入城後、毛利氏への処分などのほか、論功行賞としての領知宛行を慶長五年（一六〇〇）十月から行うが、それらへの先行研究の評価に関する私見は後述することとして、ここでは依然会津攻めと薩摩攻めを保留している家康の動向を整理しておこう。

家康の動きとして特徴的なことは、慶長六年（一六〇一）三月二十三日に伏見城へ移ったことである。次の「慶長六年三月二十三日付篠山五右衛門・松井康之・有吉立行・牧興相・加賀山興良・加納曲斎宛細川忠興書状写」によると、(395)

一、内府様（徳川家康）、今日（慶長六年三月）廿三御出京成され、大坂へはとき〳〵御下り成され、伏見ニ御座候ハんとの事、

とあり、家康は伏見城を拠点とし、大坂城へは時々赴くという方針を示したとある。「慶長六年四月十八日付今井宗薫兼久宛伊達政宗書状」には「伏見へ悉く御引越しの由、拙子女どもも早々うつし候へと、今度両人へ申し遣わし候、少しも油断に存ぜず候」とあるから、(396)この伏見への移動は家康のみならず、諸大名とその妻子の移動をも伴うものであった。

さらに、この直後、同年の四月には秀忠も江戸へと戻ってしまう。「慶長六年四月十日付松井康之宛細川忠興書状」には「中納言殿（徳川秀忠）、明日江戸へ御下向事候、（上杉）景

勝儀は何とも知れ申さず候事」とあり[397]、薩摩攻めの総大将とされていたはずの秀忠の江戸への帰還が会津攻めと関わるのかどうかを含め、忠興は家康・秀忠父子の動きに注目していた。すなわち、「慶長六年三月二十三日付篠山五右衛門・松井康之・有吉立行・牧興相・加賀山興良・加納曲斎宛細川忠興書状写」[398]には、

一、（上杉）景勝御侘び言済み候て、罷り上り候儀必定の由候、本佐（本多正信）へ取り次ぎにより、内府様（徳川家康）御存分無きにて、佐州（本多正信）二番目の子息迎えと号し、人質に下られ候由候、右の分に候間、罷り上るに究むためとの事候、但し、又中納言殿（徳川秀忠）御下向の様ハ、罷り上り候ハぬかとの推量ニ候、兎角ニ知らざるニ究め候事、

一、薩州の儀も、すむとも申し候、すまぬとも申し候、これも右同前の事、

とあるように、当時は上杉景勝が謝罪して上洛するのではないかとの観測もあったのだが、秀忠が江戸へ戻ったことで、やはり景勝の上洛はなくなったのかと考えざるを得ない状況となり、秀忠の江戸への下向は薩摩攻めの有無をも不透明にしていた。次の「慶長六年四月十

九日付松井康之宛細川忠興書状」にあるように[399]、

> 一、先書ニ申すごとく候、江中納言殿（徳川秀忠）去る（慶長六年四月）十日ニ御下向候、（上杉）景勝御侘び言の儀も、済まさざる躰と相見え候、佐竹（義宣）の事も、上り兼ねたる由風聞候、されども御働きなとの御沙汰もこれ無く候、次ニ薩州の儀は、黒甲州（黒田長政）上られ次第、大形聞き申すべき由候、兎角ニ陣用意仕られ候て、はつれす候間、油断なく申し付けらるべく候事、

上杉・佐竹・島津への措置がどのようになるのかが読めない状況下で、忠興は戦になった場合の備えを油断なく継続しなければならなかった。このような状況は、忠興に限らず、他大名も同様であったのではなかろうか。

征夷大将軍任官の観測

このように家康・秀忠父子が行動した意図については不明な点が多いが、次の「慶長六年五月十二日付松前守広書状写」[400]に記された観測は先行研究においても注目されている。

一、天下の義いかにも静ニ御座候、内府様（徳川家康）（慶長六年）三月廿三日ニ伏見江御移り成され候、

一、（豊臣）秀頼様江大坂御城御渡成され候、河内国ニて弐一《百カ》万石遣わされ候、片桐市正（且元）・小堀播磨（小出秀政）両人御付成され候、

一、会津の儀あつかひ切れ候由申し候えども、この中平村ト申す仁罷り上り、本多佐州（正信）頼み入り、無事ニ相定まり候由申し候、（上杉）景勝は入道ニて罷り出でられ候由申し候、加藤主計殿（清正）本知行ニそへて小西摂津守（行長）こと一色ニ参候、

一、嶋津（義久・忠恒・義弘）事、あつかへ切れ御人数遣わさるべき由候えども、必定知レ申さず候、

一、佐竹隠居（義重）上られ候て伏見ニ居り候由申し候、

一、伏見御普請半ばニ候、前の石垣より二丈高くきつかセ成され候、

一、（慶長六年）五月九日京江御上り成され候、同（慶長六年五月）十一日ニ御参内成され候、すなわち我等（松前守広）も御供仕り候、

一、三条柳の水を御屋敷中ニ成され、五町四方ニ御屋敷とり成され候、屋形出来次第ニ行幸成され、御位日本将軍ニ御成りなさるべき由ニ候、

一、三条より下の町屋五千間立て申し候由ニ候、堀川より西江大名衆屋形作りの由ニ候、

一、三河守殿（結城秀康）江越前近江ニて百万石参り候、近日御上洛の由申し候、

一、京より江戸迄の間ニは御身はなれさる衆皆々御置き成され候、

一、江戸中納言（徳川秀忠）は我等（松前守広）上り申さず、先ニ御参内成され、大納言ニ御成りニ候、（慶長六年）四月十日ニ江戸江御下向候、すなわち御鷹二連居さセ三右衛門使申し候、

すなわち、当時在京していた守広の観測では、天下は混乱しているというよりは治まっているという認識であり、伏見に移った家康は秀頼に大坂城を渡し、秀頼の領知も定め、片桐且元と小出秀政を付属させたとある。加藤清正に小西行長の旧領が与えられたらしいとの情報とともに、会津攻めや薩摩攻めの観測についても言及があるが、薩摩攻めの有無は依然不透明ではあったものの、上杉景勝の降伏が見込まれており、佐竹義重も家康に協力的で伏見まで上ってきていたようである。

関ヶ原・山中の戦いにおいて、伏見城は焼け落ちていた。その再建のための普請は続いていたようであり、石垣の増強もなされていたようだが、家康はその完成を待たずに大坂城を出たことになる。慶長六年（一六〇一）五月九日に家康は伏見から洛中へ移動し、五月十一日には参内したとあるが、京中の西洞院三条柳水を取り込んだ敷地内に屋敷を造営する計画の存在が報じられ、そこに後陽成天皇の行幸を仰ぎ、家康は将軍となろうとしているとの噂も記されている。この噂は、福田千鶴《ふくだちづる》氏や黒田基樹《くろだもとき》氏によって、慶長六年（一六〇一）五月の段階で家康の将軍任官が想定されていたことを示すものとして重視され、注目が促されてきたものだが[401]、本書が前述したように、太田牛一も慶長五年（一六〇〇）九月の段階での家康の将軍任官を観測していたから、実際そうなるのではないか（そうなっても不思議ではない）との雰囲気は早くから醸成されていたのであろう。

守広の書状でも、三条に計画されていた家康邸の周辺に大名屋敷が集められるのではないかとあり、また結城秀康に越前国・近江国で百万石が与えられて彼は近く上洛するらしいであるとか、京と江戸の間に譜代の大名衆を配置してから、秀忠が家康よりも先に参内して大納言に昇進したことなど、家康の周辺が着実に固められていたことがうかがわれる。とくに黒田基樹氏が指摘するように、秀忠の大納言昇進は秀頼の身位を立てつつも秀忠と秀頼が同格となるという意味で極めて慎重且つ重要な配慮がなされた人事であったから[402]、ここで家康が「新政権樹立に向けて行動していた」[403]と解釈されることは、当然のことかもしれない。

しかし、先行研究はもちろんのこと、本書も述べているように、実際の家康の将軍任官は慶長八年（一六〇三）まで待たねばならない。本書が想定したように、もし会津攻めが成功裏に終わっていたら、その後の将軍任官は家康の視野に入っていたかもしれない。会津攻めは中断され、関ヶ原・山中の戦いに移行したが、その圧倒的勝利をうけ、慶長五年（一六〇〇）から慶長六年（一六〇一）にかけての家康の将軍任官はあり得ると周囲が観測していたことも事実であろう。政宗が述べていたように、もはやかつて敵対していた佐竹氏などの大名に「いかようの事仰せ出され候とも、もちろん御意に背かるべからず候」という状況は出現していたのである。だが、慶長五年（一六〇〇）から慶長六年（一六〇一）の将軍任官はなかった。そこに家康の将軍任官とその理由をめぐる考察の難しさがある。これを先行研究がどのように説明しようとしていたかを確認し、それに対する私見を述べる必要があろう。

例えば、福田千鶴氏は「将軍宣下となれば諸大名を上洛させることになるから、国替えとなった大名が居城普請をはじめとする領国経営の最中であることや、重要な儀式を執り行うための拠点である二条城が未完成だったことなどが理由だろう」[404]と述べている。しかし、やや抽象的な説明であり、黒田基樹氏も指摘するように二条城の竣工前に将軍宣下はなされているから[405]、家康が二条城のことを気にしていないわけではなかったろうが、その工期に全ての照準を合わせていたとは言い切れないであろう。むしろ家康の思い描く政治日程があり、それをもとに三条屋敷ではなく二条城の普請は計画されたと考えるほうが自然である。

その点、黒田基樹氏は、「家康が伏見城に移った後、新政権樹立に向けて行動していたことがわかる。そうであれば、伏見城への移転も当然ながら、その過程でのことであったということになろう。さらに同城の再建は関ヶ原合戦直後から進められたものであったから、家康は、合戦での勝利をうけて、そのような考えになったとみられる」と述べ[406]、関ヶ原・山中の戦いの勝利が家康をして将軍任官を視野に入れさせた契機であったと見ているようである。だが、この指摘については、会津攻めに際しても家康が将軍職を意識していた可能性は皆無ではなかったのだから、実際には家康の将軍任官をめぐる思惑・計画が、会津攻めの段階、関ヶ原・山中の戦い直後、そしてさらにそのしばらく後、という経過の中で必ずしも常に同じとは限らないということも考慮しておく必要があるように思う。

また、黒田氏は家康が大坂城から伏見城へ移ったことについて「家康によって、秀頼の居城と領知が確定された。これにより羽柴家は、政権から明確に分離され、その領国支配によってのみ存立を遂げることになったから、そうした家の存立の在り方からみれば、事実上、一個の大名と変わらない存在に位置づけられることになった。そのうえで家康は、将軍任官を意図するようになっていた。これは明らかに、羽柴政権を解消し、自身を主宰者とする新たな政権樹立のためであった」とし[407]、「羽柴家が単独で存在しなければならなくなったことによって、事情が変わった。羽柴家として、外部の政治勢力との間で、さまざまな問題について、政治折衝を行わなければならなくなった」ことから「茶々が羽柴家の女主人として、いろんな問題について判断を下さざるを得ない状況が生まれてしまっていた」と見て[408]、「秀吉の妻になった時には、すでに実家はなく、そのため親から引き継いだ家臣も存在していなかった」茶々（淀）が関ヶ原・山中の戦いを経て奉行衆らも失い、片桐且元と小出秀政のみに頼らざるを得なくなった苦悩を看取している[409]。黒田氏の学説は、家康が大坂城に秀頼母子を置いたまま敢えて伏見城へと去って行ったことが、秀頼母子を追い詰めたことをよく示した卓見であるとは思う。

第三節　慶長六年段階の徳川家康の権力

徳川家康の大坂城退去・伏見城入城とその評価

しかし、この家康の措置については、松前守広のような大名には何の問題も感じられなかったのであろうが、さすが伊達政宗ほどの大名ともなると、直ちにその問題を察知し、家康の側近を通じてその危険性を直言せねばならないと考えたようである。黒田氏は、新たな政権を成立させ、将軍任官を視野に入れた積極的な政策として家康の伏見城への移動と秀頼母子の大坂城への残置を評価したが、家康の政治的優位を理解していた政宗の眼にはそのように映らなかったのである。

黒田氏は政宗による指摘をきちんと考察しているが、「家康にとって、政権本拠を伏見に移すことは関ヶ原合戦に勝利した直後からの既定路線であったとみられる。そうすると問題になるのは、秀頼と大坂城の処置にあったことになる」として、[410] あくまでも家康の行動とその理由については新政権の樹立を目指しての羽柴家の切り離しのためであるという前提で考察している。[411]そのため、政宗の指摘はそのような家康とは最初から相容れないものとされ、また仮に政宗の指摘を容れて家康が行動したとしても、秀頼母子が受け容れなかったであろうとして、茶々（淀）の観点からの考察を進め、さらに政宗の心情を慮《おもんぱか》るのである。

だが、ここで重要なことは、茶々（淀）や政宗の考えではなく、家康の考えのはずである。政宗から見て、家康の行動は、安定的な政権を目指す方法としては誤っていると思えたのだが、なぜ家康が敢えてそのような行動を選択したのかについては、結果論的に判明している政治過程を前提として考察するのではなく、あくまでも慶長六年（一六〇一）段階の家康をとりまいていた状況から類推する必要があるのではなかろうか。

伊達政宗の抱いた懸念

それでは、政宗の眼には家康の行動はどのように映ったのか。政宗の観測については、まず次の「慶長六年四月十八日付今井宗薫兼久宛伊達政宗書状」に示されている。[412]

一、大坂の御仕置き、何とも〳〵、我等（伊達政宗）など分別ニは、合点参り申さず候、（豊臣）秀頼様ニハ、もちろん御機遣いもこれ無き事ニ候、自然今度不忠を仕り、身上果て候牢人どもなと、謀叛をも時分を以て仕り出シ候ハん事、存ぜざる事ニ候条、秀頼様も伏見へ移り御申し候事か、さらすハ江戸のかたへも、まず御幼少の間、越し御申し候てハ、如何たるべく候や、ただ以来とも、万一ミたれ（乱れ）かハしく世へ成り行き申し候ハんハ、何者にても、大坂ニはいり（入り）候て、外分か謀叛仕るまじきと、愚存ニは存じ候、江州せた（瀬田）ゟ《より》駿河迄の間、国々城々の物主どもの御くはりにても〳〵、丈夫なる御事、後々代迄も御心安き事と、誠に及ばずながら感じ入るばかり候、さて又大坂一城の御仕置きばかり、分別申さず候、我等なとハ、いかようの事申し候ても、苦しからず候、御為ぞへ、又は第一身の為ニて候間、少しもあやうく存じ候事ハ、遠慮をかへりミす申す事ニ候条、この書中の趣にて苦しからずば、本佐州（本多正信）へは、つぶさニ御物語り候て給うべく候、

政宗は、家康が秀頼母子を置いたまま大坂城を離れ、伏見城へ移ったことについて、納得がいかないと明言している。政宗は、自分はどのようなことを申しても差し支えのない程度の軽輩だからと謙遜しつつ、家康のため、また自分のためでもあるから、少しでも危ういと思ったことは遠慮せずに申すので、自分の申し分が差し支えのないものと今井宗薫が判断す

るならば、このことを本多正信へ話し、正信から家康に伝えてもらうことを期待しているのである。

政宗は、秀頼自身が問題なのではなく、関ヶ原・山中の戦いで家康と戦った者たちで改易などされて牢人となった者どもが秀頼を担いで謀叛を企むことを心配しているとし、そのようなことは考えられないことだが、秀頼の身柄を幼少の間だけでも伏見か江戸へ移しておくほうが安全であり、今後また万が一戦乱の世となった場合には、何者かが大坂へ入り込んで秀頼を戴いて謀叛を企む恐れもあると危惧したようである。そうならないため、秀頼の身柄を大坂城から移し、近江国瀬田から駿河国までの間に然るべき城主などを配置しておけば、末代まで安心であると述べており、これは大坂城のみの問題ではないのだと念を押し、もしそのような措置がとられれば、私のような者が何かできるわけではないけれども、感心するばかりであると、逆にそのような措置を講じる気配のない家康を批判もするのである。

伊達政宗による再度の進言

当時三十代の政宗が家康に臆せず意見をしていることも見事だが、のちに家康のとる政策が先取りされている部分もあり、若いながら政宗の洞察は鋭い。彼の武勇のみならず、このようなオ気についても秀吉や家康は評価したのだろうが、政宗はよほど案じたと見え、この三日後には再び今井宗薫宛に次の書状を出している。(413)

一、惣別我等（伊達政宗）が願いニは、（豊臣）秀頼様御幼少の間ハ、江戸か［　　］《（さらずはカ）》伏見□《（へカ）》成りとも、内府様（徳川家康）御そばニしかと置き申し候て、おとなしく御成人候はば、その時ハ、何やう［　　］内府様御分別次第ニ、御取り立ても御申す事か、又いかに　大（太）閤様（豊臣秀吉）御子ニ候とも、日□《（本カ）》ノ御置目等、取り行わるべき御人ニ御坐無く候由、内《（府脱カ）》　様御覧じ届け候はば、御国の二三ヶ国も、又ハその内も進ぜられ候て、なみ〳〵の御進退□御申し候て、よく候ハんニ、ただ今大坂のかたに、ふらりとして置き成され候はば、時分を以て、世のいたつら者出来候て、秀頼様をぬし（主）などニ仕り、謀叛も仕り候ハヽ、その者どものゆえニ、何も御存じ無く、秀頼様腹を御切り候へハ、大（太）閤様亡魂迄の御為も、悪しく御坐候かと存じ候、

一、我等が人の様ニも候はば、さしあてヽこのご意見ばかりは、申し上げたき事ニ候、第一　秀頼様の御為にて候かと存じ候、本佐（本多正信）などにハ、され事（戯れ

言）のやうにも、ぜひ御語り有るへく候、

ここでは、さらに踏み込んで、秀頼の取り扱い方にまで提言は及んでいる。すなわち、秀頼を江戸か伏見へ置くべきだとした点は前信と同じだが、政宗としては、家康が秀頼の成長ぶりを見届け、たとえ秀頼が秀吉の子であろうとも、御置目の沙汰などをできる人物ではないと家康が思ったならば、二、三ヶ国以内で領知を秀頼に宛行えばよく、このまま大坂城に秀頼を放置しておいては、秀頼を担ぎ出す者が現れないとも限らず、その者どもの謀叛のせいで秀頼が巻き込まれて切腹せねばならなくなっては、秀吉の魂にも申し開きができないのではないかと、さらに前信の補足をしたかったのであろう。前信では家康のため、自身のためとしていたが、今回は秀頼のためであるとし、これも今井宗薫から本多正信に伝えてほしいと依頼している。

豊臣秀頼への処遇をめぐる先行研究の問題点

これらの書状の内容が家康に取り次がれたかどうかは不明である。しかし、政宗の意見は的を射ており、実際に歴史は政宗の危惧した通りに推移してしまった。これらの書状は、その意味で注目されてきたし、また笠谷和比古氏によって、秀頼が一大名ではなかったことの証として、また「家康はもちろん実力第一人者ではあるが、その政治的位置は秀頼を凌ぐことはなく、あくまでも豊臣公儀体制の下における秀頼の名代、政務代行者でしかなかった」と見て、「秀吉の構築した豊臣公儀体制は、関ヶ原合戦によって解体されることなく持続していた」とする二重公儀体制論の論拠の一つともされてきた[414]。

だが、黒田基樹氏は「秀頼の居城と領知が確定されているのは、羽柴家の存在が、政権から明確に分離されたことを示している。もちろん羽柴家は、前政権の後継者として、単なる一大名になったわけではなかった。しかし、ただちに政権を担う体制が用意されたわけでもなかった」と捉えるいっぽう[415]、「羽柴家は、政権から明確に分離され、その領国支配によってのみ存立を遂げることになったから、そうした家の存立の在り方からみれば、事実上、一個の大名と変わらない存在に位置づけられることになった」とも述べているから[416]、笠谷氏よりも家康の立場を確固たるものと見ている。

さらに、黒田氏は「政権本拠を伏見に移すことは関ヶ原合戦に勝利した直後からの既定路線であったとみられる」とし、「家康が伏見に移るにあたって、秀頼にも大坂城から移るように要請したのかはわからない。ただ、政宗の口調からすると、家康はそうした考えはなかったように見受けられる」としているが、[417]同氏のいう、この慶長六年（一六〇一）段階の家康が樹立したという政権とはいかなるもので、またそれと秀頼との関係はどのように理解すべきなのかという点については、いま一つ判然としない。

笠谷説の場合、家康の将軍任官の積極的意義については、天皇・朝廷を活用した二重公儀体制の実体化として説明されているが、[418]それでもなぜ将軍任官が慶長八年（一六〇三）となるのかについての具体的説明はない。また、二重公儀体制論の最大の難点は、笠谷氏自身も気づいているように、家康が秀頼を滅亡に追い込む過程との整合性がとられないという点にある。本書でも指摘したように、笠谷氏はその飛躍を「家康の豹変」に帰しているが、[419]それでは慶長期の政治史の歴史的解釈として無理があろう。

また、黒田説についても、家康が政宗の提言を容れずに自身の政権樹立とそれに伴う秀頼母子の切り離しを優先させたと解釈している点については、まず再考を要する。というのも、石川武美記念図書館所蔵の片桐文書中にある「大坂一乱起之覚書」には次のような話が伝えられているからである。[420]

一、大御所様（徳川家康）江戸へ還御の時分仰せ付けられ、大坂城中門々の番大御所様御差図を以て兄弟の者（片桐且元・片桐貞隆）所々相堅め候、大坂一乱の砌迄市正（片桐且元）・主膳（片桐貞隆）大坂ニ罷り在り候内ハ、その通りニ相違無く相勤め候事

一、茨木（摂津国）の城大御所様より主膳正（片桐貞隆）御留守居仕るべき由仰せ付けられ、さて明日御立ちの前日、夜ニ入り市正・主膳へひそかに上意せられ候ハ、これ已後謀叛の輩これ有る時分ハ、必ず兄弟の者ニむしつ（虫唾）を申しかけ、切腹させ申すべく候、その時ハいかようニも申しなし、必ず牢人仕り、高野へ参り候由申し候て、茨木の城へ兄弟ともに参るべく候、必ずこの儀たがへ申すまじき由　仰せ渡され候ニ付き、この度も山林か高野へ参り候と申し大坂罷り立ち候朝、茨木へ参り候由ふと申し出し候、兄弟の者ハ常々の覚悟ニ候ゆえ、恙無く茨木へ罷り越し候事、

ここでいう「大御所様（徳川家康）江戸へ還御の時分」とは、家康が関ヶ原・山中の戦い後に初めて江戸へ戻った時を指すであろうから、慶長六年（一六〇一）十月六日に伏見から大坂を経て十月七日にいったん伏見へ戻った後、十月十二日に伏見を発って十一月五日に江

戸へ着いた時にあたり、[421] 前引の覚書はその際の大坂か伏見での家康と片桐兄弟とのやりとりであろう。

そこでは、家康が片桐兄弟に大坂城の諸門の守衛を命じたとあり、大坂冬の陣まで兄弟は勤め上げたとされている。また、茨木城の守備も片桐貞隆に任せられたことにふれ、家康の出立の前日、家康が片桐兄弟に密命したところでは、もし以後に謀叛人が出た場合には片桐兄弟に難題を持ちかけて兄弟を切腹に追い込もうとするであろうから、その際は牢人となって高野山へ入ると称して茨木城へ向かうようにと指示したという。大坂冬の陣の直前、実際に片桐兄弟はそのように行動し、無事であったと記されている。

すなわち、家康は大坂城に秀頼母子を残置することで起こり得ることを想定し、あらかじめ手を打っていたということであり、家康は十三年後の大坂冬の陣の発生を予期していたか、あるいは秀頼を悪用される危険性も承知のうえで、家康には秀頼母子を大坂城に残置せねばならない理由があったかのいずれかであったということになろう。また、黒田氏のいうように、家康が大坂城を離れることで、茶々（淀）の孤立化が図られたのだから、[422] その効果を狙ったという見方もあり得よう。

そのように考えると、慶長六年（一六〇一）段階の家康は何を目指していたのかという話に戻らざるを得ないが、黒田氏のいう「新政権」[423]の内実が問題となろう。この点について、黒田氏は「家康は、将軍任官を意図するようになっていた。これは明らかに、羽柴政権を解消し、自身を主宰者とする新たな政権樹立のためであった。すでに家康は、諸大名に対して主人として存在し、朝廷との関係や諸外国との関係を執り行い、事実上の「天下人」として存在していた。将軍任官は、家康を名目的にも「天下人」とする装置であり、これにより、名実ともに「天下人」としての地位を確立させるためのものであることは、誰の目にも明らかであったに違いない」とするのだが[424]、ならば慶長六年(一六〇一)の段階で将軍に任官しなければならなかったはずであるし、そこでの将軍職は名目的なものに過ぎなくなっている。この黒田説でも、やはり将軍任官が慶長八年(一六〇三)であることの意味は不明となるし、次に問題となることは、当時の家康について黒田氏が「諸大名に対して主人として存在し」[425]ていると捉えたことの意味である。というのも、先行研究は、当時の家康の領知宛行権の不充分な点を指摘しており、とくに領知宛行状を発給できていないことを問題視してきたからである[426]。

この点について黒田氏は、福田千鶴氏の説に依拠しながら[427]、「大名たちにとって、領知を与えてくれたのは家康である、という認識がもたらされていた。決して秀頼からのものとは認識されなかった。合戦の結果、家康が諸大名に対する領知宛行権を掌握したのは、確かなことと考えられる」とし、「慶長七年（一六〇二）からは、家康による領知宛行状（中略）もみられるようになっていく」としているから、[428]通説への疑義が下敷きとなっていることは明らかである。

徳川家康の領知宛行権

近年、水野伍貴氏によって「慶長五年十月から慶長七年末の二年間に亘る国割を、時期を区別することなく」論ずる傾向への批判がなされ、新たな理解も提示されている。[429]すなわち、当初は年寄衆・奉行衆の消滅によって「家康権力の統治機構が未成熟であったがゆえに、石高を基準とする宛行には限界があ」り、「織豊系大名による貢献の比重」の大きさから、「統治機構の未成熟を承知の上で、早急に国割をおこなわざるをえなかった」が、「慶長六年正月からは領知目録が交付されるようになり、領知配分の基準も国郡から石高へと移行してい」き、「国割をおこなうに当たって十分な統治機構が整ったのは、慶長六年以降」で、「豊臣恩顧の諸将にとって領知配分・給付の主体は豊臣秀頼であり、家康の名をもって領知宛行状を発給することはできなかった」ことから、「伊奈忠次ら奉行による領知目録をもって領知配分がおこなわれた」とし、その「領知目録に「重而御朱印申請可進候」の文言を組み入れることで、領知配分・給付の主体は家康であると示唆する布石も打」ち、「慶長七年九月には諸侯に対して印判状による領知宛行が確認できるようになる」との見通しが示されている[430]。

研究史的には、家康の領知宛行権の行使のありようの評価に際し、秀頼の存在の位置づけが焦点となってきたことがわかり、家康が秀頼の存在を意識しなければならなかった点については合意が得られているものといえよう。たしかに次の「慶長五年九月十六日付藤堂高虎宛黒田如水書状」が示すように[431]、

一、井兵少（井伊直政）仰せ談ぜられ、甲斐守（黒田長政）ニ備前中（宇喜多秀家）跡を遣わされ候様ニ御取り成し頼み申し候

一、加主計（加藤清正）・拙者（黒田如水）事ハ今度切り取り候間、内府様（徳川家康）御取り成しを以て（豊臣）秀頼様ゟ《より》拝領仕り候様ニ井兵仰せ談ぜられ御肝煎り頼み存じ候、数年御等閑無きはこの節ニ候

一、甲斐守ニハ兎角上方にて御知行遣わされ、拙者と別家、内府様へ御奉公申す様ニ御

　　才覚頼み申し候

黒田如水が自らの九州での戦功や黒田長政の関ヶ原・山中の戦いでの功労を前提として、藤堂高虎に家康とその周辺への領知宛行に関する周旋を依頼した際、如水は秀頼による領知宛行を家康が取り成すという関係で捉えていたことがわかる。如水としては家康に露骨な要望と見られぬよう、謙譲の気持ちを表したつもりなのかもしれないが、このことが家康によい印象を与えたかどうかは別儀であり、実際には中野等氏によると黒田家の要望は通らず、かえって九州で如水が先行して進めた論功行賞を咎められる始末であった。[432]

　そもそも如水が高虎に対しても、このような時のために交誼を結んできたのだと告げていること自体、礼節としてどうなのかとは思われ、それだけ如水は前のめりであったのだろうが、建前を述べるわりには、聞き手の気持ちを慮らない身勝手な部分も感じられる。如水の書きぶりをあまり一般化して捉えないほうがよいのではないかということが私見である。

　いっぽう、福田氏や黒田氏が引くように、[433]「慶長五年十一月六日付松井興長宛細川忠隆書状」が「仍って　内府様（徳川家康）ヨリ越中（細川忠興）ニ、豊前一国・豊後二郡下され候由候、思ひの外遠国事候」と記していることは、[434]慶長五年（一六〇〇）段階の細川家が家康からの領知宛行をうけたと認識していたことを示す重要な例である。この細川忠興への領知宛行は、次の「寛永九年十一月二十日付細川忠利宛細川三斎書状」にあるように、[435]

一、権現様（徳川家康）より、豊前一国、豊後の内拝領申し候時、御書出少しもこれ無く
　候、我等（細川三斎）ニ限らず何れもその分にて候つる、（以下略）

領知宛行状のないまま行われたと回想されているものである。他家に対しても同様であったとされているものについては、次の山内一豊に対する土佐国の領知宛行に関する山内家の回顧でも確認できる。[436]

その上、同年（慶長五年）榊原式部大輔（康政）を以て右の段々　御感ニ　思し召さる
の旨、仰せ出され、土佐国拝領仕り候、但し　御判物は頂戴仕らず候

このような領知宛行状のない宛行がどのように行われたのかについては、「寛永九年十一月二十日付細川忠利宛細川三斎書状」に次のような興味深い説明がなされている。[437]

> 一、三十萬石下さると御奉行衆の言葉ばかりニて、村付などの儀ハ念もこれ無く候つる、その子細ハ、昨日も申し候如く、（黒田）如水申し様にて二萬石不足にて下され候を、我々（細川忠興）才覚申し、（黒田）如水の状を取り、佐渡殿（本多正信）・相模殿（大久保忠隣）迄上げ候てから、（豊後国）速見郡の内にて二萬石下され候、これにて、村付などの儀なきハよくしれたる事にて候事、

黒田家の旧領を含む豊前国[438]と豊後国二郡で三十万石が与えられるとのことであったものの、口頭での伝達のみで村付けがなく、しかも旧領主の如水の誤申告のせいで二万石が不足という状況であったが、あとで細川忠興が如水の書状を取り寄せて二万石の不足を証明し、豊後国速見郡で二万石を追給されたとある。

権力行使の限界ではなく強化

これらを家康の領知宛行権の限界のためと見るかどうかについて、通説は限界と捉え、福田氏や黒田氏は必ずしもそのようには理解しないという相違があるように思われる。このよ

うな宛行とならざるを得ない背景があることを指摘した水野氏の研究もふまえると、後世の観点からは不完全なように見える慶長五年（一六〇〇）から慶長六年（一六〇一）にかけての口頭あるいは領知目録による領知宛行が、実効性のあるものとして諸大名に受け容れられていること自体を重視すべきなのかもしれない。

家康による領知宛行の口頭での意思伝達のみで、大名が新たな領知へ向かい、そこでの支配を開始したのだから、これはある意味で最強の権力行使のありようとも捉えられるのである。家康の意思の所在こそが根拠なのであり、そこに秀頼の存在をうかがわせる表示はなく、もはや家康の権力は慶長五年（一六〇〇）から慶長六年（一六〇一）にかけても充分に発動できているということであろう。

この権力を背景として家康は、藤井讓治氏のいうように「関ヶ原の戦い後、東海道諸国に領知を持っていた豊臣系大名たち」を「中国・四国などへ加封」し、「その跡には主に関東にいた一族・譜代大名を加増転封し、江戸と京都を結ぶ東海道をほぼ掌握した」のである。(439)

これら東海道の城々は、そもそも家康が小田原攻めの際に秀吉から転封を命じられて以後、いったんは織田信雄に与えられることになったものの、信雄が拒んで改易されたため、豊臣系大名に与えられた経緯があり、(440)家康は慶長五年（一六〇〇）から慶長六年（一六〇一）

にかけて天正十八年（一五九〇）以前の状況へと復すことに成功したことになる。

このように見てくると、たとえ会津攻めや薩摩攻めの有無に不透明感があったとはいえ、慶長六年（一六〇一）段階の家康の権力の行使のありように何らかの不足があるとは思われず、実質的には政宗も述べていたように「いかようの事仰せ出され候とも、もちろん御意に背かるべからず候」[441]という状況は成立していたのであった。

だとすれば、黒田氏のいうような将軍任官の噂があったとしても、少なくとも慶長六年（一六〇一）段階の家康に急ぎ黒田氏が「名目的にも「天下人」とする装置」[442]と捉える限りにおいての将軍職が望まれる状況ではなかったと思われるのであり、また事実、将軍任官はさらに後なのだから、家康が秀頼母子を大坂城に残したまま伏見城へ移動したことは、将軍職の問題とは切り離して考える必要があるように思われる。

豊臣秀頼母子を大坂城に残置した理由

それでは、なぜ家康は大坂城に秀頼母子を残したまま伏見城へと移ったのであろうか。私は、黒田氏による、茶々（淀）の孤立化を図り、彼女への圧力を高めた効果の指摘[443]は卓見と思うし、家康にそれらの意図はあったと思う。したがって、今度は、なぜ家康は彼女への圧力を高めねばならなかったのかということを考える必要があるのではなかろうか。

その意味で私は、本書でも検討したように、まず前田利家に対する秀吉の遺言「大坂の城名城にて候間、上様（豊臣秀吉）御他界の後、十日過ぎ候はゞ、大坂へ御供申し、十五になり候はゞ、大坂を御出でこれある様にと、仰せ置かれ候」[444]、さらに家康に対する秀吉の遺言「（豊臣）秀頼公御幼少の儀ニ候間、（徳川）家康様御親ニ頼み思し召され候、随分御介抱遊ばされ、秀頼御成長の上、十五歳より廿歳迄の内、天下をも知ろし食さるべき御器量ニ候ハヽ、天下を返シ遣わさるべく候、今日より天下の儀　家康様へ御渡し成され候」[445]をそれぞれふまえなければ、大坂城をめぐる家康の措置は理解できないのではないかと考えている。

すなわち、前述のように、文禄二年（一五九三）生まれの秀頼の十五歳とは、満年齢ならば慶長十三年（一六〇八）、数え年ならば慶長十二年（一六〇七）にあたる。少なくとも秀頼は秀吉の遺命によって慶長十二年（一六〇七）か慶長十三年（一六〇八）までは大坂城に在城していなければならなかった。

また、生前の秀吉は家康に、秀頼が十五歳から二十歳になるまでの間、天下を治める器量があると見込んだならば、秀頼に天下を返してほしいと述べていた。この場合、家康が秀頼の器量を見極めるための期間は、数え年・満年齢でそれぞれ計算すると、慶長十二年（一六〇七）・慶長十三年（一六〇八）から慶長十七年（一六一二）・慶長十八年（一六一三）までの間である。これらの数字と期間は、当時の関係者を拘束していたと考えるほうが自然なのではないか。従来の研究では、このような観点は全くなかったが、これらの数字と期間をふまえると、この後の家康の行動も全て読み解くことができるのである。

その検討は後述するとして、ここでは、秀吉の遺言が秀頼母子と家康を拘束していたとすると、家康は自発的に秀頼母子が大坂城を出てくれることを期待したはずであるし、そう期待するしかなかった、ということを指摘しておきたい。そのため、茶々（淀）への圧力となる行動が必要となり、それが家康の大坂城から伏見城への移動となったものであろう。政宗も述べていたように、秀頼を大坂城に置いておくことは危険であった。そして、いつまでも要衝の大坂城が掌握できないことは、将来の家康とその子孫たちの政治的選択肢を狭めることも確実である。しかし、家康の期待は、なかなか実現しなかった。家康にとっては、秀吉に設定された秀頼の能力を見極めるための期間と自らの寿命との競争が始まっていたのであった。

第四節　徳川家康の征夷大将軍任退官

敵対大名の相次ぐ服属

そのような中、家康にとっての将軍職とは、どのような意味を持ったのであろうか。将軍だからといって、秀頼母子を服従させられたわけではないことは、歴史的に明らかである。この点についても、従来とは異なる考察が必要とされているのではなかろうか。

従来と異なる観点ということでは、黒田氏が福田氏に影響されて慶長六年（一六〇一）段階の将軍任官の噂にこだわってしまった結果、実は同氏の行っている重要な指摘のほうが看過されていることを注意喚起しておきたい。

すなわち、関ヶ原・山中の戦い後、黒田氏は「家康と敵対関係にあった大名たちは、上杉景勝が慶長六年八月、佐竹義宣は翌七年三月、島津忠恒は同七年十二月に、ようやく家康に出頭した。これにより、合戦時からの戦時態勢は完全に終息をみることになり、家康による全大名の統合が果たされることになる。そして、これをうけて、慶長八年二月十二日に、家康は征夷大将軍に任官し、自身を主宰者とする新たな徳川政権を樹立させるのである」とし、[446]「島津忠恒が家康に出仕し、列島すべての大名が家康に服属することになると、その直後に、家康もしくは秀忠が将軍に、秀頼が関白になるとの噂が出てくることになる。公家衆たちは、島津服属により、徳川家が将軍に任官することの障害は完全に除かれたと考えたらしい」と指摘しているのである。[447]

黒田氏のいう当時の噂とは、『義演准后日記』の慶長七年十二月晦日条に留められた文殊院から聞かされたという「（豊臣）秀頼卿関白宣下の事仰せ出さる云々、珎重々々、江戸大納言（徳川秀忠）ハ将軍宣下云々」[448]という情報、そして「慶長八年正月十日付仁保元氏宛毛利輝元書状」に「こゝもと無事候、内府様（徳川家康）将軍ニ成らせられ、（豊臣）秀頼様関白ニ御成の由候、目出たき御事に候」[449]とある情報のことである。[450]本書で指摘しておきたいことは、敵対大名の消滅と家康の将軍任官との符合を明言している研究者が黒田基樹氏であるということと、この符合は偶然ではないであろうということである。

源氏長者打診の先行と拒絶

しかし、いっぽう、黒田氏をはじめとする先行研究も指摘しているように、[451]これに先立つ慶長七年（一六〇二）二月十九日に山科言経は後陽成天皇から「源氏長者の事、内府（徳川家康）へ申すべきの由」を命じられている。[452]翌日に伏見城へ出向いたという言経は「禁中（後陽成天皇）ヨリ仰せ出さる源氏長者の事申すところニ、当年（慶長七年）ハ慎みの間、固辞の由申し入るべきの由也」という家康とのやりとりを日記に記しているが、[453]家康が「当年（慶長七年）ハ慎みの間」との理由で「固辞」したことをどのように理解するのか、またなぜ天皇は源氏長者を先に打診したのかを考える必要はあろう。

　黒田氏は「源氏長者就任は、いうまでもなく将軍任官に等しい行為であった。家康の辞退の背景に何があったのかはわからないが、いまだ島津忠恒との和睦が成立していない状況であったことからすると、「天下一統」が遂げられていなかったためかもしれない」と推論しているが、[454]天皇は源氏長者と将軍職とを同一視していたわけではないであろう。むしろ、当時の情勢を観察した結果、将軍職を提示していないことのほうに意味があると思われるし、また藤井譲治氏が指摘しているように、慶長七年（一六〇二）正月六日に再興された除目で家康を叙従一位、秀頼を叙正二位としてそれぞれ昇進させていること、それらは家康の奏請を経ていないことも関連しているように思われる。[455]

　また、福田千鶴氏は、すでに秀頼が慶長四年（一五九九）に豊氏長者として官位執奏をしていたのではないかと推定しているが、[456] 天皇が家康と秀頼の身位に関心を寄せる中で、官位叙任での傾向と同様、家康の身位を秀頼のそれと連動させることを徹底しようとして源氏長者を打診した可能性はあろう。

しかし、それはおそらく敵対大名との関係の決着を見込んで、近い将来の将軍任官を視野に入れていた家康の必要とすることではなかったであろうし、また家康個人の事情から「固辞」という強い表現での辞退となったようである。というのも、従来指摘されていないことだが、山科言経は日記の慶長六年九月二十一日条に「伏見城罷り向かいおわんぬ、内府（徳川家康）ハ出座無し、去るころ亜相（徳川秀忠）子息遠行也云々」と記しているからである。[457] 秀忠の子とは誰なのか、比定が難しいが、徳川家での不幸から一年を経ていないことが家康の身位をめぐる政治日程に影響を及ぼしていたことも考えられよう。

徳川家康の征夷大将軍任官

したがって、その徳川家の喪が明けた慶長七年（一六〇二）十月以降、島津家との関係を見通すことができるようになったことも重なり、徳川家康の将軍任官の動きは加速したものと思われる。藤井氏は慶長八年（一六〇三）正月二十一日に天皇が将軍補任の内意を伝達し

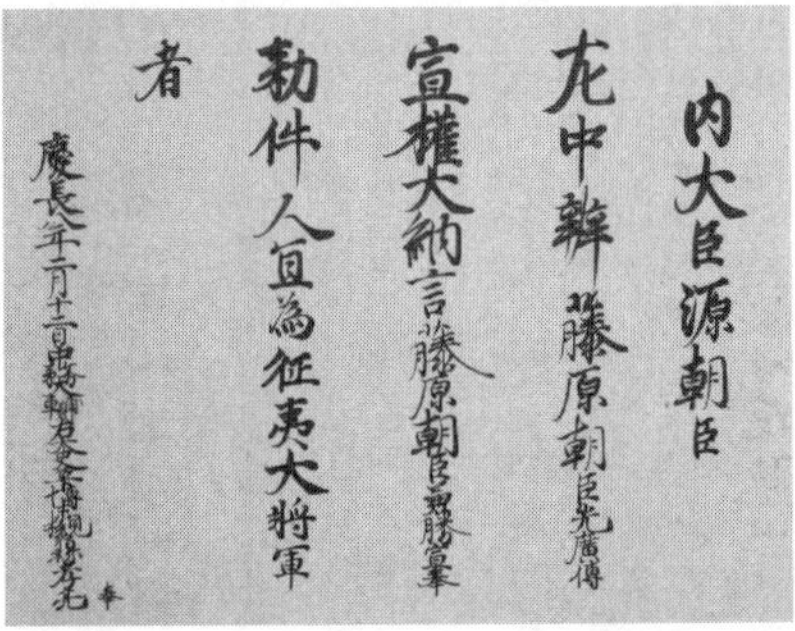
内大臣源朝臣
左中辨藤原朝臣光廣傳
宣權大納言藤原朝臣兼勝奉
勅件人宜為征夷大將軍
者
慶長八年二月十二日[illegible]奉

「徳川家康征夷大将軍宣旨」（日光東照宮所蔵）

たと述べており、[458]『当代記』巻三の慶長八年正月条が「伏見出仕の儀、（慶長八年正月）元日はまず（豊臣）秀頼公へ出仕あるべきの由、（慶長七年十二月）三十日に内府公（徳川家康）仰せある間、夜中に上方大名衆大坂へ下着、朔出仕あり、元日未申刻伏見帰着、翌（慶長八年正月）二日内府公（徳川家康）へ出仕なり」と慌ただしい様子を伝えているから、[459]慶長七年（一六〇二）の年末から慶長八年（一六〇三）の年始にかけて将軍任官を視野に入れた折衝が行われたと考えてよかろう。そして、慶長八年（一六〇三）二月十二日、家康は伏見城で将軍宣下の儀式に臨んだのである。[460]

それでは、なぜ家康は将軍に任官せねばならなかったのか。この点の考察が最大の難所であろう。そもそも家康は会津攻めの段階で源頼朝の行動をなぞろうとしていたと思われるのだから、その時点で家康が将軍職を視野に入れていた可能性のあることは前述した。そして、関ヶ原・山中の戦い後、大坂城に入城し、また大坂城から伏見城へ移る際にも家康が将軍に就任するのではないかとの観測が流れた。しかし、そのような動きは実際にはなかったし、関ヶ原・山中の戦い後、家康の権力の行使のありようにも不都合や不足はないように思われた。

当初の家康の構想は不明だが、会津攻めが中断となった段階で、将軍任官をめぐる家康の工程と目的は変更を余儀なくされたのではないかと私は推定している。家康は留守中の有事を想定していたし、実際に鳥居元忠や京極高次らに密事を託していたが、おそらく家康の想定を遥かに上回る範囲と速度で政治的変革は進んだのではないか。だとすると、家康が対処すべき課題も当然変化するはずであるし、それに伴って、将軍任官は不要とはならないまでも、将軍任官によって果たされる政治目的も変わるということを後世の私たちも織り込んでおかねばならないだろう。

徳川秀忠の征夷大将軍任官への布石

そのような観点に立って考察してみると、家康の将軍在任期間は極めて短いことに気づく。慶長八年（一六〇三）二月十二日から起算したとしても、慶長十年（一六〇五）四月十六日には徳川秀忠が将軍に任官しているから[461]、在任期間は約二年二ヶ月である。しかも、秀忠

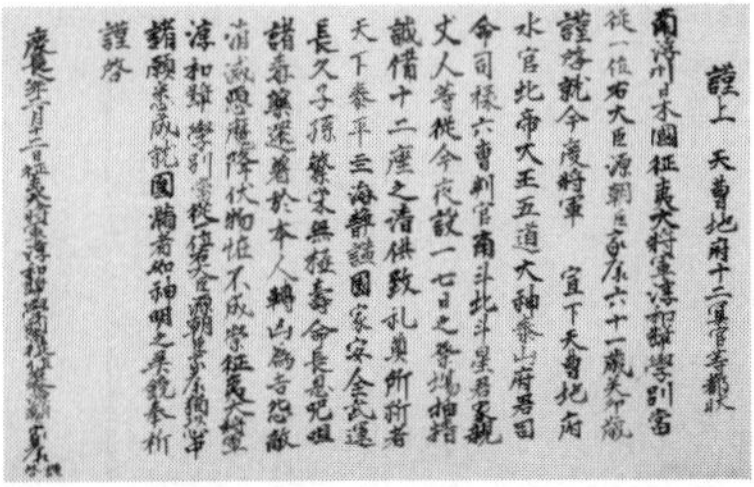

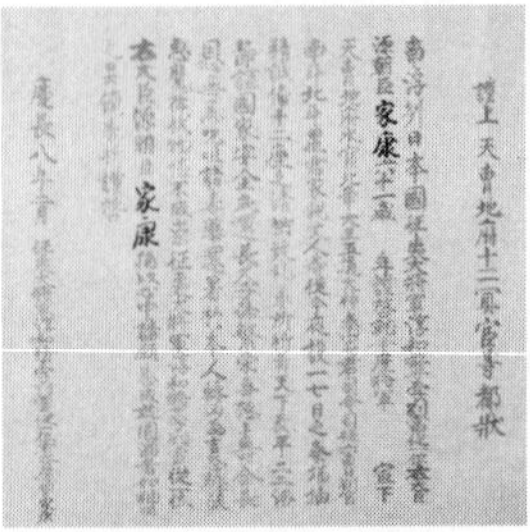

「徳川家康天曹地府祭都状」（宮内庁書陵部所蔵）3種類

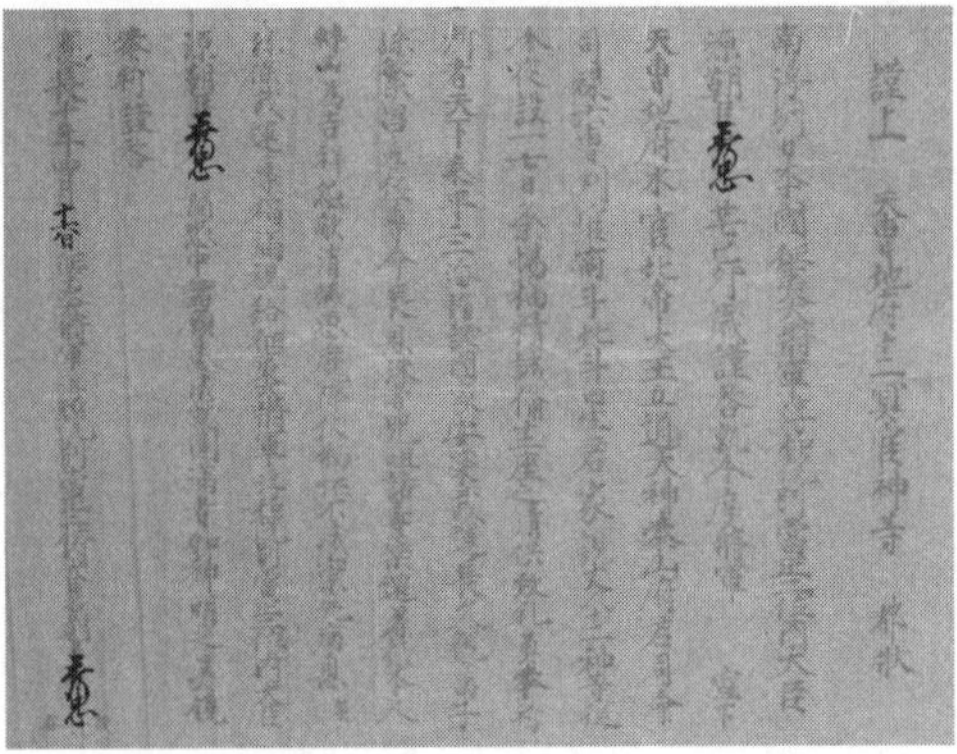

「徳川秀忠天曹地府祭都状」（公益財団法人徳川記念財団所蔵）

の将軍任官を視野に入れた動きは、例えば、秀忠の任右近衛大将を目指した動きが任官日である慶長八年（一六〇三）十一月八日[462]以前には確認できる。西笑承兌の書状案には[463]、

一、左大将・右大将の両宣旨外記持参候、左右の内御意次第ニ宣旨進ぜらるべきの由仰せニ候、右府様（徳川家康）へ成りとも御意を得らるべく候、御定め然るべく候や、

とあり、勅使らは左大将と右大将の両様の宣旨を持参しており、家康の意向次第でどちらかを選ぶことができるように取り計らわれていたことがわかる。すなわち、秀忠を右近衛大将とすることは家康の意思なのであり、それは「前右大将家」と称される源頼朝[464]を意識したものに他ならず[465]、秀忠の将軍任官に向けた動きが早くも家康の将軍任官の約八、九ヶ月後には始まっていたことを意味する。

そして、実際に秀忠の将軍任官のための上洛について、「慶長九年十月七日付茂庭綱元宛伊達政宗書状」によれば[466]、

一、来（慶長十年）二月ハ大将様（徳川秀忠）御くらひ（位）、しやうくん（将軍）に

ならせられへきため、御上洛御用意にて候、御さんたい（参内）など成され候ハヽ、
奥州・くハんとう（関東）し□□つちかため（辻固め）など仰せ付けらるべきの由、
御内々にて候、

とあり、政宗には内々に秀忠の将軍任官のための上洛の日程が慶長九年（一六〇四）十月までに伝えられ、警固が命じられているから、家康の将軍任官から約一年七ヶ月余で秀忠の将軍任官は定まっていたことがわかる。

このように急いで上洛の準備をした理由は、政宗が同書状中で「とかく上かたしゅ（上方衆）にハ、内々御ぎしん（疑心）と見え、このごろ別して我等（伊達政宗）など□たのもしく思し召し候かとおもひあたり候事ども候」[467]と説明しているように、上方衆の動向に不安要素があったからだと思われる。

関東の支配者としての征夷大将軍

本書は、秀頼に仕えていた太田牛一が自らの著作で将軍秀忠のことを指して「一代の元老、無双の重臣」と記すいっぽう[468]、「関東の将軍」[469]とも記していたことに注意を促したが、その

限りにおいて秀頼らが秀忠の存在を承認し得たのだとすると、『当代記』巻三の慶長十年五月条が伝える次の内容[470]もかなり真相に近いのかもしれない。

（慶長十年五月）七八日頃、大坂下民荷物運送し、人の心相定まらず、これはこの頃（豊臣）秀頼公伏見へ上り給い、その上上洛し給いもっともの由、右府（徳川）家康公内存あり、この旨京都の大政所（北政所）より、これは太閤（豊臣秀吉）の北の政所なり、大坂よろしき処に、秀頼公母台（淀）是非ともその儀これあるまじ、もし達してその儀においては、秀頼公を生害せしめ、その身も自害あるべきの由頻りに宣べる間、これを聞き下民周章斜めならず、秀頼公伏見へ上り給う事勿体なきの由、上方大名共の中より、大坂へ内通あるの由云々、これにより秀頼公上洛延引なり、

すなわち、秀忠の将軍任官の直後、家康は秀頼の伏見城登城と上洛を北政所経由で求めたところ、淀の強硬な反対に遭い、上方の情勢も不安定になったとある。すでに秀忠は、『当代記』巻三の慶長八年七月二十八日条が「同（慶長八年）七月廿八日、大坂（豊臣）秀頼へ将軍（徳川家康）孫女（千）祝言なり、これは将軍息大納言（徳川）秀忠公息女なり、伏見

より船にて大坂へ移らる、年七歳、秀頼十一歳、常の十三四ばかりの頃なり」と記すように(471)、千を通じての秀頼の岳父であったから、秀頼が挨拶をすること自体は奇異なことでもなかったであろうが、それが不可能な情勢であったということである。

ここで確認しておくべきことは、家康は自らが将軍職に長く留まることは予定しておらず、むしろ秀忠に将軍職を譲るために将軍に任官したのではないかということである。

しかしながら、秀忠の将軍任官は、政治情勢の安定化には寄与しておらず、むしろ秀頼らからは関東の支配の範疇で理解し得る性格のものであった可能性が高い。おそらくいまだ豊臣家の主観的観点からは、徳川家が生前の秀吉によって関東の無事を任せられたという歴史的経緯が生きており、また秀頼と千との婚儀も秀吉の遺命によるから、実態はどうあれ、豊臣家としては徳川家を故秀吉の意向の延長線上に定置し得る関東の支配者と見ることで辛うじて両家の並立を保っていたのであろう。

第五節　豊臣家の滅亡と征夷大将軍職の再定義

徳川秀忠の器量不足という問題

そして、家康もまた、秀吉の遺命に束縛されていた。少なくとも秀頼が十五歳から二十歳になるまでの間、すなわち慶長十二年（一六〇七）・慶長十三年（一六〇八）から慶長十七年（一六一二）・慶長十八年（一六一三）までの間は秀頼の能力を見定めなければならない。しかし、秀吉の遺言時と異なる点は、家康が関ヶ原・山中の戦いに勝利し、また年寄衆・奉行衆も存在しない点である。このまま家康が権力を行使すること自体は可能であった。けれども、それは自らの存命と慶長十二年（一六〇七）・慶長十三年（一六〇八）から慶長十七年（一六一二）・慶長十八年（一六一三）までの期間が前提としてあってのことであった。その間またはそれよりも前に自らが没した場合にはどのようになるか。家康は思い悩んだのではなかろうか。なぜなら、秀忠には自らの器量を証明する機会がなく、より正確にはその機会は関ヶ原・山中の戦いの折にあったが、遅参という痛恨の出来事で逸してしまっていた。自らの存命中に秀忠の身位を成り立たせ、器量を内外に示すことができるようにしなければならない。そうしなければ、家康の没後は秀頼の天下となるか、または戦乱の世への逆戻りであろう。

かつて笠谷和比古氏は、これに近い考えを述べたことがあった。すなわち、二重公儀体制の終焉の問題として大坂冬の陣・夏の陣を論ずる中で、二重公儀体制は慶長十六年（一六一一）の二条城における家康と秀頼との会見までは家康にとって「満足のいくものであった」が、[472]「他ならぬ家康が、自身の死ということを念慮した場合」に二重公儀体制では「問題の解決にはなっていないことに想い至らざるをえなくなる」としたのである。[473] すなわち、秀忠にとって「関ヶ原合戦という天下分け目の一戦に遅参したということは拭い難い失点となっていた」が、「家康同様の服従を豊臣系大名たちに期待することは無理な話ではあ」り、「秀忠への服従よりも、成人なった秀頼との主従関係を強める方向に進んでいくことは不可避であったろう」という見通しである。[474] これは卓見であると思うが、笠谷氏が家康の考えの変化と、問題の所在に気づいた時期をいつ頃と想定しているかが気にかかる。

この点について、笠谷氏は別の著作で「二条城会見後に発生した最大の政治的事件」として加藤清正の死を挙げ、浅野幸長・池田輝政・前田利長の死もあわせて列記し、「秀頼と豊臣家にとっての打撃」としたうえで、「慶長十六年の二条城会見から同十九年の大坂の陣勃発にいたる四ヵ年」を想定しているようである。[475]

いっぽう、私の想定は笠谷説とは異なり、もっと早くから家康は問題の所在に気づいていたのではないかというものである。実際、家康は秀忠の将軍任官を急いでおり、たしかに前述のように秀忠が家康を経ずに将軍となるらしいとの噂が立ったこともあったが、家康は自らの官職の秀忠への委譲を朝廷に奏請する方法を採ることで秀忠を確実に将軍とした。しかし、それは秀忠の器量の不足もあってか、家康と同等の将軍というわけにはいかなかった。秀頼らからは「関東の将軍」としてのみ認知されるという状況であった。それでも家康が自らの将軍任退官と秀忠の将軍任官にこだわった理由は何か。

かつて池上裕子《いけがみひろこ》氏は大御所となった家康の役割について「家康は形式的には安堵状・宛行状の発給をまず秀忠に行わせ、その後に自分が出すという形をとるのを基本とし、将軍への忠勤をあわせて命じた。したがって秀忠の担う将軍権力がなお武家の棟梁として、また全国政権として未熟であり、家康という人格が前将軍という経歴およびそれまでに個々の大名との間に培ってきた人格的結びつきを前面に出して、将軍権力を補完しなければならなかったという政治情況が二元政治を必要としたと考えられる。それは秀吉の政権継承の失敗に学んだものであろうし、忍耐強く慎重な家康の性格によるものでもあろう」と述べたが、[476] これほど的確な指摘は他にないであろう。

そのうえで付加すべきことがあるとすれば、大御所となった当初の家康の思いは池上氏の指摘に尽くされていると思うが、秀吉の遺命に基づく秀頼の年齢をふまえた慶長十二年（一六〇七）・慶長十三年（一六〇八）から慶長十七年（一六一二）・慶長十八年（一六一三）までの期間が刻一刻と近づき、また消化されてくる段階となると、また異なる要素が加味されるようになるのではないかと私は推定している。

徳川家康自身の寿命との競争

すなわち、家康は、笠谷氏の想定よりも早くから自身の死を意識していたと思われるのである。例えば、『当代記』巻三の慶長七年六月十日条には次のようにある。(477)

同月（慶長七年六月）十日頃、南都《なんと》蘭麝台《らんじやたい》（待）、内府公（徳川家康）より使いを以て見せなさる、同勅使遣わさる、此頃かの蘭麝台（待）を切られたき由、頻りに内存あるといえども、是を切りぬれは、余命こいねがわざるの由云い伝えによって止めらるる也、蘭麝台（待）と云うはをふらんと云う沈香なり、蘭麝台（待）と云うはこれなき事を云

うならはしたり、をうらんに並て紅塵と云う沈香これあり、これいずれも勅封蔵にあり、

家康が正倉院宝物の蘭麝待に関心を示し、これを切り取ろうとしたが、切ると余命が短くなるとの言い伝えを知り、止めたという。『当代記』では慶長十二年（一六〇七）から次第に家康の病に関する記述のほか、松平忠吉や結城秀康の病没の記事も現れ、家康が死を意識せざるを得ない局面が増えてくる。[478]『当代記』巻五の慶長十四年三月条では「この頃駿府大御所（徳川家康）不例、脈一度足らず、その上目霞み給うと云々」と家康の病状の悪化が記され、[479]同じく慶長十五年三月五日条には、[480]

（慶長十五年三月）五日、将軍（徳川秀忠）駿府御立ち、江戸へ下向なり、大御所（徳川家康）より曰う、右兵衛主（徳川義直）・常陸主（徳川頼宣）儀頼み思い給う間、大御所逝去後、別して引き立てらるべき由なり、将軍哀れに思い給うか、その日路次中落涙迄なり、

とあるように、家康は自身の死後の子息たちの行く末を案じて秀忠に取り立てを頼んでいる。

それを聴いた秀忠は江戸へと戻る道中で涙したという。このように慶長十五年（一六一〇）までの家康は、自身の生命がいつまで持つのかという問題に向き合わざるを得なくなっており、だから次の『当代記』巻五の慶長十五年四月条が記すように[481]、家康は滋養によく、長命になると聞けば、オットセイをも取り寄せて食そうとしたのである。

> 当月（慶長十五年四月）上旬頃、エゾの松前（慶広）駿府江戸へ出仕、大御所（徳川家康）曰く、カイクジン海狗腎と云う魚調進すべし、この魚を食すれは長命なりと云う、この魚むかふに鰭あり、身に毛あり、長さ一尺横五寸と云々、ヲツトセイとも云うなりと云々、

したがって、家康は、まさに秀吉の遺命によって設定された、秀頼の能力を見極めるための慶長十二年（一六〇七）・慶長十三年（一六〇八）から慶長十七年（一六一二）・慶長十八年（一六一三）までという期間において、自らの寿命との競争を強いられていたのである。

このような観点に立てば、家康が慶長十一年（一六〇六）には翌年に駿府城を在所とすることを定めたり[482]、『当代記』巻四の慶長十二年条において[483]、

この春（慶長十二年）、伏見の城中にありける金銀段子金襴以下諸財宝共、速やかに駿州へ下さる、これにより近習の侍、内々家畳以下迄駿府へ運送の間、京童嘲笑斜めならず、京童に限らず、心ある人不思議の仕置きの由風聞なりと云々、

と伝えられていることの背景も理解ができるのではなかろうか。研究史的にいわゆる「大坂包囲網」として理解される慶長九年（一六〇四）から慶長十五年（一六一〇）にかけての諸城の普請・修築は[484]、かつての伊達政宗からの進言の影響のほどは不明ながら、家康が自身の健康状態をふまえ、自らの死も意識して、東国と西国との間で東国としての幾重もの防衛戦を構築し、秀忠を守るために考え抜かれた政策であったと思われるのである。

徳川家康の最終的決断

このような中、笠谷氏の注目した加藤清正らの相次ぐ死が訪れるのである。『当代記』巻八の慶長十八年八月二十五日条は次のように伝えている[485]。

（慶長十八年八月）二十五日、紀伊国主浅野紀伊守左京大夫（幸長）事死去、近年唐瘡煩い以外養生のため、今年（慶長十八年）夏中在京、去る頃紀伊へ下国、近年養生油断なかりしかとも、終に以てかくのごとし、去々年（慶長十六年）加藤肥後守（清正）、浅野弾正（長政）、今年（慶長十八年）池田三左衛門尉（輝政）、大久保石見（長安）死したりしこと、ひとえに好色の故、虚の病と云々、右の浅紀も五年以前の酉年、葛城と云う遊女を買い取り、当春また無右衛門尉と云う傾城を買い取りて召し置き慰められけるか、果たして早世、遺跡男なし、紀伊国誰人拝領あるべきやと人口あり、

これによれば、慶長十六年（一六一一）から慶長十八年（一六一三）にかけて加藤清正らは相次いで性病などに罹患して没したようであるが、これらの出来事が秀頼の能力を見極めるための期間として設定された慶長十二年（一六〇七）・慶長十三年（一六〇八）から慶長十七年（一六一二）・慶長十八年（一六一三）までの間に起こったことは、家康にいかなる決断をさせたであろうか。

明らかなことは、福田千鶴氏が指摘するように、慶長十九年（一六一四）の「九月上旬に諸大名が豊臣方に寝返ることのないよう、周到に大坂出陣に向けての態勢づくりがなされ

て」おり、「西国大名に一斉に起請文を書かせ」るとともに、[486]「黒田長政のような豊臣系大名に対しては、その交流関係が洗い出され、繰り返し起請文を提出させ」て「加藤嘉明・黒田長政・福島正則ら豊臣系大名は江戸に残留させられた」ということである。[487]

福田氏によれば、「方広寺大仏殿をめぐって家康が大坂方に異議を唱え始めるのに相前後して、江戸では黒田長政の交流関係を洗い出し、起請文をもって徳川将軍家への忠勤を誓約させて」おり、「この経緯は、徳川方が大名に対して個別に圧力をかけて交流関係を調査し、大坂方に付く可能性のある人物を味方に付ける戦略を展開するなかで、戦争の口実をつかむための鐘銘事件を起こしたことを意味している」という。[488]

家康は、豊臣秀吉恩顧の大名の相次ぐ病死という偶然の好機を捉え、秀吉の遺命によって設定された秀頼の能力の見極め期間も経過した慶長十九年（一六一四）に行動を起こした。自らの存命中に秀頼の天下人としての将来を消し去り、名実ともに全国的支配を可能とする官職として征夷大将軍職を再定義する決断をしたのである。その方法は、やはり戦しかなかったのであろうか。

興奮する徳川家康と焦る徳川秀忠

家康と秀忠が当初から秀頼の殺害までを望んでいたかどうかは不明だが、次の「慶長十九年十月二日付藤堂高虎宛本多正純書状」は、秀頼の問題について決着を図ることのできることに異様な興奮を見せる家康の姿を伝えている[489]。

大御所様(徳川家康)今度の仕合わせお(を)御きゝ成され、大かたもなく御わかやき(若やぎ)成され候間、御満足たるべく候、方々への御しおき(仕置)一段とはか(捗)まいり、らちのあきたる(埒の明きたる)儀と存じ候、か様の儀、御すきのミちと申し、又ゑさせられ候儀ニ御座候へハ、何もかも恐れながらよきと存ずばかりニ候、尚々、貴殿様(藤堂高虎)早々御越し候て、思し召しの通り、御申し上げ成さるべく候、いずれも〱貴面ニ申し上ぐべく候、又申し候、上様(徳川家康)昨ちと御きあい(気合い)あしく(悪しく)御座候つるか、大さか(大坂)の仕合わせお(を)御きゝ成されてより、すき〱とよく御なり成され候、さて〱きとく(奇特)なる御事と存じ候、(以下略)

家康は少し体調を崩したようだが、戦となるに及んで若やぎ、体調も次第によくなっていったとある。いっぽうの秀忠は、この戦を関ヶ原・山中の戦いでの失敗を挽回するための好機と捉えていたようである。「慶長十九年十月十一日付藤堂高虎宛徳川秀忠書状」によれば、「ここもと仕置きの儀、油断無く候の間、心安かるべく候、すこしもはやく上りたき事にて候」と記した後、「すこしもはやく上りたき事のミにて候」と繰り返すほどの意気込みであり[490]、「慶長十九年十月二十三日付本多正純宛徳川秀忠書状」[491]には、

留守居仕置き等、丈夫申し付け候間、今日（慶長十九年十月）廿三日、神奈河（川）まて出馬仕り候、やかて上着仕るべく候の間、御とりつめ成され候儀、我等（徳川秀忠）まかり着き候まて、御待ち成され下され候様申し上ぐべく候、誠に自由成る申し上げ様にて候へとも、この時にて候間、よくよく然るべき様申し上ぐべく候、

とあるように、自分が到着するまで開戦せぬよう懇願するのである。よほど関ヶ原・山中の戦いへの遅参がこたえているのであろう。大軍を率いているために速度の遅い秀忠勢はなかなか戦地に辿り着くことができず、秀忠の苛立ちは極限に達していた。次の「慶長十九年十

月二十四日付本多正純宛徳川秀忠書状」によれば[492]、

早々出馬仕るべきの旨、仰せ下され候の趣、忝く存じ奉り候、路次由断（油断）無く参るべく候へとも、大軍を召しつれ候はば、おそく（遅く）御座有るべしと存じ、迷惑仕り候、奥州・関東の人数、段々に仕置き申し付け候の間、人数の義は、跡より参り次第に仕り、早々参りたく候、それまで御とりつめ成《不脱カ》され候て下され候様、申し上ぐべく候、

とあり、秀忠は正純に軍勢はあとから付いて来させてでも、自身のみ先行したいとの思いを述べ、くれぐれも開戦を待ってくれるよう再度懇願している。同じような焦りの心情は「慶長十九年十月二十八日付藤堂高虎宛徳川秀忠書状」にも「路次中飛び立つ程におもひ候へども、大軍を召し連れ候ゆえ、はか（捗）ゆき候ハて迷惑せしめ候、餘りに遅々候間、人数を段々に申し付け、跡より成り次第にせしめていそき候事候」とあり、「大坂御取りつめ候事、御待ち成され下され候様ニ申し上ぐべく候、この度の事候間、ぜひともその方（藤堂高虎）を頼み候也」と大坂冬の陣にかける秀忠の必死の形相が目に浮かぶようである[493]。

徳川秀忠の戦功を重視する徳川家康

大坂冬の陣では、『駿府記《すんぷき》』の慶長十九年十二月十七日条にあるように、後水尾天皇による和平調停の提案を謝絶するほどであったが、[494]かといって徹底的な攻城戦を行うわけでもなく、次の『駿府記』の慶長十九年十二月五日条によれば、[495]

> 岡山より将軍家（徳川秀忠）御使いとして土井《どい》大炊助（利勝《としかつ》）参上、申して曰く、城中より御和睦の儀申し上ぐるの由聞こし召す、尤も大御所（徳川家康）御下知のほかこれあるまじきと雖も、漸く日本諸軍勢この所に馳せ参ず、しかるところこれほどの城郭、何ぞ攻め落とさざるか、和平後難いかん、近々日限を定め、攻め入らしめ給うべきの由言上、仰せて曰く、尤も大樹（徳川秀忠）御憤慨その理あると雖も、小敵を見て侮るべからずと云々、その上戦わずして勝つは良将と謂う事あり、御下知に随い給うべきの旨再三仰せ含めらる、大炊助（土井利勝）岡山に帰参、右の仰せの通り申し上ぐ、幕下（徳川秀忠）仰せて曰く、大御所文武の道、天下無双大将たると雖も、この度の儀、何ぞ忽緒し給う事奇怪の由、御気色不快、時に本多佐渡守（正信）御前に候て曰く、御憤

り御尤もたると雖も、先ず大御所御下知随わしめ給うにしかるべき由達して申し上ぐと云々、

秀忠は大坂城からの和議の申し入れを考慮しようとする家康に城攻めを進言するものの、家康は戦わずして勝つ方法を考えることが良将だと秀忠を嗜《たしな》めており、そのような家康の反応に秀忠は納得のいかぬ様子であった。

結局、周知のように大坂夏の陣を戦うことにはなるのだが、このような家康の反応や次の『駿府記』(496)の慶長二十年五月七日条をふまえると、家康は秀頼の殺害までは考えていなかったようである。

未の刻迄挑戦の処、関東勢少敗北の処、幕府（徳川秀忠）自ら麾を執らせしめ進ませしめ給う、御圉人これを取り留む、しかると雖も左右を払い勇み給う、これにより諸軍勇み進み、又越前少将殿（松平忠直）手より、大野修理（治長）宅放火、その火二の丸に移るに就き、本丸残らず焼亡す、都合敵二万余討ち捕らえらる、未の刻大御所（徳川家康）茶臼山、幕下（徳川秀忠）御同所渡御、幕下仰せて曰く、諸軍潔く仕るの由仰せ上

げらる、大御所仰せて曰く、幕下比類無き御手柄の由甚だ御感悦、御感涙流せしめ給う、それにより幕下岡山還御、同申の刻、城中より大野修理郎従米村権右衛門使いとして茶臼山に参る、本多上野介（正純）、後藤少三郎（光次）を以て訴え申して云う、諸牢人残らず討ち死に、今日姫君（千）城中出でしめ給う、岡山に御座る、（豊臣）秀頼ならびに御母儀（淀）、そのほか女中数輩、大野修理母子（治長・大蔵卿局）、速水甲斐守（守久）、そのほか山里帯くるわ（曲輪）二間五間の庫に取り籠もり給う由、秀頼ならびに御母儀命御助けにおいては、修理（大野治長）を始めおのおの切腹仕るべき由、則ち上野介（本多正純）披露の処、御赦免あるべし、幕下問わしむべきの旨仰せらると雖も、黄昏に及び右の使者、後藤少三郎（光次）に召し預けらると云々、

もちろん家康は秀頼の天下人としての芽を摘むことは決意していたと思われるが、ここでいわれていることは、むしろ大坂夏の陣の終盤に徳川勢が大坂方に押され、将軍秀忠自らが陣頭に立って指揮を執った際に、家康が感涙にむせんだという話である。家康にとっては秀忠の器量を示す場として大坂の両陣が何としても必要であり、秀頼の敗北が決定的となれば、秀頼に対する秀忠の優位は動かず、天下人としての秀忠は安泰となるから、家康は秀頼の殺

害までは要さないと判断していたものと思われる。だから、「御赦免あるべし、幕下（徳川秀忠）問わしむべきの旨仰せらる」と発言したのであろう。

徳川秀忠による豊臣秀頼切腹の処断

ところが、秀頼と淀らの身柄の取り扱いをめぐって、家康は一命を助けようとしたものの、次の「慶長二十年五月十四日付福原広俊他宛毛利秀元書状」によれば、秀忠が強硬に反対し、秀忠の意思によって切腹と決まったようである。[497]

一、（豊臣）秀頼様・御袋様（淀）、御城ノ内やけ残りのところニ御かくれ候て御座候ヲ、（慶長二十年五月）八日の朝片桐市正（且元）見付けられ、注進申し上げ候ニ付、伊井掃部（井伊直孝）・酒井左衛門（家次）御撿使ニ遣わされ、御腹召され候、大野修理（治長）・同息信濃（治徳）・早水甲斐（速水守久）・竹田永應（永翁）その外廿四五人同所ニて相果てられ候、もちろん御袋様御同前候、御女房衆も数多これ在る由候、秀頼様・御袋様をハ御一命助け申され候様ニと大修り（大野治長）申し上げられ、大御所様（徳川家康）ハ将軍様（徳川秀忠）次第と御意成され候、将軍様御意ニハ、はや一度ならぬ事、早々腹ヲきらせ候へのよし御意として、（慶長二十年五月）八日ノひるすきニ御腹成され候、残る所無き次第ニ候

秀忠の言葉は「はや一度ならぬ事、早々腹ヲきらせ候へ」というもので、これまで何度も国替などによる家名存続の機会はあったにもかかわらず、拒否を繰り返して戦にまでなってしまった責任を問うたものと思われる。秀吉の遺命によって秀頼の能力の見極めを頼まれていた家康ではなく、秀忠が処断したところに、やはり家康は最後まで秀吉の遺命を気にし、自らは手を下せなかったのではないかと思われてならない。切腹であるから自刃であり、岳父の将軍秀忠が義息を直接手にかけて討ち取らずに済んだことがせめてもの救いであった。「慶長二十年五月七日付細川忠利宛細川忠興書状写」には「大坂御城殿守も、申ノ下刻、火懸り申し候、残らず御果て成され候、一時の内ニ天下太平ニ成り候事」とある[498]。慶長二十年（一六一五）五月二十三日、秀頼の遺児国松が発見されて斬首され[499]、豊臣家は名実ともに滅亡となった。

おわりに

元和二年（一六一六）正月二十一日に家康は発病するが[500]、それと前後して奥州で伊達政宗に不穏な動きがあるとの情報が駆け巡った[501]。真偽の程は不明だが、政宗は家康と対抗し得る最後の実力者と目されていたのであろう。

その政宗は「元和二年三月五日付茂庭綱元宛伊達政宗書状」で家康の病状などを次のように報じている[502]。

一、大御所様（徳川家康）御機合い、御気色何ともながびき（長引き）候て、御笑止候、その上薬師衆の煎じ薬なと一二貼あかり候ても、何とやらん、御胸ニつかい、きゝさうもなき（効きそうもなき）と仰せられ、そのまま置かせられ、又してハ御手合わせのきつき御薬を折々参り候間、薬師衆も御養生何とも仕りにくき由物語り候、その上御灸なと成され候て然るべき様子ニ候へども、惣別やいとう（灸）御きらい（嫌い）ニて候間、中々申し出る者もこれ無く候、（片山）宗哲先度御薬の事ニ御ためぞくの儀つよく申され候へハ、御意ニかゝり、今に御前へ出でられず候、さりながら御城ニは日夜相詰め候、右の分ニ候間、将軍様（徳川秀忠）も御養生の御異見なと仰せ上げられ候事、中々成らず候、その外は推量候へく候、

一、昼は奥へ御咄衆二三人のたかい（互い）召し候て、日々御咄成され候、漸く四十二三日ニ成り候が、余り御気色は御よわり成されず候、さりながら日ましニ御食これ無く候間、ただただ大事と各申す事ニて候、

家康の亡くなる約一ヶ月半前の状況だが、医者の処方する薬を少し服用しては胸に支えるだとか、効きそうにもないなどといって止めてしまい、自身で調合したきつい薬を服用するから、治りが悪くなっていたようである。灸が効きそうな症状であったようだが、灸を好まなかったらしく、灸を据えることもままならなかったらしい。自己判断で薬の服用を止めたりすることを注意した医者は御前から遠ざけられる始末で、将軍秀忠でさえ養生の仕方に関する異見を言上することもできないとのことであった。なかなか厄介な患者である。家康は、

御咄衆との会話を楽しんでいたようで、見た目はそれほど弱ったようには見えないが、食は細くなっていたようである。

かつて秀吉が「内府（徳川家康）久々りちき（律儀）なる儀」と評したように[503]、家康は年寄衆・奉行衆との間での起請文を破ることがあったものの、秀吉の遺言は忠実に守り、家康にとっての重要な政治的行動の時期は全て秀吉の遺言と照らし合わせて決定されていた。そのような姿勢が諸大名からの信望をつなぎとめ、また決定的な失敗と批判を回避してきた要因であろう。

いっぽう、このある意味で投げやりとも見える家康の闘病の様子は、秀吉の遺言によって設定された政治的日程と自身の余命との競争に明け暮れた結果の、達成感と諦観のなせる業であろうか。

それでも家康は、最期まで政治への意欲を失ってはいなかったようである。政宗は元和二年四月三日付で茂庭綱元に宛てたと思われる書状で[504]、元和二年（一六一六）三月晦日に家康と二人だけで話をした様子を報じている。

一、去る月（元和二年三月）晦日吾等（伊達政宗）一人御ソハチカク（傍近く）召し候て御直談、種々忝き　御意ども、殊に以来とも　将軍様（徳川秀忠）への御奉公の次第、御意見ヲモ憚り無く申し上げ、万事御指し引き候事モ任せ置かれ候由、様々御諚候、翌日（元和二年四月）朔日又　公方様（徳川秀忠）御前へ召し寄せられ、種々忝き　御諚ども、行く末迄、心安き様子ども候、江戸に於いて隙明け候はば、やがてそこもとへ下向候て、万々申し聞かすべく候、まず親類衆・一族衆などへもあらまし申し候て、よろこばせ申すべく候、

この期に及んで政宗らしく、将軍秀忠との関係のあり方などについて憚りなく意見を述べたといい、家康から後事を託されたとある。その後は秀忠とも話をし、いろいろと有り難い言葉があったという。

秀頼の処遇をめぐって、早くから事の本質を見抜いて重要な進言をしていた政宗のことだから、家康が最晩年まで心配していた秀忠と竹千代（徳川家光）・国松（徳川忠長）との関係をめぐる後継者問題[505]のことなどを話したのかもしれない。詳細が伝わらぬことは残念である。

土佐国山内家の家臣が家康の病を見舞った際に得た情報を国元に伝えた「元和二年三月二

十二日付生駒木工宛東覚左衛門書状」は、家康の刻々と変化する容態、日々の食事に関する記述の後、元和二年（一六一六）三月十七日のことと思われる家康と秀忠とのやりとりを次のように記録している[506]。

一、将軍様（徳川秀忠）御そばへよばせられ（傍へ呼ばせられ）候て、御意ニハ、とかくこの御わつらい（患い）にて御はて（果て）なされ候ハんとおほしめし（思し召し）候、かやうニゆる〱とてんか（天下）御わたし（渡し）成され候事、ひとゑニ（偏に）御まんそく（満足）ニおほしめし（思し召し）候、あとにおほしめし（思し召し）御のこし（残し）候事なく候、さりなから、ひやうへさま（兵衛様、のちの義直）・ひたちさま（常陸様、のちの頼宣）・おつるさま（御鶴様、のちの頼房）御そばにおかせられ候て、ちいさき（小さき）御子様かた御ふびん（不憫）ニおほしめし（思し召し）候間、なにやふ（何様）ニも御いけん（異見）なされ、御めをかけ（目を掛け）させられ御つかい（使い）なされ候へ、これのミ御たのミ（頼み）なさるゝよし（由）御申し成され候て、又おゝい殿（土井利勝）・同つしま殿（安藤重信）御めし（召し）なされ、両人のものども（者共）御たのミ（頼み）

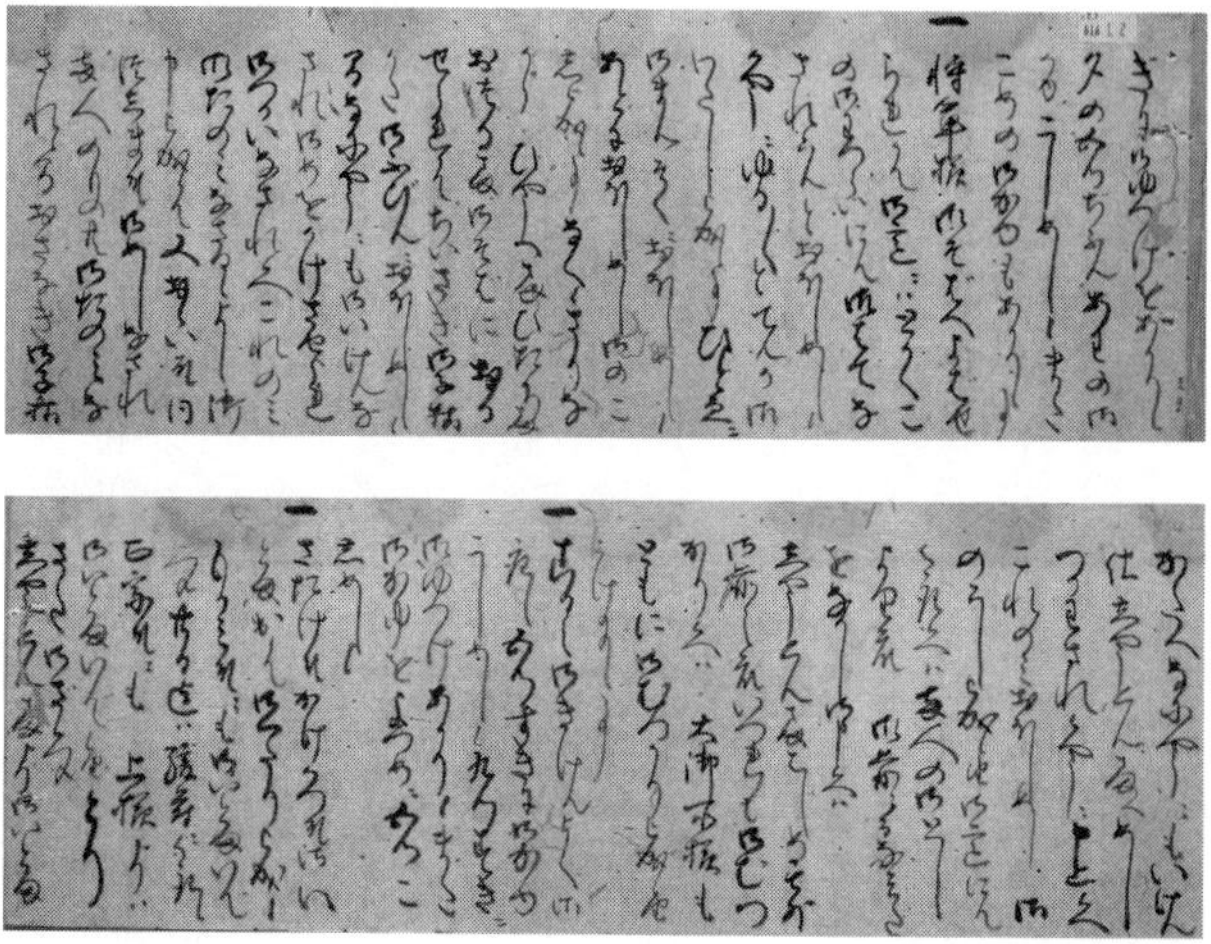

「東覚左衛門披露状（元和二年三月二二日付）」（高知県立高知城歴史博物館所蔵）

なされ候間、おさなき（幼き）御子様かた（方）へなにやうニもいけん（何様にも異見）仕り、しやうくんさま（将軍様、徳川秀忠）へめしつかわされ（召し使わされ）候やうニ申し上げ候へ、これのミおほしめし（思し召し）御のこし（残し）成され候由、御意にて御座候へハ、両人の御としより（年寄）衆御前ニてなミたをながし（涙を流し）御申し候へハ、（平出）しやうくんさま（将軍様、徳川秀忠）はしめ（始め）その外御前の衆いつれも（何れも）御むつかり候へハ、　大御所様（徳川家康）もともに御むつかり成され候由、うけ給わり候事

これによると、家康は秀忠を近くに呼び、この病状ではこのまま死ぬであろうが、このようにゆっくりと天下を渡すことができることに満足しており、思い残すことはないと述べたという。そして、そうではありながら、のちの義直・頼宣・頼房がまだ幼いので案じられるとし、秀忠から異見をして目をかけてやってほしいと頼んでいる。そのことのみが願いであると述べた後、土井利勝・安藤重信を召し出し、彼らにも幼子たちの行く末を頼んでいる。家康の最期の願いを聴いた秀忠と利勝・重信は皆涙を流し、家康もまた泣いたという。

『当代記』巻五の慶長十五年三月五日条も、家康が義直と頼宣のことを秀忠に託したと記

していたが[507]、家康は義直と頼宣の二人については再度秀忠に同じ願いをしたことになる。家康は、秀忠の兄弟や子息に対する接し方に何らかの不安を感じていたのであろうか。

常に先々を読み、将来的に生起するであろう様々なことに備え、対処してきた家康が、この二週間後に政宗と直談したことは前述した。そのことからも、この時点での家康に将来的な外敵からの攻撃や転覆の企てへの心配が全くなかったわけではないであろう。

しかし、家康が秀忠に「かやうニゆる〳〵とてんか（天下）御わたし（渡し）成され候事、ひとゑニ（偏に）御まんそく（満足）ニおほしめし（思し召し）候」と述べたいっぽう、弟たちの取り立てと補導を繰り返し求めたことから推すと、最期に家康は、外敵からの脅威というより、内部からの崩壊、すなわち自身の死後の子孫たちによる争いのほうを予期してしまったのかもしれない。

その真相はわからないが、秀忠と年寄衆に何度も念を押すほど、家康は家門・一門・譜代の結束が徳川将軍家の永続に不可欠であると最期に伝えたかったのであろう。この家康の予見が正しかったことは、幕末維新期に徳川将軍家を支えられなかった三家をはじめとする家門・一門・譜代の面々の行動を想起すれば明らかである。

このような予感のもと、家康はこの遺言と同日の元和二年（一六一六）三月十七日、駿府城に登城した武家伝奏に太政大臣への任官を望んでいる。[508] 急ぎ武家伝奏の使者が上洛し、折り返し三月二十五日に太政大臣の宣旨がもたらされ、三月二十七日に宣旨は家康に披露された。[509] 家康は、病を押して三月二十九日の公家衆の饗応後にも烏帽子・直垂の姿で出座して公家衆と対面している。[510]

これにより、家康は太政大臣従一位として、故秀吉の生前の官位に並んだ。おそらく最期に家康は、秀吉との序列をなくす必要性に気づき、また秀吉没後の神格化の例にもあらためて思いを致したのであろう。家康は、最後の力を振り絞り、自身の不在のもとで生起するかもしれない家中の不穏な動きに対し、今度は神となって対処しようとしたのではなかろうか。そのことが、子孫と国家の守護を果たすべく自己神格化を企図し、久能山での埋葬と三年の祭祀をのちの頼宣らに任せ、日光山への改葬とそこでの祭祀を天海に命じた元和二年（一六一六）四月七日の遺言へとつながっていくものと思われる。[511] その遺言が義直と頼宣の各家に伝わった背景には、ここで見たような家康の最期の思念があったのであろう。

元和二年（一六一六）四月十七日の巳刻（午前十一時頃）、家康は駿府城本丸において享年七十五歳で亡くなった。[512] 駿府に滞在していた公家衆の一人山科言緒《ときお》の証言によれば、葬礼はなく、家康は烏帽子と狩衣を身に着けていたという。[513] 家康の病没を京都で伏見城からの一報として聞いた義演は、「去年のこのごろハ大坂陣也、夢の如し」と述懐している。[514] たしかに大坂夏の陣の終結から一年を経ていない中での死であった。大坂冬の陣に臨んで若やいだともいわれていた家康は、ここに自らの使命を果たし、力尽きたのである。

あとがき

徳川家康ほどの人物となると、これまでに実に多くの研究者が言及しており、論著は膨大な数にのぼる。執筆に際しての準備は、これまでの私の経験上、最も大変であった。先行研究において、いつ、誰が、何を、どのように、なぜ主張しているのかを追跡すること自体は、研究の前に必ず行う作業だが、対象となる論著の数があまりにも多かったのである。それらのうち、どの業績をふまえ、そこからいかなる論点を導き出すのかの判断も、とても難しかった。本来採り上げて然るべき論著が抜け落ちている恐れはあるが、私としては全力を尽くしたつもりではあるので、不足の点はご寛恕《かんじょ》願いたい。

そのうえで、率直な私の気持ちを述べるならば、本書は、いろいろな意味で、従来の徳川家康の評伝と相当異なる内容になっていると思う。新書であるので、一般書なのだが、私は学術専門書としても執筆した。すなわち、一般読者・研究者双方の読書に耐え得るものを目指した。したがって、本書の内容等についてはご批判もあろうかとは思うが、ぜひご批正をお願いしたいし、本書をふまえた新たな議論の展開を期待したい。

なぜこのようなことを述べるのかといえば、前述の準備過程において、あまりにも従来の家康の評伝が定式化しているように思えたからである。ほとんどの書籍の叙述は編年体で、家康の人生をそのままの時間経過で描いていくから、どの書籍も物事への言及の仕方がほぼ同じなのである。また、用いられる図表なども半ば定型化しており、再掲する意味があるのかと悩むこともしばしばであった。その分、著者ごとの主張の比較は行いやすかったが、主張の根拠となる史料の名称が記されている場合はまだましで、大半は一般書だからという理由で史料の引用がなく、典拠名も示されぬまま叙述が進行し、主張の当否を判断しかねることは一度や二度ではなかった。先行研究の取り扱い方についても、その都度の典拠は史料と同じくあまり示されず、ある書籍の言及する論著に辿り着いて再読してみると、書籍の執筆者によって誤読・誤解・曲解がなされていることも多かった。準備作業が大変であったことの一因は、根拠と思われる史料や先行研究を探索し、特定して再読・再評価のうえ、入力しなければならなかったことにある。この準備作業などは、妻の助力がなければ完遂できなかった。ここに深い謝意を表したい。

ところで、従来のような発表・出版の仕方を繰り返していると、当座の知識を得るためのみならばまだしも、日本史上の最重要人物の一人について、永きにわたっての批判・検証に耐え得る評伝はいつまで経っても現れないであろう。そして、次世代の研究者や読者が次の新たな段階の思考を始めようにも、その前に一からの調べなおしの作業を強要することになるから、彼らの貴重な時間を奪うことにもなってしまう。

したがって、私は、本書の執筆にあたり、まず史料の根拠を示し、それを極力引用して叙述することにした。使用する史料は、一次史料か、またはそれに近いものに限った。史料や写真の引用・掲載をご許可くださった関係機関に厚く御礼を申し上げる。また、本書では、なるべく論文と同じように、誰の、どの主張に基づいて自らの思考を展開させたのかを註記するようにも努めた。先行研究の論著は、読者が入手しやすく、また各著者の最新の、または詳細な見解が反映されていると思われるものを示すように心がけた。

これらは、読者からは煩雑・難解と見えてしまうかもしれない。しかし、私は良質の歴史書を作成するためには必須と考えたので、時間はかかってしまったが、敢えて煩をいとわず、そのように執筆した。新書としては異例であろうし、ために分厚くなり、また思わぬ私事も重なって締切日を大幅に超過してしまったが、それらをご海容くださった光文社新書編集部に心から感謝申し上げたい。

また、本書では、なぜ私が家康の評伝を執筆するのかという目的を明確化させ、その目的を達成するための叙述の順番を試行錯誤し、今回の形に落ち着いた。家康の評伝ならば言及されて然るべき家康の前半生には言及していない。それは、すでに膨大な先行研究があり、それらに私が付加できることはないからである。むしろ、家康の評伝としては、研究史上も後半生が重要と考えたわけだが、その後半生についても先行研究は膨大である。しかし、それらの近年の傾向は、むしろ家康の限界が指摘される傾向にあり、彼の成し遂げたことの偉大さとの関係がかえって不明確となっている点は、本書冒頭でも指摘した通りである。私は、歴史家の一人として、戦乱の世に終止符を打った家康の偉大さの一端を読者にご理解いただきたい一心にて本書を執筆した。家康の偉大さは、私ども後世の人間のこれからの歩みにも資することがあると考えたからである。

結果として、本書では、家康の洞察力・思考力・判断力、そして自らの行動の正当性の淵源としての節度を示すこととなり、またその節度ある思考の際には常に歴史的な思考がとられていたことも見た。すなわち、家康は、源頼朝の営為や歴史上の先例を範・鑑とし、また自身が仕えた豊臣秀吉の失策をふまえつつ、秀吉の遺言とそれによって構築された制度を違えることなく可能な限りふまえ、そこからいかに脱却するかを慎重に検討していた。家康の行動には常に歴史的思考をふまえた根拠と見通し・見なおしがあり、それらに基づいた洞察が伴っていたから、ぶれがなかった。大坂方からの批判はあったが、彼らも多くの過ちを犯していたし、大坂方にも私心や保身はあった。もちろん家康にもあったであろう。しかし、石田三成らと家康とを比較した場合、どのように考えても家康のほうがふまえるべきことをふまえて行動し、行動の際には時節の到来を待ち、その時点において可能な限り先手を読み、広範な目配りをしてから動いていた。これらは、誰にでもできることではない。当時の名のある大名たちも、それらを目の当たりにし、家康にはかなわないと思ったから、家康方に付いたのであろう。この際、家康の偉大さについては、素直に認めるべきである。

洞察とは、言うは易く、行うは難い行為の典型である。政治家も国民も、これができれば、いま日本国の直面している大半の難題は解決に向かうかもしれない。しかし、それは実際にはなかなか難しいのである。例えば、日本近現代史に偉大な足跡を残した渋沢敬三について、渋沢雅英氏は評伝で次のような話を記している[515]。

> 昭和六年、(渋沢)栄一がなくなったときのことである。谷中の墓地に埋葬をすませた父(渋沢敬三)は、故人(渋沢栄一)が歩んできた波瀾万丈の運命を考えて、自分(渋

沢敬三）たち以後の世代は二度とふたたびこのような驚天動地の体験はすることはないだろう。有難いことだ、としみじみ感じたそうである。

雅英氏の述べるように「ところがそれから十年後には、日本はすでに対米戦争に突入していた」のであり、「世界歴史のペースは、父（渋沢敬三）の想像よりもずっと早く、その振幅もきわめて大きくなっていたのである」が、雅英氏は「運命も大きく変転した」最晩年の敬三について「「考えてみると夢のようだ。驚いたものだねェ。」と病床で昔をかえりみながら、父（渋沢敬三）は感に堪えたような言い方をした」と回想している。[516]

この評伝を読んだ時、私はなかなか理解が難しかった。すなわち、昭和六年（一九三一）といえば、すでに当時の大日本帝国の国際的立場は厳しく、また国内の政情を見ても戦争は目前といわねばならない情勢であったはずだからである。渋沢敬三ほどの人物がそのことに気づいていないはずはなく、なぜ前引のような谷中墓地での感懐となるのか、すぐには理解できなかったのである。

渋沢敬三は戦後の亡くなる直前のテレビインタビューで「イヤ、もう大嫌い、私はもう政治家は出来ません」と発言し、政治は「趣味に合わんですね」とも述べているから、[517]政治家として見られることや活動することは不本意であったと思われるし、敬三の所感を政治家のそれとして論評することは適切ではなかろう。しかし、渋沢敬三ほどの人物でも、前述のような人生観・歴史観を吐露していたとするなら、それはその時代に生きる者にとって、先々の洞察がいかに困難なことであるのかを如実に示してもいると私には思われるのである。

　そのテレビインタビューの行われた昭和三十八年（一九六三）当時の日本経済への評価とその将来を問われた敬三は、「どうも、私なんざ言っちゃ甚だ口幅ったい事ですけれども、オーケストラがね。中々いいんですよ、日本のは」と述べた後、「コンダクターがいないんですよ」と苦言を呈したうえで、「もう少し、そこん所はオーケストラ式に、上手にハーモニーをね――時々、不協和音はあっても構わない――それは構いませんけれど、上手に大きなテーマでね――誰か纏めて欲しいと本当に思います」[518]と全体を見渡して導く指揮者の到来を念願していた。

　これは、六十年を経た現在にも怖いほどに当てはまる箴言《しんげん》と思う。そのような今だからこそ、我が国には、政治・経済・軍事・歴史に確固たる識見を有し、それらに基づく深い洞察力を備えた徳川家康のような傑出した指揮者の出現が切に求められているのである。

令和五年（二〇二三）六月十一日

野村　玄

参考文献

朝尾直弘『大系日本の歴史⑧　天下一統』（小学館、一九九三年）
朝尾直弘『朝尾直弘著作集　第三巻　将軍権力の創出』（岩波書店、二〇〇四年）
跡部信「文禄・慶長の役における秀吉の目標と対外認識」（『日本史研究』第七二六号、二〇二三年二月）
穴井綾香「慶長十四年丹波篠山城普請の意義」（『日本歴史』第六七二号、二〇〇四年五月）
穴井綾香「慶長十四年大船没収令の伝達過程」（『古文書研究』第六八号、二〇一〇年一月）
池上裕子『日本の歴史15　織豊政権と江戸幕府』（講談社・講談社学術文庫、二〇〇九年）
磯部佳宗「太田牛一自筆『太田和泉守記』について　蓬左文庫所蔵本の成立過程の一端」（『中京大学文学会論叢』第一号、二〇一五年三月）
岩沢愿彦「秀吉の唐入りに関する文書」（『日本歴史』第一六三号、一九六二年一月）
岩沢愿彦「山城・近江における豊臣氏の蔵入地について」（『歴史学研究』№二八八、一九六四年五月）
岩沢愿彦『前田利家』（吉川弘文館、一九六六年）
岩沢愿彦「本能寺の変拾遺―『日々記』所収『天正十年夏記』について―」（藤木久志編『戦国大名論集　織田政権の研究』吉川弘文館、一九八五年）
遠藤珠紀「徳川家康前半生の叙位任官」（『日本歴史』第八〇三号、二〇一五年四月）

遠藤珠紀「豊臣秀次事件と金銭問題」(『日本歴史』第八六七号、二〇二〇年八月)
大阪城天守閣編『天守閣復興六〇周年記念特別展　豊臣秀吉展』(大阪城天守閣特別事業委員会、一九九一年)
大阪城天守閣編『生誕四〇〇年記念特別展　豊臣秀頼展』(大阪城天守閣特別事業委員会、一九九三年)
大阪城天守閣編『特別展　五大老—豊臣政権の運命を託された男たち—』(大阪城天守閣特別事業委員会、二〇〇三年)
太田浩司編『石田三成—関ヶ原西軍人脈が形成した政治構造—』(宮帯出版社、二〇二二年)
大西泰正『前田利家・利長　創られた「加賀百万石」伝説』(平凡社、二〇一九年)
岡田正人「織田信雄の改易について」(柴裕之編『論集戦国大名と国衆⑳　織田氏一門』岩田書院、二〇一六年)
岡野友彦『源氏と日本国王』(講談社・講談社現代新書、二〇〇三年)
岡野友彦「家康生涯三度の源氏公称・改姓」(二木謙一編『戦国織豊期の社会と儀礼』吉川弘文館、二〇〇六年)
尾下成敏「天正十年代初頭の羽柴秀吉の東国政策をめぐって—秀吉・家康の『惣無事』を中心に—」(『史林』第九二巻第五号、二〇〇九年九月)
小和田哲男「徳川家康の源氏改姓問題再考」(『駒沢大学史学論集』第三五号、二〇〇五年四月)
笠谷和比古『関ヶ原合戦と近世の国制』(思文閣出版、二〇〇〇年)
笠谷和比古『戦争の日本史17　関ヶ原合戦と大坂の陣』(吉川弘文館、二〇〇七年)
笠谷和比古『関ヶ原合戦　家康の戦略と幕藩体制』(講談社・講談社学術文庫、二〇〇八年)
笠谷和比古『ＮＨＫ　カルチャーラジオ　歴史再発見　関ヶ原合戦と直江兼続』(日本放送出版協会、二〇〇九年)

笠谷和比古『徳川家康　われ一人腹を切て、万民を助くべし』（ミネルヴァ書房、二〇一六年）
笠谷和比古『論争　関ヶ原合戦』（新潮社・新潮選書、二〇二二年）
片山正彦『豊臣政権の東国政策と徳川氏』（思文閣出版、二〇一七年）
金子拓『織田信長という歴史　『信長記』の彼方へ』（勉誠出版、二〇〇九年）
金子拓『記憶の歴史学　史料に見る戦国』（講談社・講談社選書メチエ、二〇一一年）
金子拓『織田信長〈天下人〉の実像』（講談社・講談社現代新書、二〇一四年）
川合康『源頼朝　すでに朝の大将軍たるなり』（ミネルヴァ書房、二〇二一年）
河内将芳『大政所と北政所　関白の母や妻の称号はなぜ二人の代名詞になったか』（戎光祥出版、二〇二二年）
河内将芳『秀吉没後の豊臣と徳川　京都・東山大仏の変遷からたどる』（淡交社、二〇二三年）
川田貞夫「徳川家康の関東転封に関する諸問題」（『書陵部紀要』第一四号、一九六二年十月）
北島正元『徳川家康』（中央公論社・中公文庫、一九八三年）
黒田基樹『羽柴家崩壊　茶々と片桐且元の懊悩』（平凡社　二〇一七年）
黒田基樹『徳川家康の最新研究　伝説化された「天下人」の虚像をはぎ取る』（朝日新聞出版・朝日新書、二〇二三年）
黒羽町芭蕉の館編『改訂版　関ヶ原合戦と大関氏―近世大名への転身―』（黒羽町教育委員会、二〇〇四年）
黒羽芭蕉の館平成二十二年度企画展運営委員会編『黒羽芭蕉の館平成二十二年度企画展図録　黒羽藩主大関家文書の世界』（大田原市黒羽芭蕉の館、二〇一〇年）

桑田忠親『豊太閤伝記物語の研究』（中文館書店、一九四〇年）
小池絵千花「関ヶ原合戦の布陣地に関する考察」（『地方史研究』第四一一号〈第七十一巻第三号〉、二〇二一年六月）
高台寺掌美術館編『平成二十六年秋の特別展　九州に残った豊臣氏　豊後国・日出藩主木下家と北政所』（高台寺掌美術館、二〇一四年）
斎木一馬・林亮勝・橋本政宣校訂『寛永諸家系圖傳』第一～第十五・索引一・索引二（続群書類従完成会、一九八〇～一九九七年）
佐賀県立名護屋城博物館編『佐賀県立名護屋城博物館・韓国国立晋州博物館学術交流記念　特別企画展　秀吉と文禄・慶長の役』（佐賀県芸術文化育成基金、二〇〇七年）
櫻井陽子「頼朝の征夷大将軍任官をめぐって―『三槐荒涼抜書要』の翻刻と紹介―」（『明月記研究　記録と文学』九号、二〇〇四年十二月）
山陽新聞社編『ねねと木下家文書』（山陽新聞社、一九八二年）
柴裕之『徳川家康　境界の領主から天下人へ』（平凡社　二〇一七年）
柴裕之「織田信雄の改易と出家」（『日本歴史』第八五九号、二〇一九年十二月）
柴裕之『シリーズ・織豊大名の研究　第一〇巻　徳川家康』（戎光祥出版、二〇二二年）
渋沢敬三先生景仰録編集委員会編『渋沢敬三先生景仰録』（学校法人東洋大学、一九六五年）
渋沢雅英『父・渋沢敬三』（実業之日本社、一九六六年）

下村周太郎「「将軍」と「大将軍」—源頼朝の征夷大将軍任官とその周辺—」（『歴史評論』No.六九八、二〇〇八年六月）
下村信博「松平忠吉と関ヶ原の戦い」（名古屋市博物館『研究紀要』第三四巻、二〇一一年三月）
下村信博「関ヶ原の戦いにおける東海道方面東軍諸将の動向」（名古屋市博物館『研究紀要』第三六巻、二〇一三年三月）
白峰旬『日本近世城郭史の研究』（校倉書房、一九九八年）
白峰旬『豊臣の城・徳川の城　戦争・政治と城郭』（校倉書房、二〇〇三年）
白峰旬「小山評定は歴史的事実なのか（その１）—拙論に対する本多隆成氏の御批判に接して—」（『別府大学紀要』第五五号、二〇一四年二月）
白峰旬「小山評定は歴史的事実なのか（その２）—拙論に対する本多隆成氏の御批判に接して—」（『別府大学大学院紀要』第一六号、二〇一四年三月）
白峰旬「小山評定は歴史的事実なのか（その３）—拙論に対する本多隆成氏の御批判に接して—」（別府大学史学研究会『史学論叢』第四四号、二〇一四年三月）
白峰旬『新解釈　関ヶ原合戦の真実　脚色された天下分け目の戦い』（宮帯出版社、二〇一四年）
白峰旬「豊臣公儀としての石田・毛利連合政権」（別府大学史学研究会『史学論叢』第四六号、二〇一六年三月）
白峰旬「「（慶長五年五月二十六日付）浅野長政宛浅野幸長書状写」について」（別府大学史学研究会『史学論叢』第四九号、二〇一九年三月）

白峰旬『新視点関ヶ原合戦　天下分け目の戦いの通説を覆す』（平凡社、二〇一九年）
白峰旬「『歴代古案』収載の「内府ちかひの条々」について―上杉版「内府ちかひの条々」に関する若干の考察―」（『別府大学アジア歴史文化研究所報』第二二号、二〇二二年二月）
白峰旬「関ヶ原の戦いの陣立書（「大関家文書」）について」（別府大学史学研究会『史学論叢』第五二号、二〇二二年十月）
高木昭作「江戸幕府の成立」（尾藤正英他編『岩波講座日本歴史　九　近世一』岩波書店、一九七五年）
竹井英文「「関東奥両国惣無事」政策の歴史的性格」（『日本史研究』第五七二号、二〇一〇年四月）
竹井英文『織豊政権と東国社会　「惣無事令」論を越えて』（吉川弘文館、二〇一二年）
竹井英文「徳川家康江戸入部の歴史的背景」（『日本史研究』第六二八号、二〇一四年十二月）
竹井英文『列島の戦国史⑦　東日本の統合と織豊政権』（吉川弘文館　二〇二〇年）
谷徹也「秀吉死後の豊臣政権」（『日本史研究』第六一七号、二〇一四年一月）
谷徹也「豊臣政権の算用体制」（『史學雑誌』第一二三編第一二号、二〇一四年十二月）
谷徹也「豊臣政権の訴訟対応―畿内・近国の村落出訴を中心に―」（『史林』第九八号第二号、二〇一五年三月）
谷徹也『シリーズ・織豊大名の研究　第七巻　石田三成』（戎光祥出版、二〇一八年）
東京都江戸東京博物館・京都府京都文化博物館・福岡市博物館・テレビ朝日編『徳川家康没後四〇〇年記念　特別展　大関ヶ原展』（テレビ朝日・ＢＳ朝日・博報堂ＤＹメディアパートナーズ、二〇一五年）

徳川美術館編『徳川家康生誕四五〇年記念　家康の遺産―駿府御分物―』（徳川美術館、一九九二年）

徳川義宣『新修　徳川家康文書の研究』（徳川黎明会、一九八三年）

徳川義宣「徳川家康の遺金と御三家への分与金」（大石慎三郎・徳川義宣編『金鯱叢書　史学美術史論文集』第二十一輯、徳川黎明会、一九九四年）

徳川義宣『新修　徳川家康文書の研究』第二輯（徳川黎明会、二〇〇六年）

とらやホームページ・虎屋文庫「歴史上の人物と和菓子　豊臣秀頼とのし柿」（https://www.toraya-group.co.jp/corporate/bunko/historical-personage/bunko-historical-personage-173、二〇一五年八月十七日）

中野等『豊臣政権の対外侵略と太閤検地』（校倉書房、一九九六年）

中野等『秀吉の軍令と大陸侵攻』（吉川弘文館、二〇〇六年）

中野等『柳川の歴史　筑後国主 田中吉政・忠政』（柳川市、二〇〇七年）

中野等「豊臣政権論」（藤井譲治他編『岩波講座日本歴史　第一〇巻　近世一』岩波書店、二〇一四年）

中野等『石田三成伝』（吉川弘文館、二〇一七年）

中野等「「関ヶ原」合戦と黒田如水」（『日本歴史』第八八三号、二〇二一年十二月）

中村孝也『徳川家康公伝』（東照宮社務所、一九六五年）

中村孝也『徳川家康文書の研究』拾遺集（日本学術振興会、一九七一年）

中村孝也『新訂　徳川家康文書の研究』中巻（日本学術振興会、一九八〇年）

中村孝也『新訂　徳川家康文書の研究』下巻之一（日本学術振興会、一九八〇年）
中村孝也『新訂　徳川家康文書の研究』下巻之二（日本学術振興会、一九八二年）
中村栄孝『日鮮関係史の研究』中（吉川弘文館、一九六九年）
中村博司『大坂城全史─歴史と構造の謎を解く』（筑摩書房・ちくま新書、二〇一八年）
中村博司『豊臣政権の形成過程と大坂城』（和泉書院、二〇一九年）
日本経済新聞（関西）「豊臣秀次の死巡り新史料　「息子を国主に」と秀吉」（https://www.nikkei.com/article/DGXMZO49197120Q9A830C1CR0000/、二〇一九年八月三十日）
日本史史料研究会監修・白峰旬編著『関ヶ原大乱、本当の勝者』（朝日新聞出版・朝日新書、二〇二〇年）
橋本政宣『近世公家社会の研究』（吉川弘文館、二〇〇二年）
原史彦「新出史料「前田利長書状　堀秀治宛」「堀家文書」「徳川秀忠書状　越前宰相（結城秀康）宛」について」（竹内誠・徳川義崇編『金鯱叢書　史学美術史論文集』第三十七輯、徳川黎明会、二〇一一年）
平川新「政宗謀反の噂と徳川家康」（『東北文化研究室紀要』第五十二集、二〇一一年三月）
平野仁也『江戸幕府の歴史編纂事業と創業史』（清文堂出版、二〇二〇年）
福田千鶴『淀殿　われ太閤の妻となりて』（ミネルヴァ書房、二〇〇七年）
福田千鶴『徳川秀忠　江が支えた二代目将軍』（新人物往来社、二〇一一年）
福田千鶴『豊臣秀頼』（吉川弘文館、二〇一四年）

福田千鶴「大坂冬の陣開戦までの西国大名の動向―黒田長政・島津家久を中心に―」（『九州文化史研究所紀要』第五九号、二〇一六年三月）
藤井讓治編『近世前期政治的主要人物の居所と行動』（京都大学人文科学研究所、一九九四年）
藤井讓治『幕藩領主の権力構造』（岩波書店、二〇〇二年）
藤井讓治「慶長十五年・十六年の後陽成天皇宸翰」（京都大学総合博物館編『京都大学総合博物館図録　日記が開く歴史の扉　平安貴族から幕末奇兵隊まで』京都大学総合博物館、二〇〇三年）
藤井讓治『徳川将軍家領知宛行制の研究』（思文閣出版、二〇〇八年）
藤井讓治『日本近世の歴史①　天下人の時代』（吉川弘文館、二〇一一年）
藤井讓治『近世史小論集―古文書と共に―』（思文閣出版、二〇一二年）
藤井讓治『シリーズ日本近世史①　戦国乱世から太平の世へ』（岩波書店・岩波新書、二〇一五年）
藤井讓治『江戸開幕』（講談社・講談社学術文庫、二〇一六年）
藤井讓治編『織豊期主要人物居所集成〔第2版〕』（思文閣出版、二〇一七年）
藤井讓治「家康「忠恕」の印章」（『古文書研究』第八四号、二〇一七年十二月）
藤井讓治『徳川家康』（吉川弘文館、二〇二〇年）
藤井讓治『日本史リブレット人　徳川家康　時々を生き抜いた男』（山川出版社、二〇二一年）
藤井讓治『近世初期政治史研究』（岩波書店、二〇二二年）

藤木久志『豊臣平和令と戦国社会』（東京大学出版会、一九八五年）
藤田達生『日本近世国家成立史の研究』（校倉書房、二〇〇一年）
藤田達生『天下統一論』（塙書房、二〇二一年）
藤田恒春『豊臣秀次』（吉川弘文館、二〇一五年）
二木謙一『徳川家康』（筑摩書房・ちくま新書、一九九八年）
堀越祐一『豊臣政権の権力構造』（吉川弘文館、二〇一六年）
本多隆成「小山評定の再検討」（『織豊期研究』第一四号、二〇一二年十月）
本多隆成『人をあるく　徳川家康と関ヶ原の戦い』（吉川弘文館、二〇一三年）
本多隆成「「小山評定」再論―白峰旬氏のご批判に応える―」（『織豊期研究』第一七号、二〇一五年十月）
本多隆成『定本　徳川家康』（吉川弘文館、二〇二〇年）
本多隆成『徳川家康の決断　桶狭間から関ヶ原、大坂の陣まで10の選択』（中央公論新社・中公新書、二〇二二年）
三鬼清一郎『大御所　徳川家康　幕藩体制はいかに確立したか』（中央公論新社・中公新書、二〇一九年）
水野伍貴『秀吉死後の権力闘争と関ヶ原前夜』（日本史史料研究会企画部、二〇一六年）
水野伍貴「秀吉「遺言体制」の成立と変遷―五大老・五奉行を中心に―（上）」（『十六世紀史論叢』第一四号、二〇二一年三月）
水野伍貴『関ヶ原への道　豊臣秀吉死後の権力闘争』（東京堂出版、二〇二一年）

水野伍貴「秀吉「遺言体制」の成立と変遷―五大老・五奉行を中心に―（下）」（『研究論集　歴史と文化』第七号、二〇二一年六月）

水野伍貴「関ヶ原合戦後の国割に関する一考察」（『十六世紀史論叢』第一六号、二〇二二年三月）

光成準治『毛利輝元　西国の儀任せ置かるの由候』（ミネルヴァ書房、二〇一六年）

光成準治『関ヶ原前夜　西軍大名たちの戦い』（ＫＡＤＯＫＡＷＡ・角川ソフィア文庫、二〇一八年）

光成準治『シリーズ・実像に迫る　九州の関ヶ原』（戎光祥出版、二〇一九年）

光成準治『列島の戦国史⑨　天下人の誕生と戦国の終焉』（吉川弘文館、二〇二〇年）

光成準治『毛利氏の御家騒動　折れた三本の矢』（平凡社、二〇二二年）

矢部健太郎「東国「惣無事」政策の展開と家康・景勝―「私戦」の禁止と「公戦」の遂行―」（『日本史研究』第五〇九号、二〇〇五年一月）

矢部健太郎『敗者の日本史⑫　関ヶ原合戦と石田三成』（吉川弘文館、二〇一四年）

山田貴司『シリーズ・織豊大名の研究　第二巻　加藤清正』（戎光祥出版、二〇一四年）

山本博文『幕藩制の成立と近世の国制』（校倉書房、一九九〇年）

山本博文『島津義弘の賭け』（中央公論新社・中公文庫、二〇〇一年）

山本博文『徳川秀忠』（吉川弘文館、二〇二〇年）

山本博文・堀新・曽根勇二編『消された秀吉の真実　徳川史観を越えて』（柏書房、二〇一一年）

横田冬彦『日本の歴史⑯　天下泰平』（講談社・講談社学術文庫、二〇〇九年）
米沢市上杉博物館編『特別展　上杉景勝』（米沢市上杉博物館、二〇〇六年）
米沢市上杉博物館編『開館一五周年記念特別展　米沢中納言　上杉景勝』（米沢市上杉博物館、二〇一六年）
渡邊大門『関ヶ原合戦全史　1582-1615』（草思社、二〇二一年）
拙著『徳川家光　我等は固よりの将軍に候』（ミネルヴァ書房、二〇一三年）
拙著『天下人の神格化と天皇』（思文閣出版、二〇一五年）
拙著『豊国大明神の誕生　変えられた秀吉の遺言』（平凡社、二〇一八年）
拙著『徳川家康の神格化　新たな遺言の発見』（平凡社、二〇一九年）
拙稿「徳川家康の神格化過程に関する追加的検討」（『大日光』第九〇号、二〇二一年七月）

註

（1）　以下、先学による見解等については、参考文献に示した論著をもとに、適宜要約のうえ大まかな論点に言及する。なお、本書において、先行研究の細部を確認のうえ叙述する必要がある場合には、可能な限り註記する。

（2）　朝尾直弘氏は、豊臣秀吉没後に「残った」「国制の構造」を豊臣体制と称した。朝尾直弘「幕藩制と天皇」（朝尾直弘『朝尾直弘著作集　第三巻　将軍権力の創出』岩波書店、二〇〇四年）二一八頁。

（3）　笠谷和比古『関ヶ原合戦　家康の戦略と幕藩体制』（講談社・講談社学術文庫、二〇〇八年）二三〇頁。

（4）　藤井譲治『江戸開幕』（講談社・講談社学術文庫、二〇一六年）三四頁。

（5）　前掲註（3）笠谷『関ヶ原合戦』二〇二頁〜二〇五頁。

（6）　藤井譲治『徳川将軍家領知宛行制の研究』（思文閣出版、二〇〇八年）七三頁〜七四頁。

（7）　藤井譲治『幕藩領主の権力構造』（岩波書店、二〇〇二年）四八三頁・四八八頁〜四八九頁。藤井氏によれば、「公儀は、こうした二元性が孕む矛盾を覆い隠す」とする（同書四八三頁）。

（8）　『渋沢栄一伝記資料』別巻第七談話三（渋沢青淵記念財団竜門社、一九六九年）二二九頁。

（9）　諸本により、後陽成天皇を指す「禁裏様」は「仙洞」となっているものもある。管見の限り、大和文華館本がそうである。諸本の作成年を推定する際の指標の一つとなろう。

（10）　『お湯殿の上の日記』慶長五年九月二十日条（塙保己一編・太田藤四郎補『続群書類従』補遺三・お湯殿の上の日記（九）、続群書類従完成会、一九五八年、一七三頁）。

(11) 金子拓『織田信長という歴史　『信長記』の彼方へ』(勉誠出版、二〇〇九年)一二〇頁～一二一頁。金子拓『記憶の歴史学　史料に見る戦国』(講談社・講談社選書メチエ、二〇一一年)六七頁～七一頁。

(12) 前掲註(11)金子『織田信長という歴史』一一九頁～一二〇頁。

(13) 『言経卿記』慶長六年十二月七日条(東京大学史料編纂所編『大日本古記録　言経卿記』十一、岩波書店、一九八〇年、一八五頁)。

(14) 『太田和泉守日記』(宮内庁書陵部所蔵謄写本)慶長十年四月十七日条。

(15) 『太田和泉守日記』(宮内庁書陵部所蔵謄写本)慶長十年五月十五日条。

(16) 本多隆成『徳川家康の決断　桶狭間から関ヶ原、大坂の陣まで10の選択』(中央公論新社・中公新書、二〇二二年)二一七頁～二二二頁・二三一頁～二三三頁。

(17) 前掲註(3)笠谷『関ヶ原合戦』一九五頁～二〇五頁。笠谷和比古『徳川家康　われ一人腹を切て、万民を助くべし』(ミネルヴァ書房、二〇一六年)二三五頁～二三九頁。

(18) 前掲註(2)朝尾「幕藩制と天皇」二一八頁。

(19) 姜沆・朴鐘鳴訳注『看羊録　朝鮮儒者の日本抑留記』(平凡社、一九八四年)一四一頁～一四二頁。

(20) 藤井讓治『徳川家康』(吉川弘文館、二〇二〇年)一九七頁。藤井氏は、両名の国元への下向の結果、「五大老の体制は徐々に衰弱し、家康の権限が増大しはじめる」と評価する。

(21) 「前田利長に遣れる書状」(中村孝也『徳川家康文書の研究』拾遺集、日本学術振興会、一九七一年、一二七頁)。

(22) 姜沆・朴鐘鳴訳注『看羊録　朝鮮儒者の日本抑留記』(平凡社、一九八四年)一四〇頁～一四一頁。

(23) 「慶長四年九月二十七日付堀秀治宛前田利長書状」(原史彦「新出史料「前田利長書状　堀秀治宛」「堀家文

書」「徳川秀忠書状　越前宰相（結城秀康）宛」について」、竹内誠・徳川義崇編『金鯱叢書　史学美術論文集』第三十七輯、徳川黎明会、二〇一一年、二頁）。

（２４）本多隆成『人をあるく　徳川家康と関ヶ原の戦い』（吉川弘文館、二〇一三年）八一頁。水野伍貴『秀吉死後の権力闘争と関ヶ原前夜』（日本史史料研究会企画部、二〇一六年）六一頁～六二頁。水野伍貴『関ヶ原への道　豊臣秀吉死後の権力闘争』（東京堂出版、二〇二一年）一七五頁。

（２５）姜沆・朴鐘鳴訳注『看羊録　朝鮮儒者の日本抑留記』（平凡社、一九八四年）一七二頁。

（２６）『利家夜話』巻之下（萩野由之監修／堀田璋左右・川上多助編『日本偉人言行資料　利家夜話全・微妙公御夜話全・命期集全』国史研究会、一九一六年、八〇頁～八一頁）。

（２７）大西泰正『前田利家・利長　創られた「加賀百万石」伝説』（平凡社、二〇一九年）第六章。

（２８）前掲註（２４）水野『関ヶ原への道』一八三頁。

（２９）「二九　輝元公其他ヨリ秀元公・光広公へノ御消息　三　毛利輝元書状」（下関市市史編修委員会編『下関市史　資料編』Ⅳ、下関市、一九九六年、一一四頁）。

（３０）「二九　輝元公其他ヨリ秀元公・光広公へノ御消息　三　毛利輝元書状」（下関市市史編修委員会編『下関市史　資料編』Ⅳ、下関市、一九九六年、一一四頁）。

（３１）「慶長四年十月朔日付内藤元家宛内藤隆春書状」（山口県文書館編『萩藩閥閲録』第三巻、マツノ書店、一九九五年、一六八頁）。

（３２）矢部健太郎『敗者の日本史⑫　関ヶ原合戦と石田三成』（吉川弘文館、二〇一四年）一五四頁～一五五頁。谷徹也「秀吉死後の豊臣政権」（『日本史研究』第六一七号、二〇一四年一月）二三頁・二七頁。

（３３）「慶長四年十月朔日付内藤元家宛内藤隆春書状」（山口県文書館編『萩藩閥閲録』第三巻、マツノ書店、一九九五年、一六八頁～一六九頁)。

（34）前掲註（24）水野『秀吉死後の権力闘争と関ヶ原前夜』八二頁、前掲註（24）水野『関ヶ原への道』一三六頁。

（35）「九五八　徳川家康毛利輝元小早川隆景連署起請文前書案」（東京帝国大学編『大日本古文書　家わけ第八　毛利家文書之三』東京帝国大学、一九二二年、二三八頁～二三九頁）文禄四年七月付。

（36）藤井讓治『近世初期政治史研究』（岩波書店、二〇二二年）第二部第七章・第八章。

（37）「一〇七　豊臣秀吉遺言覚書」（東京帝国大学編『大日本古文書　家わけ第二　浅野家文書』東京帝国大学、一九〇六年、一三五頁～一三八頁）。

（38）前掲註（32）矢部『関ヶ原合戦と石田三成』一二〇頁～一三三頁。

（39）前掲註（32）矢部『関ヶ原合戦と石田三成』一二〇頁～一二八頁。

（40）算用の制度については、谷徹也「豊臣政権の算用体制」（『史學雑誌』第一二三編第一二号、二〇一四年十二月）を参照のこと。

（41）堀越祐一『豊臣政権の権力構造』（吉川弘文館、二〇一六年）第三部第一章。

（42）前掲註（32）矢部『関ヶ原合戦と石田三成』一二八頁。

（43）「一〇三九　石田治部少輔三成宛書状写」（仙台市史編さん委員会編『仙台市史　資料編十一　伊達政宗文書二』仙台市、二〇〇三年、七五頁～七六頁）。

（44）「一〇二九　浅野弾正少弼長政宛書状案」（仙台市史編さん委員会編『仙台市史　資料編十一　伊達政宗文書二』仙台市、二〇〇三年、六七頁～七一頁）。

（45）『西笑和尚文案』第二冊（伊藤真昭・上田純一・原田正俊・秋宗康子編『相国寺蔵　西笑和尚文案　自慶長

二年至慶長十二年』思文閣出版、二〇〇七年、二七頁）。

（46）跡部信「文禄・慶長の役における秀吉の目標と対外認識」（『日本史研究』第七二六号、二〇二三年二月）。

（47）「慶長三年八月十九日付内藤元家宛内藤隆春書状」（山口県文書館編『萩藩閥閲録遺漏』マツノ書店、一九九五年、二九八頁～二九九頁）。

（48）「二〇九四（四六）豊臣秀吉遺言覚書案」（早稲田大学図書館編『早稲田大学所蔵荻野研究室収集文書』下巻、吉川弘文館、一九八〇年、二三一頁）、「九六〇　豊臣秀吉自筆書状寫」（東京帝国大学編『大日本古文書　家わけ第八　毛利家文書之三』東京帝国大学、一九二二年、二四三頁～二四四頁）。

（49）前掲註（32）矢部『関ヶ原合戦と石田三成』一三五頁。

（50）前掲註（32）矢部『関ヶ原合戦と石田三成』一三四頁。

（51）清水亮「秀吉の遺言と「五大老」・「五奉行」」（山本博文・堀新・曽根勇二編『消された秀吉の真実　徳川史観を越えて』柏書房、二〇一一年）三〇九頁～三一三頁。

（52）姜沆・朴鐘鳴訳注『看羊録　朝鮮儒者の日本抑留記』（平凡社、一九八四年）一七三頁～一七四頁。

（53）水野伍貴「秀吉「遺言体制」の成立と変遷―五大老・五奉行を中心に―（下）」（『研究論集　歴史と文化』第七号、二〇二一年六月）六二頁～六四頁。

（54）「二三（一四五）　豊臣氏奉行衆連署奉書（折紙）」（新田英治監修・財団法人千秋文庫編『千秋文庫所蔵　佐竹古文書』財団法人千秋文庫、一九九三年、四二頁）。

（55）前掲註（32）谷「秀吉死後の豊臣政権」六頁～七頁。前掲註（53）水野「秀吉「遺言体制」の成立と変遷（下）」六〇頁～六二頁。

（56）「九六三　豊臣氏大老奉行連署起請文前書寫」（東京帝国大学編『大日本古文書　家わけ第八　毛利家文書之

三』東京帝国大学、一九二二年、二四八頁～二五〇頁)。

(57) 前掲註(53)水野「秀吉「遺言体制」の成立と変遷(下)」六二頁。

(58) 『義演准后日記』慶長四年九月二十二日条・同年同月二十六日条(酒井信彦校訂『史料纂集　義演准后日記』第二、続群書類従完成会、一九八四年、八四頁～八五頁)。

(59) 秀吉病没の情報の取り扱い方の相違を想起されたい。また、両者の対立の様相については、白峰旬『新視点関ヶ原合戦　天下分け目の戦いの通説を覆す』(平凡社、二〇一九年)八六頁～九二頁。

(60) 「九一八　徳川家康書状」(新潟県編『新潟県史　資料編三　中世一　文書編Ⅰ』新潟県、一九八二年、六四七頁)。

(61) 「九一九　徳川家康書状」(新潟県編『新潟県史　資料編三　中世一　文書編Ⅰ』新潟県、一九八二年、六四八頁)。

(62) 「九二三　徳川秀忠書状」(新潟県編『新潟県史　資料編三　中世一　文書編Ⅰ』新潟県、一九八二年、六四九頁)。

(63) 前掲註(24)水野『秀吉死後の権力闘争と関ヶ原前夜』六五頁～七二頁。前掲註(24)水野『関ヶ原への道』一五九頁～一六八頁。なお、笠谷和比古『論争　関ヶ原合戦』(新潮社・新潮選書、二〇二二年)七〇頁～七七頁は、「直江状」について「実在したことは否定しえない」とし、とくに「慶長五年四月二十二日付毛利秀元宛毛利輝元書状」(長府毛利家編『復刻　毛利家乗』三、防長史料出版社、一九七五年、九丁ウラ・オモテ)において、生駒親正・中村一氏・堀尾吉晴が登場し、「三中老の実在が確認される」ことを重視している。笠谷氏は、同書七六頁において、会津攻めについて「毛利輝元に対しても家康に中止を働きかけてもらいたいとの」「三奉行を中心としてさまざまな人々による相談」と「彼らの意向」(実際には増田長盛と大谷吉継の意向）の存在も指摘しており、興味深い。

（６４）「一五五八　二〇一一　豊光寺承兌西笑書状」（羽下徳彦・阿部洋輔・金子達校訂『歴代古案』第五続群書類従完成会、二〇〇二年、一四一頁〜一四二頁）。

（６５）「一五七八　五　上杉景勝書状」（新潟県編『新潟県史　資料編四　中世二　文書編Ⅱ』新潟県、一九八三年、二七五頁〜二七六頁）。

（６６）『後編旧記雑録』巻四十九・一〇九八（鹿児島県維新史料編さん所編『鹿児島県史料　旧記雑録後編三』鹿児島県、一九八二年、五三七頁）。

（６７）前掲註（２４）水野『秀吉死後の権力闘争と関ヶ原前夜』六四頁。前掲註（１６）本多『徳川家康の決断』二〇二頁。

（６８）山本博文『島津義弘の賭け』（中央公論新社・中公文庫、二〇〇一年）二六〇頁〜二六二頁。

（６９）『後編旧記雑録』巻四十九・一一〇五（鹿児島県維新史料編さん所編『鹿児島県史料　旧記雑録後編三』鹿児島県、一九八二年、五四一頁）。

（７０）『後編旧記雑録』巻四十九・一一〇七（鹿児島県維新史料編さん所編『鹿児島県史料　旧記雑録後編三』鹿児島県、一九八二年、五四二頁）。

（７１）前掲註（６８）山本『島津義弘の賭け』二三一頁。

（７２）前掲註（６８）山本『島津義弘の賭け』二三七頁〜二四八頁・二六〇頁。

（７３）この点について、徳川家康の島津家・島津義弘に対する独特の姿勢は、関ヶ原・山中の戦い直前の義弘による入念な家康への連絡にも一因があろう。すなわち、『後編旧記雑録』巻五十一・一三一九『神戸五兵衛覚書』（鹿児島県維新史料編さん所編『鹿児島県史料　旧記雑録後編三』鹿児島県、一九八二年、六二九頁〜

六三〇頁）や『後編旧記雑録』巻五十二・一四〇三「神戸五兵衛関ヶ原之覚書」「井尻弥五助奉公之次第」（鹿児島県維新史料編さん所編『鹿児島県史料　旧記雑録後編三』鹿児島県、一九八二年、六八七頁～六八八頁）によれば、義弘は江戸に家臣を派遣して書状と進物を届けており、返礼の家康の判物を得たが、使者の家臣が復路の道中の安全上、判物の花押のみを切り抜いて状は焼き捨て、花押の部分を髻に巻き込んで持ち帰ったとある。他の大名に類例があるように、島津義弘も会津へ出陣した家康に前もって連絡をしていたのであろう。だから、「慶長五年九月二十五日付松井康之宛近衛信尹書状」（『後編旧記雑録』巻五十・一一八九、鹿児島県維新史料編さん所編『鹿児島県史料　旧記雑録後編三』鹿児島県、一九八二年、五八五頁）に「龍伯・又八郎（島津義久・島津忠恒）両人ハ一味無きの由風聞候間、その通り内府（徳川家康）へ、江州草津にて申し候へハ、左様ニもこれ有るべき様子思し召す躰候間」とあり、処分の検討過程においても、「慶長五年九月二十八日付島津義久・忠恒宛寺沢正成・山口直友連署書状」（『後編旧記雑録』巻五十・一一九〇、鹿児島県維新史料編さん所編『鹿児島県史料　旧記雑録後編三』鹿児島県、一九八二年、五八六頁）に「今度維新（島津義弘）御逆意の段、ぜひ無き次第候、龍伯御父子（島津義久・島津忠恒）御同意候や、又各別の御存分候や」とあるように、家康らは義弘の行動を問題視はしつつも、島津家としての関与の有無を入念に確認し、一方的な処断はしなかったものと思われる。

（74）『秋田藩家蔵文書』所収文書「三七　最上義光書状」（山形市市史編さん委員会・山形市市史編集委員会編『山形市史　史料編一　最上氏関係史料』山形市、一九七三年、二四七頁～二四八頁）。

（75）前掲註（68）山本『島津義弘の賭け』二六一頁。

（76）白峰旬「（慶長五年五月二十六日付）浅野長政宛浅野幸長書状写」について」（別府大学史学研究会『史学論叢』第四九号、二〇一九年三月）。

（77）「六五〔浅野幸長書状写〕」（甲府市市史編さん委員会編『甲府市史　史料編　第二巻　近世Ⅰ』甲府市役所、一九八七年、三六頁～三七頁）。

（78）「一〇九四（四六）豊臣秀吉遺言覚書案」（早稲田大学図書館編『早稲田大学所蔵荻野研究室収集文書』下巻、吉川弘文館、一九八〇年、二三一頁）。

（79）前掲註（24）水野『秀吉死後の権力闘争と関ヶ原前夜』七二頁～七四頁。前掲註（24）水野『関ヶ原への道』一七九頁。

（80）山田貴司「関ヶ原合戦前後における加藤清正の動向」（山田貴司編『シリーズ・織豊大名の研究　第二巻　加藤清正』戎光祥出版、二〇一四年、二〇七頁～二〇八頁）。

（81）前掲註（24）水野『関ヶ原への道』一六八頁～一七一頁。

（82）「四三一　細川忠興自筆書状」（八代市立博物館未来の森ミュージアム『松井文庫所蔵古文書調査報告書』三、八代市立博物館未来の森ミュージアム、一九九八年、五一頁）。

（83）「二一六―四　黒田如水孝高書状写」（福岡市博物館編『黒田家文書　第一巻　本編』福岡市博物館、一九九九年、四六一頁）。

（84）「二〇五六　井伊兵部少輔直政・村越茂助直吉宛書状」（仙台市史編さん委員会編『仙台市史　資料編十一　伊達政宗文書二』仙台市、二〇〇三年、八六頁）。

（85）『譜牒余録』巻第四十六（国立公文書館所蔵謄写本）京極備中守。

（86）光成準治『関ヶ原前夜　西軍大名たちの戦い』（ＫＡＤＯＫＡＷＡ・角川ソフィア文庫、二〇一八年）六四頁～六五頁は「輝元は家康の出立直前に帰国している」とし、「輝元の帰国と家康の会津出立がほぼ同時に進んでいた」が、「家康の出立日は輝元の帰国前から決定していた」とする。この点について、光成氏は同書の六五頁で「輝元の帰国は不在時の政権運営を差配されないよう家康から帰国を勧められた可能性もあるが、この後の輝元の行動を見ていくと、家康を油断させるための策略とも考えられる」とする。光成氏は、文禄四年（一五九五）七月の「九五八　徳川家康毛利輝元小早川隆景連署起請文前書案」（東京帝国大学編『大日本古文書　家わけ第八　毛利家文書之三』東京帝国大学、一九二二年、二三八頁～二三九頁）における「一、不断在京致し、御ひろい様（豊臣秀頼）へ御奉公申すべく候、自然用所候て、下国の時は、（徳川）家康・（毛利）輝元、かハり〳〵に御暇申し上げ、罷り下るべき事」に照らし、会津攻めという公戦がこの規定を適用させなかった可能性を指摘しつつも、「家康と輝元の両者が帰国することは禁じられていた。つまり、家康の会津征討時に輝元が帰国することは起請文に反する」とし、「秀吉生前の起請文や秀吉の遺命は家康を頂点とする指導体制に転換したことにより、ほとんど意味を持たなくなっていたのであろう」と見ている。しかし、本書でも述べるように、家康方も大坂方も起請文や秀吉の遺命をある意味で活用しながら双方で応酬を繰り返すのであり、また家康は自らの正当性と権力の源泉が依然秀吉の遺命であることを決して忘れていない。したがって、起請文や秀吉の遺命が無意味となっては、それらの都合のよい解釈変更も不可能となり、双方とも困るはずである。研究者は、そのことも考慮に入れるべきであろう。また、徳川家康が大坂城西の丸の留守居に大名を任じず、天野康景・佐野綱正を充てたことは（「史料稿本」第十一編第九一三冊の慶長五年六月十五日条、『譜牒余録』後編巻第七・後編巻第八〈国立公文書館所蔵謄写本〉）、自らの将来的な帰坂を前提としており、また大坂城に大名が不在となることは自明であるから、家康にとって輝元の下国は受け容れ可能なものであり、むしろ歓迎すべきことであったことを示している。その家康の意図は不明とせざるを得ないが、効果としては、光成氏のいう輝元を家康留守中の大坂城から遠ざけることのほか、万が一の場合に輝元が上方と直ちに連携することを避けるための時間稼ぎの意味はあったであろう。

しかし、光成氏の指摘するように輝元が早くから大坂方に通じていたとするなら（同書七二頁）、もはやその時点で互いに父兄・兄弟の契りを起請文で交わしていたはずの家康の想定を超えていたのであり、輝元にとっても家康と交わした起請文に反する自分たちの企てを隠す意味合いがあったのではないか。ここは慶長五年（一六〇〇）六月時点の両者の利点を考慮するほうが当時の実態に接近できるのではなかろうか。いずれにせよ、光成氏が述べるように、輝元は家臣を通じて宮中に下国の挨拶をしている（同書六四頁）。輝元は、起請文の規定に従い、天皇と秀頼・家康に暇乞いをしたうえで下国したと思われるのであり、その意味では起請文は守られていると考えることができる。

（87）「六九九　徳川家康書状写（切紙カ）」（小田原市編『小田原市史　史料編　原始古代中世Ⅰ』小田原市、一九九五年、七九四頁）、竹井英文『織豊政権と東国社会　「惣無事令」論を越えて』（吉川弘文館、二〇一二年）第一章・第二章。

（88）「三三六　な―一一　羽柴秀吉直書」（新潟県編『新潟県史　資料編三　中世一　文書編Ⅰ』新潟県、一九八二年、二一〇頁）。

（89）矢部健太郎「東国「惣無事」政策の展開と家康・景勝―「私戦」の禁止と「公戦」の遂行―」（『日本史研究』第五〇九号、二〇〇五年一月）五三頁。

（90）「七七二　ト―九　石田三成・増田長盛連署副状」（新潟県編『新潟県史　資料編三　中世一　文書編Ⅰ』新潟県、一九八二年、四七四頁）。

（91）前掲註（89）矢部「東国「惣無事」政策の展開と家康・景勝」四八頁。

（92）「三三一　な―六　羽柴秀吉直書」（新潟県編『新潟県史　資料編三　中世一　文書編Ⅰ』新潟県、一九八二年、二〇七頁）。

（93）前掲註（89）矢部「東国「惣無事」政策の展開と家康・景勝」四八頁。

（94）「三三五　な―一〇　豊臣秀吉直書」（新潟県編『新潟県史　資料編三　中世一　文書編Ⅰ』新潟県、一九八二年、二〇九頁）。前掲註（89）矢部「東国「惣無事」政策の展開と家康・景勝」四九頁〜五三頁。

（95）前掲註（89）矢部「東国「惣無事」政策の展開と家康・景勝」五二頁〜五三頁。

（96）竹井英文「徳川家康江戸入部の歴史的背景」（『日本史研究』第六二八号、二〇一四年十二月）九頁〜一〇頁。

（97）『家忠日記』天正十九年二月六日条（竹内理三編『家忠日記』二、臨川書店、一九六八年、一五四頁）。

（98）前掲註（96）竹井「徳川家康江戸入部の歴史的背景」二三頁。

（99）前掲註（96）竹井「徳川家康江戸入部の歴史的背景」二三頁。『家忠日記』天正十九年二月六日条（竹内理三編『家忠日記』二、臨川書店、一九六八年、一五四頁）。

（100）川田貞夫「徳川家康の関東転封に関する諸問題」（『書陵部紀要』第一四号、一九六二年十月）七一頁。

（101）前掲註（96）竹井「徳川家康江戸入部の歴史的背景」二四頁。

（102）岡田正人「織田信雄の改易について」（柴裕之編『戦国大名と国衆⑳　織田氏一門』岩田書院、二〇一六年）、柴裕之「織田信雄の改易と出家」（『日本歴史』第八五九号、二〇一九年十二月）。

（103）前掲註（16）本多『徳川家康の決断』一七七頁。

（104）前掲註（96）竹井「徳川家康江戸入部の歴史的背景」二三頁。

（105）前掲註（86）光成『関ヶ原前夜』一六三頁〜一六四頁。

（106）本多隆成『定本　徳川家康』（吉川弘文館、二〇一〇年）一九九頁。

（107）前掲註（86）光成『関ヶ原前夜』一六四頁。

（108）前掲註（24）水野『秀吉死後の権力闘争と関ヶ原前夜』六八頁。

（109）前掲註（24）水野『秀吉死後の権力闘争と関ヶ原前夜』六七頁〜六八頁。

（110）前掲註（68）山本『島津義弘の賭け』二四六頁〜二四七頁。

（111）『慶長年中卜斎記』（新訂増補史籍集覧刊行会編『新訂増補　史籍集覧』第十冊、臨川書店、一九六七年、五一一頁）。

（112）『お湯殿の上の日記』慶長五年六月八日条（塙保己一編・太田藤四郎補『続群書類従』補遺三・お湯殿の上の日記（九）、続群書類従完成会、一九五八年、一五八頁）。

（113）前掲註（24）水野『秀吉死後の権力闘争と関ヶ原前夜』五三頁。

（114）前掲註（24）水野『関ヶ原への道』一五八頁。

（115）『異国近年御書草案』（異国日記刊行会『影印本異国日記―金地院崇伝外交文書集成―』東京美術、一九八九年、一八四頁）。拙著『天下人の神格化と天皇』（思文閣出版、二〇一五年）七二頁〜七三頁、拙著『豊国大明神の誕生　変えられた秀吉の遺言』（平凡社、二〇一八年）二二二頁〜二二四頁。

（116）堀新「豊臣秀吉と「豊臣」家康」（山本博文・堀新・曽根勇二編『消された秀吉の真実　徳川史観を越えて』柏書房、二〇一一年）一六五頁〜一六九頁、柴裕之『徳川家康　境界の領主から天下人へ』（平凡社、二〇一七年）二〇九頁・二一五頁。

（117）中村栄孝『日鮮関係史の研究』中（吉川弘文館、一九六九年）二一一頁。

（118）『上杉家御年譜』三・景勝公（二）（米沢温故会、一九七七年）一二三頁〜一二四頁。

（119）笠谷和比古『関ヶ原合戦と近世の国制』（思文閣出版、二〇〇〇年）第六章。岡野友彦『源氏と日本国王』（講談社・講談社現代新書、二〇〇三年）一六〇頁〜一六三頁・二二六頁〜二二八頁。岡野友彦「家康生涯三度の源氏公称・改姓」（二木謙一編『戦国織豊期の社会と儀礼』吉川弘文館、二〇〇六年）。小和田哲男

「徳川家康の源氏改姓問題再考」（『駒沢大学史学論集』第三五号、二〇〇五年四月）。橋本政宣『近世公家社会の研究』（吉川弘文館、二〇〇二年）第四部第二章によれば、家康の源氏への復姓は将軍任官を望んでのことであったとの認識が慶長七年（一六〇二）段階の宮中で共有されていた。

（120）前掲註（119）笠谷『関ヶ原合戦と近世の国制』第六章。前掲註（17）笠谷『徳川家康』一一〇頁～一一八頁。

（121）前掲註（36）藤井『近世初期政治史研究』第三部第九章。

（122）前掲註（115）拙著『天下人の神格化と天皇』七二頁。前掲註（115）拙著『豊国大明神の誕生』二二〇頁～二二二頁。拙著において私は、慶長三年（一五九八）七月から八月にかけ、家康が系図の作成を開始し、『公武大躰略記』にも関心を示していることに注目したことがある。

（123）櫻井陽子「頼朝の征夷大将軍任官をめぐって―『三槐荒涼抜書要』の翻刻と紹介―」（『明月記研究　記録と文字』九号、二〇〇四年十二月）。下村周太郎「「将軍」と「大将軍」―源頼朝の征夷大将軍任官とその周辺―」（『歴史評論』№六九八、二〇〇八年六月）。

（124）「相国寺本坊文書（抄）相　徳川家康書状」（伊藤真昭・上田純一・原田正俊・秋宗康子編『相国寺蔵　西笑和尚文案　自慶長二年至慶長十二年』思文閣出版、二〇〇七年、三〇〇頁）。

（125）『言経卿記』文禄五年（慶長元年）七月二十九日条（東京大学史料編纂所編『大日本古記録　言経卿記』七、岩波書店、一九七一年、一六六頁）。二木謙一『徳川家康』（筑摩書房・ちくま新書、一九九八年）一四〇頁は、山科言経が「家康に対する『吾妻鏡』の講義を終了した」と解釈している。

（126）奥州合戦から将軍任官までの源頼朝の行動については、川合康『源頼朝　すでに朝の大将軍たるなり』（ミネルヴァ書房、二〇二一年）三七二頁～三七三頁を参照のこと。

（１２７）奥州合戦の経過については、前掲註（１２６）川合『源頼朝』三〇〇頁～三〇二頁。

（１２８）前掲註（１２６）川合『源頼朝』三〇一頁。

（１２９）『日々記』三（国立公文書館所蔵原本）天正十年五月四日条。

（１３０）朝尾直弘『大系日本の歴史⑧　天下一統』（小学館、一九九三年）一九六頁。

（１３１）前掲註（１２６）川合『源頼朝』三〇三頁～三〇六頁。

（１３２）前掲註（１２６）川合『源頼朝』三〇三頁。

（１３３）前掲註（１２６）川合『源頼朝』三〇一頁・三〇四頁。

（１３４）前掲註（１２６）川合『源頼朝』三〇四頁・三〇六頁。

（１３５）前掲註（１２６）川合『源頼朝』三〇五頁～三〇六頁。

（１３６）「史料稿本」第十一編第九一三冊、慶長五年六月二十九日条所引〔鶴岡八幡宮創建并御造営記〕。

（１３７）このように家康が自らの行動を頼朝になぞらえる姿勢は、会津攻めを中断後、関ヶ原・山中の戦いに至る過程においても一貫してとられたようである。例えば、北島正元『徳川家康』（中央公論社・中公文庫、一九八三年）一四一頁は「江戸を出するさい、鹿島神宮、浅草観音などに、かつて頼朝が平家追討のおりにおこなわせたと同じ祈禱を命じているが、これは家康が、この出発を頼朝にならって新しい武家政治をはじめるための門出とみていたことを語っている」と指摘している。北島氏は典拠となる史料を示していないが、『落穂集』六（国立公文書館所蔵押小路家旧蔵本）に該当の記述がある。

（１３８）笠谷和比古『戦争の日本史17　関ヶ原合戦と大坂の陣』（吉川弘文館、二〇〇七年）三五頁～三六頁。

（１３９）前掲註（１３８）笠谷『関ヶ原合戦と大坂の陣』四六頁～四七頁。

（１４０）前掲註（１３８）笠谷『関ヶ原合戦と大坂の陣』五一頁。前掲註（１７）笠谷『徳川家康』一八九頁。

（141）前掲註（138）笠谷『関ヶ原合戦と大坂の陣』七六頁～七七頁。前掲註（17）笠谷『徳川家康』一八九頁。

（142）前掲註（20）藤井『徳川家康』二一〇頁。

（143）「四三一　細川忠興自筆書状」（八代市立博物館未来の森ミュージアム『松井文庫所蔵古文書調査報告書』三、八代市立博物館未来の森ミュージアム、一九九八年、五一頁）。

（144）水野伍貴「徳川家康の戦い」（日本史史料研究会監修・白峰旬編著『関ヶ原大乱、本当の勝者』朝日新聞出版・朝日新書、二〇二〇年）四八頁。

（145）前掲註（144）水野「徳川家康の戦い」四九頁。「長束正家に遣れる書状」（徳川義宣『新修　徳川家康文書の研究』第二輯、徳川黎明会、二〇〇六年、三八〇頁）。

（146）前掲註（24）水野『関ヶ原への道』二一〇頁。前掲註（144）水野「徳川家康の戦い」四九頁。

（147）前掲註（137）北島『徳川家康』一三六頁。前掲註（17）笠谷『関ヶ原合戦』八四頁。『慶長年中卜斎記』慶長五年六月十八日条（新訂増補史籍集覧刊行会編『新訂増補　史籍集覧』第十冊、臨川書店、一九六七年、四六一頁）。

（148）「史料稿本」第十一編第九一三冊、慶長五年六月十五日条所引〔荻野文書〕。

（149）中野等「豊臣政権論」（藤井讓治他編『岩波講座日本歴史　第一〇巻　近世一』岩波書店、二〇一四年）九五頁。

（150）竹井英文『列島の戦国史⑦　東日本の統合と織豊政権』（吉川弘文館、二〇二〇年）二四〇頁。

（151）朝尾直弘「豊臣政権論」（朝尾直弘『朝尾直弘著作集　第三巻　将軍権力の創出』岩波書店、二〇〇四年）。

（152）光成準治『列島の戦国史⑨　天下人の誕生と戦国の終焉』（吉川弘文館、二〇二〇年）三二一頁。

（１５３）前掲註（１５１）朝尾「豊臣政権論」一一二頁。

（１５４）前掲註（１５１）朝尾「豊臣政権論」一一二頁。

（１５５）前掲註（１５１）朝尾「豊臣政権論」一一二頁。

（１５６）大分県教育委員会編『大分県史料　大友家文書録』（大分県中世文書研究会、一九八〇年）二三一頁～二三二頁。

（１５７）「四―一　千利休書状」（八代市立博物館未来の森ミュージアム『松井文庫所蔵古文書調査報告書』一、八代市立博物館未来の森ミュージアム、一九九六年、五六頁）。

（１５８）前掲註（１５１）朝尾「豊臣政権論」一〇三～一〇五頁。

（１５９）前掲註（１５１）朝尾「豊臣政権論」一〇七頁。

（１６０）前掲註（１５１）朝尾「豊臣政権論」一〇七頁～一〇八頁。

（１６１）『時慶記』天正十九年八月五日条（時慶記研究会翻刻・校訂『時慶記』第一巻、浄土真宗本願寺派出版事業局・本願寺出版社・臨川書店、二〇〇一年、一四〇頁）。

（１６２）『家忠日記』天正十九年六月七日条・天正十九年七月十九日条・天正十九年八月二十七日条・天正十九年十月二日条（竹内理三編『家忠日記』二、臨川書店、一九六八年、一六四頁・一六七頁・一七〇頁・一七三頁）。

（１６３）『家忠日記』天正十九年十月五日条（竹内理三編『家忠日記』二、臨川書店、一九六八年、一七三頁）。

（１６４）前掲註（４６）跡部「文禄・慶長の役における秀吉の目標と対外認識」六頁～七頁。

（１６５）「一二三一　南部信直書状」（青森県史編さん中世部会編『青森県史　資料編　中世一』青森県、二〇〇四年、一〇二頁）。

（１６６）前掲註（４６）跡部「文禄・慶長の役における秀吉の目標と対外認識」七頁～八頁。

（１６７）「二三三一　南部信直書状」（青森県史編さん中世部会編『青森県史　資料編　中世一』青森県、二〇〇四年、一〇二頁）。前掲註（４６）跡部「文禄・慶長の役における秀吉の目標と対外認識」九頁〜一〇頁は「海外領土分配の約束を戦争正当化のスローガンとして利用して」「秀吉は戦争を大名たちへの恩恵として遂行した」が、「大名たちが朝鮮での領知など望んでいないことを、秀吉はよく知っていた」とする。

（１６８）「二三三二　南部信直書状」（青森県史編さん中世部会編『青森県史　資料編　中世一』青森県、二〇〇四年、一〇三頁）。

（１６９）「二三三三　南部信直書状」（青森県史編さん中世部会編『青森県史　資料編　中世一』青森県、二〇〇四年、一〇四頁）。

（１７０）「二三三〇　南部信直書状案」（青森県史編さん中世部会編『青森県史　資料編　中世一』青森県、二〇〇四年、一〇一頁）。

（１７１）「六　山中長俊書状」（福井県『福井県史　資料編九　中・近世七』福井県、一九九〇年、七八頁〜七九頁）、遠藤珠紀「新たな山中長俊書状写と豊臣秀吉の「唐入り」構想」（『古文書研究』第九三号、二〇二二年六月、一一九頁）。

（１７２）「六　山中長俊書状」（福井県『福井県史　資料編九　中・近世七』福井県、一九九〇年、八〇頁）、前掲註（１７１）遠藤「新たな山中長俊書状写と豊臣秀吉の「唐入り」構想」二〇二二年六月、一二〇頁〜一二一頁。

（１７３）「文禄中日記　紙背　一―一一　西笑承兌書状」（伊藤真昭・上田純一・原田正俊・秋宗康子編『相国寺蔵西笑和尚文案　自慶長二年至慶長十二年』思文閣出版、二〇〇七年、二六一頁）。

（１７４）「九三四　単丁斎今井宗薫兼久宛書状写」（仙台市史編さん委員会編『仙台市史　資料編十一　伊達政宗文書

二』仙台市、二〇〇三年、一八頁）。

（１７５）伊達文書「一三　最上義光書状（写）」（山形市市史編さん委員会・山形市市史編集委員会編『山形市史　史料編一　最上氏関係史料』山形市、一九七三年、二七〇頁）。

（１７６）『時慶記』文禄二年八月三日条（時慶記研究会翻刻・校訂『時慶記』第一巻、浄土真宗本願寺派出版事業局・本願寺出版社・臨川書店、二〇〇一年、二一八頁）。

（１７７）前掲註（１４９）中野「豊臣政権論」九〇頁～九一頁。

（１７８）前掲註（１４９）中野「豊臣政権論」九二頁。

（１７９）『言経卿記』文禄二年九月四日条（東京大学史料編纂所編『大日本古記録　言経卿記』五、岩波書店、一九八〇年、三六七頁）。

（１８０）『駒井日記』文禄二年十月朔日条（藤田恒春編校訂『増補　駒井日記』文献出版、一九九二年、四四頁）。

（１８１）日本経済新聞（関西）「豊臣秀次の死巡り新史料　「息子を国主に」と秀吉」（二〇一九年八月三十日）。村井祐樹氏による調査結果である。

（１８２）藤田恒春『豊臣秀次』（吉川弘文館、二〇一五年）一四一頁～一四二頁。

（１８３）岩沢愿彦『前田利家』（吉川弘文館、一九六六年）二二〇頁。

（１８４）前掲註（１８２）藤田『豊臣秀次』一四八頁～一五一頁。

（１８５）『駒井日記』文禄三年二月十三日条（藤田恒春編校訂『増補　駒井日記』文献出版、一九九二年、一〇四～一〇五頁）。

（１８６）前掲註（１８２）藤田『豊臣秀次』一五〇頁。

（１８７）前掲註（１８２）藤田『豊臣秀次』一四九頁。

（188）前掲註（151）朝尾「豊臣政権論」一〇九頁～一一〇頁。

（189）前掲註（2）朝尾「幕藩制と天皇」二一六頁。

（190）『駒井日記』文禄三年四月七日条（藤田恒春編校訂『増補　駒井日記』文献出版、一九九二年、一六五頁）。

（191）前掲註（182）藤田『豊臣秀次』一七〇頁。

（192）『駒井日記』文禄三年四月朔日条または文禄三年三月八日条（藤田恒春編校訂『増補　駒井日記』文献出版、一九九二年、二六八頁）。

（193）河内将芳『大政所と北政所　関白の母や妻の称号はなぜ二人の代名詞になったか』（戎光祥出版、二〇二二年）一一二頁。

（194）山陽新聞社編『ねねと木下家文書』（山陽新聞社、一九八二年）二八頁に天正十九年十二月二十八日付豊臣秀次豊氏長者宣旨の写真が掲載されている。

（195）前掲註（119）橋本『近世公家社会の研究』五〇九頁。

（196）『駒井日記』文禄三年四月十三日条（藤田恒春編校訂『増補　駒井日記』文献出版、一九九二年、一七一頁）。

（197）前掲註（151）朝尾「豊臣政権論」一一一頁～一一二頁。

（198）『利家夜話』巻之上（萩野由之監修／堀田璋左右・川上多助編『日本偉人言行資料　利家夜話全・微妙公御夜話全・命期集全』国史研究会、一九一六年、二八頁～二九頁）。

（199）前掲註（183）岩沢『前田利家』二二〇頁。

（200）前掲註（36）藤井『近世初期政治史研究』第六章。

（201）『当代記』巻三、文禄四年条（『当代記　駿府記』続群書類従完成会、一九九五年、六七頁）。

（202）前掲註（151）朝尾「豊臣政権論」一〇九頁～一一〇頁。

（２０３）『利家夜話』巻之中（萩野由之監修／堀田璋左右・川上多助編『日本偉人言行資料　利家夜話全・微妙公御夜話全・命期集全』国史研究会、一九一六年、三七頁）。

（２０４）「慶長二年十二月二十五日付榎本元吉宛毛利輝元書状」（山口県文書館編『萩藩閥閲録』第一巻、マツノ書店、一九九五年、五〇〇頁～五〇一頁）。

（２０５）のし柿については、とらやホームページ・虎屋文庫「歴史上の人物と和菓子　豊臣秀頼とのし柿」（二〇一五年八月十七日）を参照のこと。

（２０６）『西笑和尚文案』第二冊（伊藤真昭・上田純一・原田正俊・秋宗康子編『相国寺蔵　西笑和尚文案　自慶長二年至慶長十二年』思文閣出版、二〇〇七年、二五頁）。

（２０７）「慶長三年八月十四日付内藤元家宛内藤隆春書状」（山口県文書館編『萩藩閥閲録』第三巻、マツノ書店、一九九五年、一六六頁）。

（２０８）光成準治『毛利氏の御家騒動　折れた三本の矢』（平凡社、二〇二二年）二八頁。

（２０９）前掲註（８６）光成『関ヶ原前夜』二二頁。前掲註（２０８）光成『毛利氏の御家騒動』三〇頁～三一頁。

（２１０）前掲註（２０８）光成『毛利氏の御家騒動』三一頁。

（２１１）「九六一　豊臣氏大老連署契状案」（東京帝国大学編『大日本古文書　家わけ第八　毛利家文書之三』東京帝国大学、一九二二年、二四四頁～二四五頁）。

（２１２）「慶長三年九月二日付内藤元家宛内藤隆春書状」（山口県文書館編『萩藩閥閲録』第三巻、マツノ書店、一九九五年、一六七頁）。

（２１３）「九六二　毛利輝元起請文前書案」（東京帝国大学編『大日本古文書　家わけ第八　毛利家文書之三』東京帝国大学、一九二二年、二四七頁～二四八頁）。

（２１４）「九六二　毛利輝元起請文前書案」（東京帝国大学編『大日本古文書　家わけ第八　毛利家文書之三』東京帝国大学、一九二二年、二四七頁）慶長三年八月二十八日付。
（２１５）前掲註（２０８）光成『毛利氏の御家騒動』三二頁。
（２１６）「九　慶長四年御国割書（四三―一）」のうち「1　石田三成・増田長盛連署奉書」（下関市市史編修委員会編『下関市史　資料編Ⅳ』下関市、一九九六年、五三頁）。
（２１７）浅野友輔「毛利輝元の戦い」（日本史史料研究会監修・白峰旬編著『関ヶ原大乱、本当の勝者』朝日新聞出版・朝日新書、二〇二〇年）一二四頁。
（２１８）「九　慶長四年御国割書（四三―一）」のうち「2　毛利輝元国割書」（下関市市史編修委員会編『下関市史　資料編Ⅳ』下関市、一九九六年、五四頁）。
（２１９）『利家夜話』巻之下（萩野由之監修／堀田璋左右・川上多助編『日本偉人言行資料　利家夜話全・微妙公御夜話全・命期集全』国史研究会、一九一六年、八五頁）。
（２２０）『義演准后日記』慶長四年正月五日条（酒井信彦校訂『史料纂集　義演准后日記』第二、続群書類従完成会、一九八四年、八頁）。
（２２１）『利家夜話』巻之下（萩野由之監修／堀田璋左右・川上多助編『日本偉人言行資料　利家夜話全・微妙公御夜話全・命期集全』国史研究会、一九一六年、八五頁～八六頁）。
（２２２）「一〇一五　徳川家康起請文前書案」（東京帝国大学編『大日本古文書　家わけ第八　毛利家文書之三』東京帝国大学、一九二二年、二九一頁～二九二頁）。
（２２３）「三六五八　豊臣家大老連署掟書」（上越市史編さん委員会編『上越市史　別編二　上杉氏文書集二』上越市、二〇〇四年、七三六頁～七三七頁）。

（２２４）前掲註（３２）矢部『関ヶ原合戦と石田三成』一四七頁。前掲註（１０６）本多『定本　徳川家康』一八一頁～一八二頁は「しかしながら、この第一条を根拠に法度違反を責めることは、自ずと限界があった。すなわち、大名間の婚姻は秀吉の御意をえて行うということになっていたが、秀吉亡き後の「御意」の担い手が曖昧だったからである。形式的には秀頼だとしてもわずか七歳であり、代行するのが秀吉の「遺言覚書」で豊臣公儀の政務を任された家康ということになるとすれば、これを法度違反として責める根拠も弱くなる」とし、秀吉の死が前提であっても、家康の追及は困難であったと指摘している。

（２２５）『利家夜話』巻之下（萩野由之監修／堀田璋左右・川上多助編『日本偉人言行資料　利家夜話全・微妙公御夜話全・命期集全』国史研究会、一九一六年、八六頁）。

（２２６）姜沆・朴鐘鳴訳注『看羊録　朝鮮儒者の日本抑留記』（平凡社、一九八四年）一七〇頁。

（２２７）「四七　毛利輝元書状」（山口県編『山口県史　史料編　中世三』山口県、二〇〇四年、七六四頁）には「あつかい（扱い）調い、治少（石田三成）ハ越され、息（石田重家）ハ大坂へ罷り居られ、（豊臣）秀頼様へ御奉公候へとの事候、一礼のため夕部内府息（徳川家康息、結城秀康）罷り越され候、右の趣存ぜず候てやらん、夜前も所ニより大さわき候つる」とある。また、慶長四年閏三月九日付の「福島正則・蜂須賀一茂（家政）・浅野長政に遣れる書状」（中村孝也『新訂　徳川家康文書の研究』中巻、日本学術振興会、一九八〇年、四〇〇頁）には「石田治部少輔（三成）佐和山（近江国）へ閉口ニ相定まり、明日（慶長四年閏三月十日）参るべく候、子息（石田重家）昨晩（同年同月八日晩）我ら（徳川家康）所へ越され候」とある。

（２２８）「長岡忠興・蜂須賀一茂（家政）・福島正則・藤堂高虎・黒田長政・加藤清正・浅野長慶（幸長）に遣れる書状」（中村孝也『新訂　徳川家康文書の研究』中巻、日本学術振興会、一九八〇年、三九八頁～三九九頁）。

（２２９）「四三　毛利輝元書状」（山口県編『山口県史　史料編　中世三』山口県、二〇〇四年、七六一頁）。

(230)「四六　毛利輝元書状」（山口県編『山口県史　史料編　中世三』山口県、二〇〇四年、七六三頁）。
(231)「四四　毛利輝元書状」（山口県編『山口県史　史料編　中世三』山口県、二〇〇四年、七六二頁）。
(232) 前掲註（86）光成『関ヶ原前夜』四五頁〜四七頁。
(233) 前掲註（86）光成『関ヶ原前夜』四六頁は「蜂須賀家政・黒田如水・加藤清正を指すものと推測される」とする。
(234)「四四　毛利輝元書状」（山口県編『山口県史　史料編　中世三』山口県、二〇〇四年、七六二頁）。
(235) 前掲註（86）光成『関ヶ原前夜』四〇頁〜四四頁。
(236)「四六　毛利輝元書状」（山口県編『山口県史　史料編　中世三』山口県、二〇〇四年、七六三頁）。
(237)「二〇　立花尚政〔宗茂〕書状（隈部文書五一）」（柳川市史編集委員会編『柳川市史　史料編Ｖ　近世文書（前編）』柳川市、二〇一一年、一九四頁）。
(238)『多聞院日記』慶長四年閏三月十四日条（竹内理三編『増補　続史料大成　多聞院日記五』臨川書店、一九七八年、八三頁）。
(239)「二〇一七　徳川家康起請文」（東京帝国大学編『大日本古文書　家わけ第八　毛利家文書之三』東京帝国大学、一九二二年、二九三頁〜二九四頁）。
(240)「二〇一六　毛利輝元起請文案」（東京帝国大学編『大日本古文書　家わけ第八　毛利家文書之三』東京帝国大学、一九二二年、二九三頁）。
(241) 前掲註（208）光成『毛利氏の御家騒動』三五頁〜四〇頁。
(242) 姜沆・朴鐘鳴訳注『看羊録　朝鮮儒者の日本抑留記』（平凡社、一九八四年）一七一頁。
(243) 前掲註（24）水野『秀吉死後の権力闘争と関ヶ原前夜』七四頁、前掲註（24）水野『関ヶ原への道』一

四七頁～一四八頁、前掲註（144）水野「徳川家康の戦い」三二頁～三四頁。

（244）いっぽう、前掲註（24）水野『関ヶ原への道』一九七頁は「三成が単独で計画を発案、始動させたとは考え難い。一人の味方もいない上、失脚していた三成が、消極的な毛利輝元と宇喜多秀家を対徳川闘争へ引きずり込んだという構図は不自然であり、むしろ、輝元と秀家の側に積極性があったと考えたほうが自然である」とする。前掲註（24）水野『秀吉死後の権力闘争と関ヶ原前夜』第四章も参照のこと。

（245）『慶長年中卜斎記』（新訂増補史籍集覧刊行会編『新訂増補　史籍集覧』第十冊、臨川書店、一九六七年、四六三頁～四六四頁）。

（246）白峰旬「豊臣公儀としての石田・毛利連合政権」（別府大学史学研究会『史学論叢』第四六号、二〇一六年三月）二〇頁。

（247）「四一五　前田玄以外二名連署状写」（八代市立博物館未来の森ミュージアム『松井文庫所蔵古文書調査報告書』二、八代市立博物館未来の森ミュージアム、一九九七年、一三九頁～一四〇頁）。

（248）前掲註（86）光成『関ヶ原前夜』七〇頁～七二頁。前掲註（24）水野『関ヶ原への道』一八九頁～一九一頁。前掲註（63）笠谷『論争　関ヶ原合戦』一一八頁は「何故に輝元は、わずか二日で大軍を動員して出陣しえたのであろうか」という点について、「豊臣公儀の名による上杉討伐のための軍事動員が行われている以上、もし毛利にも出陣命令が下された場合には、それに即応する態勢を整えておくことは武将大名としては当然の嗜み」とする。

（249）前掲註（24）水野『関ヶ原への道』一八四頁～一八五頁。

（250）「六五〔浅野幸長書状写〕」（甲府市市史編さん委員会編『甲府市史　史料編　第二巻　近世Ⅰ』甲府市役所、一九八七年、三七頁）。

（251）前掲註（24）水野『関ヶ原への道』一八四頁。

（252）前掲註（24）水野『関ヶ原への道』一八五頁・一九二頁～一九三頁。

（253）水野伍貴「合戦に至る豊臣政権内部の動向」（太田浩司編『石田三成―関ヶ原西軍人脈が形成した政治構造―』宮帯出版社、二〇二二年）二二五頁は、家康と山科言経が増田長盛邸を訪れて饗応をうけていたことを指摘し、「四奉行の中でも長盛は、反徳川という意識が三成ほど高くはなかったと思われる」とする。『言経卿記』慶長三年十一月二十五日条（東京大学史料編纂所編『大日本古記録　言経卿記』九、岩波書店、一九七五年、九七頁～九八頁）が典拠史料であろう。

（254）前掲註（20）藤井『徳川家康』二〇九頁～二一〇頁。

（255）「［参考］榊原康政より秋田実季に遣れる書状」（中村孝也『新訂　徳川家康文書の研究』中巻、日本学術振興会、一九八〇年、五三五頁）。「九一三　榊原康政書状」（愛知県史編さん委員会編『愛知県史　資料編十三　織豊三』愛知県、二〇一一年、六四八頁）に翻刻されている包紙上書によると、この書状は慶長五年（一六〇〇）八月七日に建部昌興が秋田実季のもとへ持ち来ったとある。

（256）前掲註（138）笠谷『関ヶ原合戦と大坂の陣』三二頁～三四頁。

（257）「九一四　石田三成書状」（愛知県史編さん委員会編『愛知県史　資料編十三　織豊三』愛知県、二〇一一年、六四八頁）。

（258）前掲註（3）笠谷『関ヶ原合戦』一八八頁～一八九頁・一九四頁。前掲註（138）笠谷『関ヶ原合戦と大坂の陣』七三頁～七六頁。

（259）前掲註（24）水野『関ヶ原への道』一三八頁～一三九頁。

（260）「徳川家康を弾劾する條書」（中村孝也『新訂　徳川家康文書の研究』中巻、日本学術振興会、一九八〇年、五一四頁～五一六頁）。

（261）「五二　大谷吉隆書状」（米山一政編『真田家文書』上巻、長野市、二〇〇五年、五六頁～五七頁）。

（262）前掲註（24）水野『関ヶ原への道』二〇四頁。

（263）「四九　宇喜多秀家書状」（米山一政編『真田家文書』上巻、長野市、二〇〇五年、五一頁～五二頁）、「五〇　毛利輝元書状」（米山一政編『真田家文書』上巻、長野市、二〇〇五年、五二頁）。

（264）白峰旬「『歴代古案』収載の「内府ちかひの条々」について―上杉版「内府ちかひの条々」に関する若干の考察―」（『別府大学アジア歴史文化研究所報』第二二号、二〇二二年二月）。

（265）「四五　長束正家等連署状」（米山一政編『真田家文書』上巻、長野市、二〇〇五年、四六頁～四七頁）。

（266）「四一八　前田玄以外二名連署状写」（八代市立博物館未来の森ミュージアム『松井文庫所蔵古文書調査報告書　二』一九九七年、一四〇頁～一四一頁）。

（267）「五二　大谷吉隆書状」（米山一政編『真田家文書』上巻、長野市、二〇〇五年、五七頁）。

（268）「史料稿本」第十一編第九一三冊、慶長五年六月十五日条所引〔荻野文書〕。ここでの「軍法」とは、慶長五年（一六〇〇）七月七日に徳川家康の「忠恕」印をもって発出された「軍法事」（「会津攻めのとき下せる軍令」〈中村孝也『新訂　徳川家康文書の研究』中巻、日本学術振興会、一九八〇年、五〇一頁～五〇二頁と写真〉）のことであろう。

（269）山田貴司「関ヶ原合戦前後における加藤清正の動向」（山田貴司編『シリーズ・織豊大名の研究　第二巻　加藤清正』戎光祥出版、二〇一四年、二〇七頁～二〇八頁）。

（270）この観点は、すでに前掲註（24）水野『関ヶ原への道』二一一頁～二一六頁で示されている。

（271）「〔参考〕毛利輝元・宇喜多秀家並びに豊臣氏四奉行連署、鈴木重朝に与えたる感状」（中村孝也『徳川家康文書の研究』拾遺集、日本学術振興会、一九七一年、一二九頁）。なお、中野等『石田三成伝』（吉川弘文館、二〇一七年）四二六頁～四三四頁によれば、石田三成は慶長五年（一六〇〇）七月二十九日までに奉行職に復帰したと考えられるといい、二大老・四奉行連署形式の書札は慶長五年（一六〇〇）八月一日付のものが発出されている。

（２７２）「一九四　大坂一乱起之覚書」（芥川龍男編著『お茶の水図書館蔵成簣堂文庫　武家文書の研究と目録（上）』財団法人石川文化事業財団お茶の水図書館、一九八八年、四三四頁～四三五頁）。

（２７３）大阪市史編纂所編『大阪市史史料第七十六輯　大坂御陣覚書』（大阪市史料調査会、二〇一一年）一四八頁～一四九頁・一六二頁。

（２７４）「一〇八　金地院・板倉伊賀守連署折紙」（高野山史編纂所編『高野山文書』第七巻、高野山文書刊行会、一九三八年、八一頁）。

（２７５）前掲註（１１５）拙著『豊国大明神の誕生』三八頁～四三頁・二六二頁～二七〇頁。

（２７６）「慶長五年七月二十三日付最上義光宛徳川家康書状」（『譜牒余録』後編巻第四、国立公文書館所蔵謄写本）。

（２７７）前掲註（２４）水野『関ヶ原への道』二〇七頁。

（２７８）前掲註（２４）水野『関ヶ原への道』一九一頁は「輝元は書状の内容をすでに把握していた」と見ている。

（２７９）「慶長五年七月二十九日付最上義光宛徳川家康書状」（『譜牒余録』後編巻第四、国立公文書館所蔵謄写本）。

（２８０）「四　徳川家康書状」（福岡市博物館編『黒田家文書　第一巻　本編』福岡市博物館、一九九九年、三二頁～三四頁、同編『黒田家文書　第一巻　影印本』福岡市博物館、一九九八年、二五頁）。なお、「黒田長政に遣れる書状」（中村孝也『新訂　徳川家康文書の研究』中巻、日本学術振興会、一九八〇年、五三八頁）において、中村氏は「大坂奉行亦」と翻刻しているが、それをそのまま引用している研究者とそうではない研究者との間で翻刻も「亦」と「衆」とに分かれている。「亦」と「衆」はくずし字が似ているが、文字において点が四つ並ぶか、水の形があるかによって、線のカーブが異なる。なお、『譜牒余録』巻第二十一（国立公文書館所蔵謄写本）にもこの書状は収載されているが、そこでは「大坂奉行衆」と読める。ここは、原文書によって「衆」と判読する福岡市博物館の見解が正しい。

（２８１）前掲註（１３８）笠谷『関ヶ原合戦と大坂の陣』四八頁・七四頁。

（２８２）前掲註（２４）水野『関ヶ原への道』二一〇頁。

（２８３）前掲註（１３８）笠谷『関ヶ原合戦と大坂の陣』七五頁・一〇八頁。

（２８４）『譜牒余録』巻第二十一（国立公文書館所蔵謄写本）。

（２８５）『譜牒余録』とそのもととなった『貞享書上』については、平野仁也『江戸幕府の歴史編纂事業と創業史』（清文堂出版、二〇二〇年）第三章を参照のこと。

（２８６）中野等『柳川の歴史　筑後国主田中吉政・忠政』（柳川市、二〇〇七年）九四頁～九六頁。

（２８７）前掲註（１６）本多『徳川家康の決断』二〇四頁～二〇五頁。

（２８８）「二二七　黒田長政遺言覚」（福岡市博物館編『黒田家文書　第一巻　本編』福岡市博物館、一九九九年、四九六頁～四九八頁、同編『黒田家文書　第一巻　影印本』福岡市博物館、一九九八年、三六五頁～三六六頁）元和九年八月二日付小河内正直・栗山利章宛（同書第一巻本編、五〇四頁）。

（２８９）「二二七　黒田長政遺言覚」（福岡市博物館編『黒田家文書　第一巻　本編』福岡市博物館、一九九九年、四九八頁、同編『黒田家文書　第一巻　影印本』福岡市博物館、一九九八年、三六七頁）元和九年八月二日付小河内正直・栗山利章宛（同書第一巻本編、五〇四頁）。

（２９０）前掲註（１６）本多『徳川家康の決断』二〇五頁～二〇九頁。

（２９１）「四十一　浅野幸長書状」（黒羽芭蕉の館平成二十二年度企画展運営委員会編『黒羽芭蕉の館平成二十二年度企画展図録　黒羽藩主大関家文書の世界』大田原市黒羽芭蕉の館、二〇一〇年、二七頁・六一頁〜六二頁・八六頁〜八七頁）、黒羽町芭蕉の館編『改訂版　関ヶ原合戦と大関氏—近世大名への転身—』（黒羽町教育委員会、二〇〇四年、一八頁・四八頁）慶長五年七月二十九日付大関資増宛。

（２９２）「一六一　加藤清正書状」（福岡市博物館編『黒田家文書　第一巻　本編』福岡市博物館、一九九九年、三四〇頁〜三四一頁、同編『黒田家文書　第一巻　影印本』福岡市博物館、一九九八年、二四九頁）慶長五年九月七日付本多正信・西尾吉次宛。

（２９３）「四十一　浅野幸長書状」（黒羽芭蕉の館平成年度企画展運営委員会編『黒羽芭蕉の館平成年度企画展図録　黒羽藩主大関家文書の世界』大田原市黒羽芭蕉の館、二〇一〇年、二七頁・六一頁〜六二頁・八六頁〜八七頁）、黒羽町芭蕉の館編『改訂版　関ヶ原合戦と大関氏—近世大名への転身—』（黒羽町教育委員会、二〇〇四年、一八頁・四八頁）慶長五年七月二十九日付大関資増宛。

（２９４）前掲註（２４）水野『関ヶ原への道』二一二頁。

（２９５）「二〇一九　蜂須賀家政書状」（東京帝国大学編『大日本古文書　家わけ第八　毛利家文書之三』東京帝国大学、一九二二年、二九五頁）。

（２９６）「九六　加藤清正起請文」（神戸大学文学部日本史研究室編『中川家文書』臨川書店、一九八七年、七五頁）。

（２９７）「九五九　黒田長政・徳永寿昌等連署状」（愛知県史編さん委員会編『愛知県史　資料編十三　織豊三』愛知県、二〇一一年、六七二頁）。

（２９８）「〔参考〕井伊直政より本多正信・西尾吉次・村越直吉に遣れる書状」（中村孝也『新訂　徳川家康文書の研究』中巻、日本学術振興会、一九八〇年、六二四頁）。

（299）「伊達政宗に遣れる書状」（中村孝也『新訂　徳川家康文書の研究』中巻、日本学術振興会、一九八〇年、六〇六頁）。

（300）藤井譲治「徳川秀忠」（藤井譲治『近世史小論集―古文書と共に―』思文閣出版、二〇一二年、初出は二〇〇〇年）一六四頁～一六五頁。

（301）前掲註（300）藤井「徳川秀忠」一六五頁。

（302）前掲註（300）藤井「徳川秀忠」一六五頁～一六六頁。

（303）前掲註（3）笠谷『関ヶ原合戦』一三二頁～一三五頁・一四二頁～一四三頁・一五三頁～一五四頁・一八八頁～一八九頁。

（304）「九一四　石田三成書状」（愛知県史編さん委員会編『愛知県史　資料編十三　織豊三』愛知県、二〇一一年、六四九頁）。

（305）「九二七　石田三成書状」（愛知県史編さん委員会編『愛知県史　資料編十三　織豊三』愛知県、二〇一一年、六五四頁）。

（306）「九三一　石田三成書状写」（愛知県史編さん委員会編『愛知県史　資料編十三　織豊三』愛知県、二〇一一年、六五八頁）慶長五年八月六日付真田昌幸宛。

（307）「九三一　石田三成書状写」（愛知県史編さん委員会編『愛知県史　資料編十三　織豊三』愛知県、二〇一一年、六五九頁）慶長五年八月六日付真田昌幸宛。

（308）「九三八　石田三成書状」（愛知県史編さん委員会編『愛知県史　資料編十三　織豊三』愛知県、二〇一一年、六六二頁）。

（309）「九三九　石田三成書状写」（愛知県史編さん委員会編『愛知県史　資料編十三　織豊三』愛知県、二〇一一年、六六四頁）。

（310）「九二八　石田人数書立」（愛知県史編さん委員会編『愛知県史　資料編十三　織豊三』愛知県、二〇一一年、六五五頁～六五七頁）がその書立と思われる。

（311）前掲註（86）光成『関ヶ原前夜』二二二頁～二二六頁。

（312）前掲註（86）光成『関ヶ原前夜』二二四頁。

（313）太田浩司「石田三成の戦い」（日本史史料研究会監修・白峰旬編著『関ヶ原大乱、本当の勝者』朝日新聞出版・朝日新書、二〇二〇年）一五七頁～一五八頁。

（314）「校訂　舊・中　六五五～六（頁脱カ）（復・同）　福島正則・池田輝政に遣れる書状」（徳川義宣『新修　徳川家康文書の研究』徳川黎明会、一九八三年、七九四頁）。

（315）前掲註（138）笠谷『関ヶ原合戦と大坂の陣』一〇〇頁～一〇一頁。また、前掲註（63）笠谷『論争関ヶ原合戦』一八二頁は「家康の隠密進攻作戦」について、「家康が江戸から出陣したことが知られたならば、三成側は西軍総帥である毛利輝元の出馬を要請する」とし、「輝元が豊臣秀頼を戴いて、戦場に現れてくるという事態」を回避するためであったとする。

（316）「一七二　加藤清正書状」（福岡市博物館編『黒田家文書　第一巻　本編』福岡市博物館、一九九九年、三六六頁～三六七頁、同編『黒田家文書　第一巻　影印本』福岡市博物館、一九九八年、二六二頁～二六三頁）。

（317）「校訂　舊・中　六六〇頁（復・同）　堀直寄に遣れる書状」（徳川義宣『新修　徳川家康文書の研究』徳川黎明会、一九八三年、七九五頁～七九六頁）。

（318）「校訂　舊・中　六七五頁（復・同）　前田利長に遣れる書状」（徳川義宣『新修　徳川家康文書の研究』徳川黎明会、一九八三年、七九七頁）。

（319）『保科御事歴』巻之二所収「慶長五年八月二十九日付黒河内長三宛保科正光書状」（信濃史料刊行会編『新編信濃史料叢書』第二巻、信濃史料刊行会、一九七二年、三〇三頁）。

（320）「一〇七七　片倉備中守景綱宛消息」（仙台市史編さん委員会編『仙台市史　資料編十一　伊達政宗文書二』仙台市、二〇〇三年、九九頁）。

（321）「一〇八〇　村越茂助直吉・今井宗薫兼久宛書状」（仙台市史編さん委員会編『仙台市史　資料編十一　伊達政宗文書二』仙台市、二〇〇三年、一〇一頁）。

（322）前掲註（3）笠谷『関ヶ原合戦』一四六頁は「野戦の家康と称せられて」いたとし、「石田方とて家康が野戦の上手ということは承知のうえのことであるから、大垣城に引き寄せてこれを迎え撃ち、大坂から毛利輝元の出馬してくるのを待つのが上策であった。さらにはその輝元が幼君豊臣秀頼をいただいて進軍してくるのが最上の策であったはずである」とする。中村孝也『新訂　徳川家康文書の研究』中巻（日本学術振興会、一九八〇年）六九九頁は、この後の家康の行動について「電撃的大勝を博し得たわけは、家康が攻城戦を放棄して野戦を選んだからである。家康は過去の歴戦において、野戦に十二分の確信を有してゐたのであつた。このとき若し大垣城攻囲策を採つたならば、落城に数日を費したばかりでなく、戦局・政局共に多大の煩雑と困難とを誘致したであらう。それを看破して敵の脆弱性を利用し、乾坤一擲、間髪を容れざる電撃作戦に出たことは、宛ら練熟しきつた名優の演技を見る感がある」と評している。

（323）『後編旧記雑録』巻五十一・一三二〇『神戸五兵衛覚書』（鹿児島県維新史料編さん所編『鹿児島県史料　旧記雑録後編三』鹿児島県、一九八二年、六三〇頁）、『後編旧記雑録』巻五十二・一四〇三（鹿児島県維新史料編さん所編『鹿児島県史料　旧記雑録後編三』鹿児島県、一九八二年、六八八頁）。「神戸五兵衛関ヶ原之覚書」「井尻弥五助奉公之次第」寛文四年卯月吉日。

（３２４）『後編旧記雑録』巻五十二・一四〇七「井上主膳覚書」「覚書留」（鹿児島県維新史料編さん所編『鹿児島県史料　旧記雑録後編三』鹿児島県、一九八二年、七〇三頁）明暦三年酉九月十日。

（３２５）「九一三　吉川広家自筆書状案」（東京帝国大学編『大日本古文書　家わけ九ノ二　吉川家文書之二』東京帝国大学文学部史料編纂掛、一九二六年、六四頁）。

（３２６）前掲註（２４）水野『関ヶ原への道』二〇〇頁～二〇一頁。小池絵千花「関ヶ原合戦の布陣地に関する考察」（『地方史研究』第四一一号〈第七一巻第三号〉二〇二一年六月）一六頁・二三頁～二四頁。

（３２７）「九一七　吉川広家自筆覚書案」（東京帝国大学編『大日本古文書　家わけ九ノ二　吉川家文書之二』東京帝国大学文学部史料編纂掛、一九二六年、八二頁）。

（３２８）「六　徳川家康書状」（福岡市史編集委員会編『新修　福岡市史』資料編・中世①市内所在文書、福岡市、二〇一〇年、一七八頁）。

（３２９）姜沆・朴鐘鳴訳注『看羊録　朝鮮儒者の日本抑留記』（平凡社、一九八四年）一四三頁。

（３３０）前掲註（３）笠谷『関ヶ原合戦』一〇〇頁～一〇三頁・一一六頁～一一八頁。なお、渡邊大門『関ヶ原合戦全史　1582-1615』（草思社、二〇二一年）二五六頁～二五九頁は、「寛政重修諸家譜」巻第六百八「越智氏河野支流稲葉正成」（高柳光寿・岡山泰四・斎木一馬編集顧問『新訂　寛政重修諸家譜』第十、続群書類従完成会、一九六五年）一八六頁～一八七頁を典拠に、早くから秀秋が家康と通じ、伏見城の守備も申し出ていたが、鳥居元忠に拒絶されていたとし、「島津氏のケースと酷似」と指摘する。

（３３１）白峰旬『新解釈　関ヶ原合戦の真実　脚色された天下分け目の戦い』（宮帯出版社、二〇一四年）八〇頁～八三頁。

（３３２）前掲註（３２６）小池「関ヶ原合戦の布陣地に関する考察」一九頁は「大谷隊後方の山地」とする。

（３３３）前掲註（６３）笠谷『論争　関ヶ原合戦』一九八頁は「一般称としての山中、すなわち山間部であることの表現と解するのが妥当」とするが、この説は成立しないであろう。なお、同書は、近年の研究で重視されている新たな一次史料に言及せぬまま、自説を固守することに主眼があるように見受けられる。それほど近年の研究が笠谷説の登場時から変化しているということだが、少なくとも笠谷氏は、近年の研究の提示する一次史料に対する所見・読解を示すべきではなかったか。当該研究の先駆者的位置にある笠谷氏だからこそ、過去の自説にとらわれず、近年の研究を深いところから批判してほしかった。

（３３４）前掲註（３２６）小池「関ヶ原合戦の布陣地に関する考察」九頁。

（３３５）前掲註（３２６）小池「関ヶ原合戦の布陣地に関する考察」一九頁。

（３３６）前掲註（３２６）小池「関ヶ原合戦の布陣地に関する考察」一三頁。

（３３７）前掲註（３２６）小池「関ヶ原合戦の布陣地に関する考察」一三頁・二一頁。

（３３８）前掲註（３２６）小池「関ヶ原合戦の布陣地に関する考察」一九頁。

（３３９）『後編旧記雑録』巻五十二・一四〇五「黒木左近平山九郎左衛門覚書」「関ヶ原一戦之大抵」（鹿児島県維新史料編さん所編『鹿児島県史料　旧記雑録後編三』鹿児島県、一九八二年、六九一頁）。

（３４０）「五一〇　池田照政書状案」（奥野高広・加藤哲校訂『史料纂集〔古文書編〕　朽木文書』第二、続群書類従完成会、一九八一年、一五三頁～一五四頁）。

（３４１）『譜牒余録』巻第三十六・稲葉丹後守之二（国立公文書館所蔵謄写本）。

（３４２）この記述について、前掲註（３２６）小池「関ヶ原合戦の布陣地に関する考察」二三頁は「山中で戦ったことを意味する文章ではない」とする。しかし、大谷吉継が山中で陣取っていたことを裏づける史料の一つではあろう。

（３４３）『譜牒余録』巻第三十六・稲葉丹後守之二（国立公文書館所蔵謄写本）。

（３４４）「五（巻子）　彦坂元正・石河安通連署書状写」（福岡市史編集委員会編『新修　福岡市史』資料編・中世①市内所在文書、福岡市、二〇一〇年、一七七頁）。

（３４５）「五一〇　池田照政書状案」（奥野高広・加藤哲校訂『史料纂集〔古文書編〕　朽木文書』第二、続群書類従完成会、一九八一年、一五三頁）。

（３４６）前掲註（６３）笠谷『論争　関ヶ原合戦』二一四頁は「関ヶ原合戦の開始時刻は早朝であり、遅くとも午前八時頃としなければならない。しかしながら当日は朝霧が立ち込めていて視界が不良であったことから、戦いは断続的な形で関ヶ原の各所において、個別分散的に進められていたということであろう。そして午前一〇時頃、朝霧が晴れ上がって、関ヶ原一帯の視界が良好となり、それで戦いは本格的に展開していったというのが実情だったのだろう。家康が巳の刻に関ヶ原に出陣したというのも、朝霧の上がった状態を確認して、本陣を関ヶ原中央部に押し出して総攻撃の態勢に入った」ものと理解している。なお、「九一三　吉川広家自筆書状案」（東京帝国大学編『大日本古文書　家わけ九ノ二　吉川家文書之二』東京帝国大学文学部史料編纂掛、一九二六年、六四頁）における「左候て行いの相聞え候分ハ、人数二手ニ分け候て、一手ハ山中へ押し入り、筑中（小早川秀秋）左候へは」とある見せ消ちの一文を根拠に、太田浩司「慶長五年九月十五日に何が起きたか―「関ヶ原合戦」当日の再検討―」（太田浩司編『石田三成―関ヶ原西軍人脈が形成した政治構造―』宮帯出版社、二〇二二年）三三三頁は「「関ヶ原合戦」での家康の戦略は、山中村を突破して中山道を通り、佐和山へ至ることであった」とし、「これに対し、東軍の中にはもう一手の北国街道を守っていた三成本陣に向かった部隊もあった」とする。

（３４７）秋田家文書「一　最上義光書状（切紙）」（山形県編『山形県史』史料編十五上・古代中世史料一、山形県、一九七七年、一〇〇四頁）。
（３４８）前掲註（３６）藤井『近世初期政治史研究』三三二頁～三三九頁。
（３４９）前掲註（３２６）小池「関ヶ原合戦の布陣地に関する考察」一八頁。
（３５０）「二〇八一　伊達留守上野介政景ほか五名宛書状」（仙台市史編さん委員会編『仙台市史　資料編十一　伊達政宗文書二』仙台市、二〇〇三年、一〇三頁）。
（３５１）「二〇八二　伊達留守上野介政景宛書状」（仙台市史編さん委員会編『仙台市史　資料編十一　伊達政宗文書二』仙台市、二〇〇三年、一〇四頁）。
（３５２）前掲註（３２６）小池「関ヶ原合戦の布陣地に関する考察」一六頁・二三頁。
（３５３）秋田家文書「一　最上義光書状（切紙）」（山形県編『山形県史』史料編十五上・古代中世史料一、山形県、一九七七年、一〇〇四頁）。
（３５４）『保科御事歴』巻之二所収「慶長五年八月二十九日付黒河内長三宛保科正光書状」（信濃史料刊行会編『新編信濃史料叢書』第二巻、信濃史料刊行会、一九七二年、三〇三頁）。
（３５５）前掲註（３６）藤井『近世初期政治史研究』三二七頁。
（３５６）前掲註（３）笠谷『関ヶ原合戦』一八八頁～一八九頁。
（３５７）「五（巻子）彦坂元正・石河安通連署書状写」（福岡市史編集委員会編『新修　福岡市史』資料編・中世①市内所在文書、福岡市、二〇一〇年、一七七頁）。
（３５８）前掲註（３６）藤井『近世初期政治史研究』三二七頁。
（３５９）「⑪関ヶ原御先備図」黒羽町芭蕉の館編『改訂版　関ヶ原合戦と大関氏—近世大名への転身—』（黒羽町教育委員会、二〇〇四年、一二頁）。白峰旬「関ヶ原の戦いの陣立書（「大関家文書」）について」（別府大学史学

研究会『史学論叢』第五二号、二〇二二年十月）。

（３６０）戦闘の推移について、戦地のことはなお検討を要するけれども、前掲註（３２６）小池「関ヶ原合戦の布陣地に関する考察」一九頁～二〇頁は「先に布陣し迎撃する側であった西軍はある程度布陣が固定している（故に地名とセットで隊が記述される）が、それに対して攻め込む側の東軍は布陣地が流動的である（西軍を追って関ヶ原まで進軍し、進軍中に戦闘行為に雪崩れ込んだので、「布陣地」と呼べるような場所が存在しない）ということである。おそらく、東軍諸隊は固定的な布陣地が決まっていたわけではなく、攻撃を加える順も（先陣は福島隊で、という程度は決まっていたかもしれないが）明確には定まっていなかった（定まっていたとしても、実際の戦闘では厳密に守られていなかった）。戦端が開かれてから東軍諸隊は一斉に攻め寄せ、どの隊が何番目に戦闘に加わったか等という交戦の順序を把握していた人はおらず、把握できるような性質の戦いでもなかった。それが戦闘の実態ではないだろうか。」としている。これが現時点で最も史実に近い戦闘の推移の描写であろう。

（３６１）秋田家文書「一　最上義光書状（切紙）」（山形県編『山形県史』史料編十五上・古代中世史料一、山形県、一九七七年、一〇〇四頁）。

（３６２）前掲註（３６）藤井『近世初期政治史研究』三二七頁。

（３６３）前掲註（３）笠谷『関ヶ原合戦』一六五頁～一七三頁。

（３６４）高台寺掌美術館編『平成二十六年秋の特別展　九州に残った豊臣氏　豊後国・日出藩主木下家と北政所』（高台寺掌美術館、二〇一四年）四九頁～五〇頁。

（３６５）前掲註（３）笠谷『関ヶ原合戦』一八八頁～一八九頁。

（３６６）前掲註（２２７）中村『新訂　徳川家康文書の研究』中巻、四九六頁。

（３６７）前掲註（２２７）中村『新訂　徳川家康文書の研究』中巻、四六二頁～四六三頁。

（３６８）前掲註（２２７）中村『新訂　徳川家康文書の研究』中巻、六四四頁。

（３６９）前掲註（２２７）中村『新訂　徳川家康文書の研究』中巻、六四三頁～六四四頁。

（３７０）前掲註（８６）光成『関ヶ原前夜』八三頁。

（３７１）前掲註（２４）水野『関ヶ原への道』一九五頁～一九七頁。

（３７２）『言経卿記』慶長五年九月十七日条・九月二十日条・九月二十六日条（東京大学史料編纂所編『大日本古記録　言経卿記』十、岩波書店、一九七七年、二一八頁～二一九頁・二二〇頁・二二三頁）。なお、秀忠は慶長五年（一六〇〇）九月二十四日に伏見に到着している。『言経卿記』慶長五年九月二十四日条（前掲『大日本古記録　言経卿記』十、二二三頁）。

（３７３）『お湯殿の上の日記』慶長五年九月二十日条（塙保己一編・太田藤四郎補『続群書類従』補遺三・お湯殿の上の日記（九）、続群書類従完成会、一九五八年、一七三頁）。

（３７４）前掲註（１２５）二木『徳川家康』一二八頁。

（３７５）「前田利長に遣れる書状」（中村孝也『新訂　徳川家康文書の研究』中巻、日本学術振興会、一九八〇年、七四〇頁）。

（３７６）『言経卿記』慶長五年九月二十七日条（東京大学史料編纂所編『大日本古記録　言経卿記』十、岩波書店、一九七七年、二二三頁～二二四頁）。

（３７７）「一九四　大坂一乱起之覚書」（芥川龍男編著『お茶の水図書館蔵成簣堂文庫　武家文書の研究と目録（上）』財団法人石川文化事業財団お茶の水図書館、一九八八年、四三五頁～四三七頁）。

（３７８）「一九四　大坂一乱起之覚書」（芥川龍男編著『お茶の水図書館蔵成簣堂文庫　武家文書の研究と目録（上）』

財団法人石川文化事業財団お茶の水図書館、一九八八年、四三四頁～四三五頁）。

（３７９）前掲註（３３０）渡邊『関ヶ原合戦全史』二五七頁では史料の引用を意訳しているために言及していないが、「寛政重修諸家譜」巻第六百八「越智氏河野支流稲葉正成」（高柳光寿・岡山泰四・斎木一馬編集顧問『新訂　寛政重修諸家譜』第十、続群書類従完成会、一九六五年）一八六頁～一八七頁には「時に石田三成叛逆を企、宇喜多秀家、長束正家、大谷吉継、小西行長、安國寺恵瓊等と相議し、（小早川）秀秋が許に使して、（豊臣）秀頼十五歳以前は、天下を秀秋に委附し、筑前、筑後両国に播磨国を加へて領せしめ、又近江国の内にをいて十萬石ならびに、黄金三百枚をもつて（稲葉）正成に與ふべしと誓詞を副て、その言の違はざるを示す。」とあり、大坂方もこの秀吉の遺言において言及のあった秀頼の年齢を意識し、小早川秀秋を秀頼の十五歳となるまでの名代として迎えようとしていたことがわかる。このことは、秀秋の元豊臣一門としての立場と家康への与同がいかに政治的に重要なことであったかを示しており、毛利輝元では大坂方の盟主とはなり得なかったことをも示している。

（３８０）中村孝也『新訂　徳川家康文書の研究』下巻之二（日本学術振興会、一九八二年）。藤井譲治「「源家康」の印章」（藤井譲治『近世史小論集―古文書と共に―』思文閣出版、二〇一二年、初出は一九九三年）。藤井譲治「家康「忠恕」の印章」（『古文書研究』第八四号、二〇一七年十二月）。

（３８１）前掲註（３８０）藤井「家康「忠恕」の印章」一一五頁～一一六頁。

（３８２）前掲註（３８０）藤井「家康「忠恕」の印章」一一五頁。

（３８３）前掲註（３８０）藤井「家康「忠恕」の印章」一一六頁。

（３８４）『言経卿記』慶長五年九月二十五日条（東京大学史料編纂所編『大日本古記録　言経卿記』十、岩波書店、一九七七年、二二三頁）。

（385）「校訂　舊・中　五六三頁（復・同）　黒田長政に遣れる書状」（徳川義宣『新修　徳川家康文書の研究』第二輯、徳川黎明会、二〇〇六年、八〇八頁）。

（386）「〔参考〕黒田長政より吉川広家に遣れる誓書」（中村孝也『新訂　徳川家康文書の研究』中巻、日本学術振興会、一九八〇年、七七三頁）慶長五年十月二日付。

（387）「二〇九二　今井宗薫兼久宛書状」（仙台市史編さん委員会編『仙台市史　資料編十一　伊達政宗文書二』仙台市、二〇〇三年、一一〇頁～一一一頁）慶長五年十月十四日付。

（388）『言経卿記』慶長五年九月二十九日条・十月一日条（東京大学史料編纂所編『大日本古記録　言経卿記』十、岩波書店、一九七七年、二二五頁）。

（389）前掲註（20）藤井『徳川家康』二四一頁。『舜旧記』慶長五年九月三十日条（鎌田純一校訂『史料纂集　舜旧記』第一、続群書類従完成会、一九七〇年、二四四頁）。

（390）「二〇九二　今井宗薫兼久宛書状」（仙台市史編さん委員会編『仙台市史　資料編十一　伊達政宗文書二』仙台市、二〇〇三年、一一〇頁）慶長五年十月十四日付。

（391）「二〇九二　今井宗薫兼久宛書状」（仙台市史編さん委員会編『仙台市史　資料編十一　伊達政宗文書二』仙台市、二〇〇三年、一一一頁）慶長五年十月十四日付。

（392）「二〇二八　井伊直政外二名連署覚書」（東京帝国大学編『大日本古文書　家わけ第八　毛利家文書之三』東京帝国大学、一九二二年、三〇五頁）。

（393）「二〇二八　井伊直政外二名連署覚書」（東京帝国大学編『大日本古文書　家わけ第八　毛利家文書之三』東京大国大学、一九二二年、三〇五頁）。

（394）前掲註（227）中村『新訂　徳川家康文書の研究』中巻、七七〇頁～七八一頁。

（395）「一〇一七　細川忠興書状写」（八代市立博物館未来の森ミュージアム『松井文庫所蔵古文書調査報告書』一、八代市立博物館未来の森ミュージアム、一九九六年、一一二頁）。
（396）「一一三三　今井宗薫兼久宛書状」（仙台市史編さん委員会編『仙台市史　資料編十一　伊達政宗文書二』仙台市、二〇〇三年、一三三頁～一三四頁）。
（397）「四六三　細川忠興書状」（八代市立博物館未来の森ミュージアム『松井文庫所蔵古文書調査報告書』三、八代市立博物館未来の森ミュージアム、一九九八年、六八頁）。
（398）「一〇一七　細川忠興書状写」（八代市立博物館未来の森ミュージアム『松井文庫所蔵古文書調査報告書』一、八代市立博物館未来の森ミュージアム、一九九六年、一一二頁）。
（399）「一一一九　細川忠興自筆書状」（八代市立博物館未来の森ミュージアム『松井文庫所蔵古文書調査報告書』一、八代市立博物館未来の森ミュージアム、一九九六年、一二二頁）。
（400）「三〇一　松前守広書状写」（青森県史編さん近世部会『青森県史　資料編　近世一』青森県、二〇〇一年、一二三頁～一二四頁）。
（401）福田千鶴『豊臣秀頼』（吉川弘文館、二〇一四年）一〇六頁～一〇八頁。黒田基樹『羽柴家崩壊　茶々と片桐且元の懊悩』（平凡社、二〇一七年）七六頁～七七頁。
（402）前掲註（401）黒田『羽柴家崩壊』七〇頁～七一頁。
（403）前掲註（401）黒田『羽柴家崩壊』七七頁。
（404）前掲註（401）福田『豊臣秀頼』一〇八頁。
（405）前掲註（401）黒田『羽柴家崩壊』七七頁。
（406）前掲註（401）黒田『羽柴家崩壊』七七頁～七八頁。

（407）前掲註（401）黒田『羽柴家崩壊』八三頁。
（408）前掲註（401）黒田『羽柴家崩壊』九七頁。
（409）前掲註（401）黒田『羽柴家崩壊』一一三頁～一一四頁。
（410）前掲註（401）黒田『羽柴家崩壊』七四頁。
（411）前掲註（401）黒田『羽柴家崩壊』七一頁・七七頁。
（412）「一一三三　今井宗薫兼久宛書状」（仙台市史編さん委員会編『仙台市史　資料編十一　伊達政宗文書二』仙台市、二〇〇三年、一三四頁）。
（413）「一一三六　今井宗薫兼久宛書状」（仙台市史編さん委員会編『仙台市史　資料編十一　伊達政宗文書二』仙台市、二〇〇三年、一三七頁）慶長六年四月二十一日付。
（414）前掲註（17）笠谷『徳川家康』二三〇頁～二三四頁。
（415）前掲註（401）黒田『羽柴家崩壊』七〇頁。
（416）前掲註（401）黒田『羽柴家崩壊』八三頁。
（417）前掲註（401）黒田『羽柴家崩壊』七四頁。
（418）前掲註（17）笠谷『徳川家康』二三五頁～二三八頁。
（419）前掲註（3）笠谷『関ヶ原合戦』二三〇頁。
（420）「二九四　大坂一乱起之覚書」（芥川龍男編著『お茶の水図書館蔵成簣堂文庫　武家文書の研究と目録（上）』財団法人石川文化事業財団お茶の水図書館、一九八八年、四三六頁～四三七頁）。
（421）前掲註（20）藤井『徳川家康』所収「家康の居所・移動表」七頁。
（422）前掲註（401）黒田『羽柴家崩壊』九七頁・一一三頁～一一四頁。

（４２３）前掲註（４０１）黒田『羽柴家崩壊』七七頁。

（４２４）前掲註（４０１）黒田『羽柴家崩壊』八三頁〜八四頁。

（４２５）前掲註（４０１）黒田『羽柴家崩壊』八三頁。

（４２６）前掲註（６）藤井『徳川将軍家領知宛行制の研究』第一章、前掲註（１０６）本多『定本　徳川家康』二〇〇頁、前掲註（２０）藤井『徳川家康』二四五頁、前掲註（１７）笠谷『徳川家康』二二九頁〜二三〇頁。

（４２７）前掲註（４０１）福田『豊臣秀頼』一〇〇頁〜一〇二頁。

（４２８）前掲註（４０１）黒田『羽柴家崩壊』五五頁。

（４２９）水野伍貴「関ヶ原合戦後の国割に関する一考察」（『十六世紀史論叢』第一六号、二〇二二年三月）五四頁。

（４３０）前掲註（４２９）水野「関ヶ原合戦後の国割に関する一考察」七二頁〜七三頁。

（４３１）「秘府蔵書」（上野市古文献刊行会編『高山公実録〈藤堂高虎伝〉』上巻、清文堂、一九九八年、一七七頁）。

（４３２）中野等「「関ヶ原」合戦と黒田如水」（『日本歴史』第八八三号、二〇二一年十二月）。

（４３３）前掲註（４０１）福田『豊臣秀頼』一〇一頁〜一〇二頁、前掲註（４０１）黒田『羽柴家崩壊』五五頁。

（４３４）「二七九　羽柴細川忠隆自筆書状」（八代市立博物館未来の森ミュージアム『松井文庫所蔵古文書調査報告書』二、八代市立博物館未来の森ミュージアム、一九九七年、七三頁）。

（４３５）「二〇一六　十一月廿日書状」（東京大学史料編纂所編『大日本近世史料　細川家史料』四、東京大学出版会、一九七四年、二八三頁）。

（４３６）『譜牒余録』巻第二十五（国立公文書館所蔵謄写本）松平土佐守。

（４３７）「二〇一六　十一月廿日書状」（東京大学史料編纂所編『大日本近世史料　細川家史料』四、東京大学出版会、一九七四年、二八三頁〜二八四頁）。

（４３８）前掲註（４３２）中野「「関ヶ原」合戦と黒田如水」一四頁。
（４３９）前掲註（２０）藤井『徳川家康』二四八頁。
（４４０）前掲註（１６）本多『徳川家康の決断』一七七頁。
（４４１）「二〇九二　今井宗薫兼久宛書状」（仙台市史編さん委員会編『仙台市史　資料編十一　伊達政宗文書二』仙台市、二〇〇三年、一一一頁）慶長五年十月十四日付。
（４４２）前掲註（４０１）黒田『羽柴家崩壊』八三頁。
（４４３）前掲註（４０１）黒田『羽柴家崩壊』九七頁・一一三頁〜一一四頁。
（４４４）『利家夜話』巻之下（萩野由之監修／堀田璋左右・川上多助編『日本偉人言行資料　利家夜話全・微妙公御夜話全・命期集全』国史研究会、一九一六年、八五頁）。
（４４５）「二九四　大坂一乱起之覚書」（芥川龍男編著『お茶の水図書館蔵成簣堂文庫　武家文書の研究と目録（上）』財団法人石川文化事業財団お茶の水図書館、一九八八年、四三四頁〜四三五頁）。
（４４６）前掲註（４０１）黒田『羽柴家崩壊』七九頁〜八〇頁。
（４４７）前掲註（４０１）黒田『羽柴家崩壊』一一六頁。
（４４８）弥永貞三・副島種経校訂『史料纂集　義演准后日記』第三（続群書類従完成会、一九八五年）九六頁。
（４４９）山口県文書館編『萩藩閥閲録』第一巻（マツノ書店、一九九五年）五五頁。
（４５０）なお、関白職の取り扱いについて、『舜旧記』慶長五年十二月二十一日条（鎌田純一校訂『史料纂集　舜旧記』第一、続群書類従完成会、一九七〇年、二五四頁）が「去（慶長五年十二月）廿日、関白宣下有り、九条（兼孝）殿当職云々、武家ヨリ摂家へ返さるの始め也、内府（徳川）家康公申し沙汰也」と記しているが、これは「女御（近衛前子）御腹太子（三宮、政仁親王、後水尾天皇）親王宣下」（『舜旧記』慶長五年十二月二十一日条、二五四頁）のためであった。前掲註（４０１）黒田『羽柴家崩壊』六五頁～六六頁は「関白職を羽柴家の独占としてきた方針の撤廃は、家康の意図によるものであった」が、秀頼の就任の見方があることなどから、「羽柴家当主である秀頼が、まったく排除されたわけでもなかった」とする。

（４５１）前掲註（４０１）黒田『羽柴家崩壊』一一六頁、前掲註（４０１）福田『豊臣秀頼』一〇八頁、前掲註（２０）藤井『徳川家康』二五五頁。

（４５２）『言経卿記』慶長七年二月十九日条（東京大学史料編纂所編『大日本古記録　言経卿記』十一、岩波書店、一九八〇年、二四一頁）。

（４５３）『言経卿記』慶長七年二月二十日条（東京大学史料編纂所編『大日本古記録　言経卿記』十一、岩波書店、一九八〇年、二四一頁）。

（４５４）前掲註（４０１）黒田『羽柴家崩壊』一一六頁。

（４５５）前掲註（２０）藤井『徳川家康』二五四頁～二五五頁。

（４５６）前掲註（４０１）福田『豊臣秀頼』一一四頁～一一五頁。

（４５７）『言経卿記』慶長六年九月二十一日条（東京大学史料編纂所編『大日本古記録　言経卿記』十一、岩波書店、一九八〇年、一五二頁）。

（４５８）前掲註（２０）藤井『徳川家康』二六一頁。『お湯殿の上の日記』慶長八年正月二十一日条（塙保己一編・太田藤四郎補『続群書類従』補遺三・お湯殿の上の日記（九）、続群書類従完成会、一九五八年、二四六頁）。

（４５９）『当代記』巻三、慶長八年正月条（『当代記　駿府記』続群書類従完成会、一九九五年、七九頁）。

（４６０）『言経卿記』慶長八年二月十二日条（東京大学史料編纂所編『大日本古記録　言経卿記』十二、岩波書店、一九八三年、二七頁）。なお、家康は同日付で内大臣から右大臣に転任している。『言経卿記』慶長八年二月

二十六日条（同所編『大日本古記録　言経卿記』十二、三七頁）。

（４６１）『言経卿記』慶長十年四月十六日条（東京大学史料編纂所編『大日本古記録　言経卿記』十三、岩波書店、一九八七年、一六六頁）。

（４６２）『お湯殿の上の日記』慶長八年十一月八日条（塙保己一編・太田藤四郎補『続群書類従』補遺三・お湯殿の上の日記（九）、続群書類従完成会、一九五八年、二八〇頁）。

（４６３）『西笑和尚文案』第六冊（伊藤真昭・上田純一・原田正俊・秋宗康子編『相国寺蔵　西笑和尚文案　自慶長二年至慶長十二年』思文閣出版、二〇〇七年、一〇〇頁）慶長八年十一月八日以前。

（４６４）前掲註（１２６）川合『源頼朝』三一八頁。

（４６５）すなわち、前掲註（１２６）川合『源頼朝』三一五頁～三一八頁によると、源頼朝は将軍任官前の建久元年（一一九〇）の上洛中に権大納言と右近衛大将に任官し、それらを辞している。実際には、藤井譲治「慶長十五年・十六年の後陽成天皇宸翰」（京都大学総合博物館編『京都大学総合博物館図録　日記が開く歴史の扉　平安貴族から幕末奇兵隊まで』京都大学総合博物館、二〇〇三年）六一頁～六二頁が示すように、慶長十六年（一六一一）三月まで秀忠は右大将に在任し続けるが、家康は、前掲註（４０１）黒田『羽柴家崩壊』七〇頁～七一頁のいうような秀頼と秀忠との関係に配慮しつつ、少なくとも秀忠の身位を頼朝の将軍任官前の水準にまで引き上げようとしていたのではなかろうか。将軍任官のための秀忠の上洛も、中村孝也『徳川家康公伝』（東照宮社務所、一九六五年）三九三頁には「その作法は右大将頼朝上洛の先例に依るものだといわれる」とあるから、それは前掲註（１２６）川合『源頼朝』三一五頁でいわれる頼朝の行列をふまえたものであったのかもしれない。また、慶長十一年（一六〇六）四月二十八日に家康が勧修寺光豊邸で「武家者ども官位の事、御吹挙無くば一圓ニ成し下さるまじき由固く申さしむべし」と発言したことも（『慶長日件録』慶長十一年四月二十八日条〈山本武夫校訂『史料纂集　慶長日件録』第二、続群書類従完成会、一九九六年、一八頁〉)、将軍秀忠の行く末を考え、前掲註（126）川合『源頼朝』二三四頁・二六四頁のいう「御家人が朝廷から官職を受けることを制約する」頼朝の姿をふまえたものだったのではなかろうか。前掲註（17）笠谷『徳川家康』三四二頁も同様の見解を示している。

（466）「一二一六　茂庭石見守綱元宛書状」（仙台市史編さん委員会編『仙台市史　資料編十一　伊達政宗文書二』仙台市、二〇〇三年、一八四頁）。

（467）「一二一六　茂庭石見守綱元宛書状」（仙台市史編さん委員会編『仙台市史　資料編十一　伊達政宗文書二』仙台市、二〇〇三年、一八三頁）。

（468）『太田和泉守日記』（宮内庁書陵部所蔵謄写本）慶長十年四月十七日条。

（469）『太田和泉守日記』（宮内庁書陵部所蔵謄写本）慶長十年五月十五日条。

（470）『当代記』巻三、慶長十年五月条（『当代記　駿府記』続群書類従完成会、一九九五年、八九頁）。

（471）『当代記』巻三、慶長八年七月二十八日条（『当代記　駿府記』続群書類従完成会、一九九五年、八一頁）。

（472）前掲註（17）笠谷『徳川家康』二八九頁。笠谷同書三三七頁〜三三八頁は「豊臣秀頼と家康との二条城会見の直後に発布され」た慶長十六年（一六一一）四月十二日付の「三ヶ条誓詞は鎌倉幕府と頼朝による武家政治の伝統を全面に押し出したものであり、徳川幕府の法令は徳川将軍が恣意的に定めたものではなく、あくまでも歴代将軍の発布したものの踏襲であり、時代の変化を勘案したその修正版という論理をもって、その法令発布の正当性を定立していた」とする。前掲註（20）藤井『徳川家康』三三六頁は、これを「武家諸法度」の先駆をなすもの」と評価している。なお、前掲註（20）藤井『徳川家康』三三一頁のいう同年三月二十二日に新田義重への鎮守府将軍の贈官を願って許されていることも、前掲註（126）川合『源頼朝』三二三頁の説く鎮守府将軍と征夷大将軍との関係性をふまえたものと思われ、この時点で将軍秀忠が正真正銘の前右大将となっていることも、おそらく偶然ではなく、頼朝を思い起こさせる措置であったろう。このように、慶長十六年（一六一一）前半段階の家康は、秀頼の能力を見極めつつ、まだその存在を前提として、将軍秀忠の政治的立場の強化に努めていたものと理解できよう。

（473）前掲註（17）笠谷『徳川家康』二八九頁。

（474）前掲註（17）笠谷『徳川家康』二九〇頁。

（475）前掲註（138）笠谷『関ヶ原合戦と大坂の陣』二〇二頁～二〇三頁。

（476）池上裕子『日本の歴史⑮　織豊政権と江戸幕府』（講談社・講談社学術文庫、二〇〇九年）三五二頁。池上氏のいう「二元政治」については、「二元的政治」と見るべきだという本多隆成氏の見解もある。前掲註（16）本多『徳川家康の決断』二三一頁～二三三頁を参照のこと。

（477）『当代記』巻三、慶長七年六月十日条（『当代記　駿府記』続群書類従完成会、一九九五年、七七頁～七八頁）。

（478）『当代記』巻四、慶長十二年二月十二日条・慶長十二年二月条・慶長十二年三月五日条・慶長十二年閏四月八日条（『当代記　駿府記』続群書類従完成会、一九九五年、九九頁～一〇一頁・一〇四頁）。

（479）『当代記』巻五、慶長十四年三月条（『当代記　駿府記』続群書類従完成会、一九九五年、一四九頁）。

（480）『当代記』巻五、慶長十五年三月五日条（『当代記　駿府記』続群書類従完成会、一九九五年、一六二頁）。

（481）『当代記』巻五、慶長十五年四月条（『当代記　駿府記』続群書類従完成会、一九九五年、一六三頁～一六四頁）。

（482）『当代記』巻三、慶長十一年四月条（『当代記　駿府記』続群書類従完成会、一九九五年、九三頁）。

（483）『当代記』巻四、慶長十二年条（『当代記　駿府記』続群書類従完成会、一九九五年、一〇七頁）。

（484）「大坂包囲網」については、藤田達生『日本近世国家成立史の研究』（校倉書房、二〇〇一年）三七九頁～三八一頁。藤田氏は「直接的な原因」について「相次ぐ家康の子息の死去」（同書三七九頁）を重視している。『当代記』巻三、慶長九年七月朔日条・慶長九年七月五日条（『当代記　駿府記』続群書類従完成会、一九九五年、八三頁）。『当代記』巻五、慶長十四年九月条・慶長十五年閏二月八日条（『当代記　駿府記』続群書類従完成会、一九九五年、一五四頁・一五五頁～一五六頁・一六一頁）。

（485）『当代記』巻八、慶長十八年八月二十五日条（『当代記　駿府記』続群書類従完成会、一九九五年、一九二頁）。

（486）福田千鶴「大坂冬の陣開戦までの西国大名の動向―黒田長政・島津家久を中心に―」（『九州文化史研究所紀要』第五九号、二〇一六年三月）一一頁。

（487）前掲註（486）福田「大坂冬の陣開戦までの西国大名の動向」二五頁。

（488）前掲註（486）福田「大坂冬の陣開戦までの西国大名の動向」八頁～九頁。

（489）「〔参考〕本多正純より藤堂高虎に遣れる書状（その二）」（中村孝也『新訂　徳川家康文書の研究』下巻之一、日本学術振興会、一九八〇年、八五六頁）。

（490）「〔参考〕将軍秀忠より藤堂高虎に與へたる直書」（中村孝也『新訂　徳川家康文書の研究』下巻之一、日本学術振興会、一九八〇年、八六一頁）。

（491）「〔参考〕将軍秀忠より本多正純に與へたる直書」（中村孝也『新訂　徳川家康文書の研究』下巻之一、日本学術振興会、一九八〇年、八六三頁）。

（492）「〔参考〕将軍秀忠より本多正純に與へたる直書」（中村孝也『新訂　徳川家康文書の研究』下巻之一、日本学術振興会、一九八〇年、八六三頁～八六四頁）。

（493）「〔参考〕将軍秀忠より藤堂高虎に與へたる直書」（中村孝也『新訂　徳川家康文書の研究』下巻之一、日本学術振興会、一九八〇年、八六七頁）。

（494）『駿府記』慶長十九年十二月十七日条（『当代記　駿府記』続群書類従完成会、一九九五年、二九〇頁）。

（495）『駿府記』慶長十九年十二月五日条（『当代記　駿府記』続群書類従完成会、一九九五年、二八七頁）。

（496）『駿府記』慶長二十年五月七日条（『当代記　駿府記』続群書類従完成会、一九九五年、三〇二頁）。

（497）「慶長二十年五月十四日付福原広俊他宛毛利秀元書状」（山口県文書館編『萩藩閥閲録遺漏』マツノ書店、一九九五年、一二一八頁）。

（498）「四八〇　細川忠興書状写」（八代市立博物館未来の森ミュージアム『松井文庫所蔵古文書調査報告書』三、八代市立博物館未来の森ミュージアム、一九九八年、七七頁）。

（499）『駿府記』慶長二十年五月二十三日条（『当代記　駿府記』続群書類従完成会、一九九五年、三〇三頁）。

（500）前掲註（20）藤井『徳川家康』三八九頁。

（501）「四〇四　細川忠興書状」（八代市立博物館未来の森ミュージアム『松井文庫所蔵古文書調査報告書』二、八代市立博物館未来の森ミュージアム、一九九七年、一三五頁）元和二年正月十日付荒川少兵衛・小笠原長元・朽木昭貞ほか十一名宛。「元和二年二月六日付高須元与宛毛利輝元書状」（山口県文書館編『萩藩閥閲録』第二巻、マツノ書店、一九九五年、三三三頁）。「元和二年二月六日付宍道元兼・井原元応宛毛利輝元書状」（山口県文書館編『萩藩閥閲録』第二巻、マツノ書店、一九九五年、六七一頁）。平川新「政宗謀反の噂と徳川家康」（『東北文化研究室紀要』第五二集、二〇一一年三月）一頁～一五頁は、松平忠輝の発言に端を発した元和二年（一六一六）の伊達政宗の政治的危機について詳説している。

（502）「一八八六　茂庭石見守綱元宛書状」（仙台市史編さん委員会編『仙台市史　資料編十二　伊達政宗文書三』仙台市、二〇〇五年、六頁）。

（503）「一〇七　豊臣秀吉遺言覚書」（東京帝国大学編『大日本古文書　家わけ第二　浅野家文書』東京帝国大学、一九〇六年、一三五頁〜一三八頁）。

（504）「一八八九　茂庭石見守綱元宛カ書状」（仙台市史編さん委員会編『仙台市史　資料編十二　伊達政宗文書三』仙台市、二〇〇五年、九頁〜一〇頁）。

（505）拙著『徳川家光　我等は固よりの将軍に候』（ミネルヴァ書房、二〇一三年）三一頁〜三九頁。

（506）「東覚左衛門披露状」（『長帳　甲三』高知県立高知城歴史博物館所蔵土佐藩主山内家資料）。

（507）『当代記』巻五、慶長十五年三月五日条（『当代記　駿府記』続群書類従完成会、一九九五年、一六二頁）。

（508）『言緒卿記』元和二年三月十七日条（東京大学史料編纂所編『大日本古記録　言緒卿記』下、岩波書店、一九九八年、九三頁）。

（509）『言緒卿記』元和二年三月十七日条・元和二年三月二十五日条・元和二年三月二十七日条（東京大学史料編纂所編『大日本古記録　言緒卿記』下、岩波書店、一九九八年、九三頁〜九四頁）。

（510）『言緒卿記』元和二年三月二十九日条（東京大学史料編纂所編『大日本古記録　言緒卿記』下、岩波書店、一九九八年、九五頁）。

（511）拙著『徳川家康の神格化　新たな遺言の発見』（平凡社、二〇一九年）一六七頁〜一七五頁。拙稿「徳川家康の神格化過程に関する追加的検討」（『大日光』第九〇号、二〇二一年七月）。

（512）『大日本史料』第十二編之二十四、元和二年四月十七日条、三二五頁〜三三〇頁。死亡時刻についてはいくつかの記述があるが、当時の駿府城の状況を見聞した人物による記録は「巳刻」で一致している。

（513）『言緒卿記』元和二年四月十七日条（東京大学史料編纂所編『大日本古記録　言緒卿記』下、岩波書店、一九九八年、一〇〇頁）。

（５１４）『義演准后日記』元和二年四月二十日条（『大日本史料』第十二編之二十四、元和二年四月十七日条、三二九頁）。

（５１５）渋沢雅英『父・渋沢敬三』（実業之日本社、一九六六年）一九九頁〜二〇〇頁。

（５１６）前掲註（５１５）渋沢『父・渋沢敬三』二〇〇頁。

（５１７）渋沢敬三述・安藤良雄聞き手「テレビ対談「昭和財界史」」（渋沢敬三先生景仰録編集委員会編『渋沢敬三先生景仰録』学校法人東洋大学、一九六五年）四二五頁。一九六三年一月十二日に東京三田の綱町邸において録画、一九六三年一月十四日に教育テレビにおいて放送。

（５１８）前掲註（５１７）渋沢述・安藤聞き手「テレビ対談「昭和財界史」」四三五頁。

豊臣秀吉没後の徳川家康略年譜

和暦	西暦	数え年	関係事項
慶長　三	一五九八	57	8・18　豊臣秀吉が伏見城で病没。
			10・18　後陽成天皇が譲位の意向を表明。
			11・18　徳川家康が後陽成天皇の譲位を諫止する。
慶長　四	一五九九	58	正・10〜11　豊臣秀頼母子と前田利家が大坂城へ移る。
			正・19　四大老らが徳川家康の私婚問題を追及する。
			2・5　徳川家康が前田利家らと誓詞を交換する。
			2・29　前田利家が伏見の徳川家康を訪ねる。
			3・11　徳川家康が大坂の前田利家を訪ねる。
			3・26　徳川家康が伏見の向島に移る。
			閏3・3　前田利家が病没する。
			閏3・4〜9　七将に狙われた石田三成が徳川家康の仲裁によって近江国佐和山へ退く。
			閏3・13　徳川家康が伏見城に移り、「天下殿」と目される。
			閏3・21　徳川家康と毛利輝元が起請文を交わす。
			9・7　徳川家康が大坂へ下向する。
			9・26　北政所が大坂城西の丸から京都新城に移る。
			9・27　徳川家康が大坂城西の丸に入る。
慶長　五	一六〇〇	59	4・17　徳川家康が伏見城に入る。

			4・19 徳川家康が参内する。 5・22 徳川家康が大坂へ下向する。 6・16 徳川家康が会津攻めのため大坂城を発ち、伏見城に入る。 6・18 徳川家康が伏見城を発ち、江戸へ下向する。 7・2 徳川家康が江戸へ到着する。 7・21 徳川家康が江戸を発ち、会津へ向かう。 7・24～25 徳川家康が小山に到着後、諸大名と軍議を行う。 7・26 諸大名が西上を開始する。 8・5 徳川家康が江戸に戻る。 9・1 徳川家康が江戸を発つ。 9・13～14 徳川家康が美濃国赤坂で諸大名と合流する。 9・15 徳川方が関ヶ原・山中の戦いに勝利する。 9・27～28 徳川家康が大坂城に入る。年末より徳川家康が体調を崩す。
慶長 六	一六〇一	60	3・23 徳川家康が大坂城から伏見城に移る。 5・11 徳川家康が参内する。 10・12 徳川家康が伏見を発つ。 11・5 徳川家康が江戸に到着する。
慶長 七	一六〇二	61	1・19 徳川家康が江戸を発つ。 2・14 徳川家康が伏見に到着する。

和暦	西暦	数え年	関係事項
慶長　七	一六〇二	61	3・13　豊臣秀頼への年頭礼のため徳川家康が大坂へ下向する。
			5・1　徳川家康が参内する。
			10・2　徳川家康が伏見を発つ。
			11・26　徳川家康が江戸を発つ。
			12・26　徳川家康が伏見に到着する。
慶長　八	一六〇三	62	正・1　大坂城で諸大名が豊臣秀頼に年頭礼を行う。
			正・2　伏見城で諸大名が徳川家康に年頭礼を行う。
			正・21　勅使が伏見城で征夷大将軍任官の内意を徳川家康に伝達する。
			2・4　徳川家康が大坂城で豊臣秀頼に年頭礼を行う。
			2・12　徳川家康が伏見城で将軍宣下を受ける。
			3・21　徳川家康が二条城に入る。
			3・25　徳川家康が参内する。
			10・18　徳川家康が伏見を発ち、江戸へ下向する。
			11・3　徳川家康が江戸へ到着する。
慶長　九	一六〇四	63	3・1　徳川家康が江戸を発つ。
			3・29　徳川家康が伏見に到着する。
			4・5　徳川家康が諸大名から年頭礼を受ける。
			4・6　豊臣秀頼の使者として片桐且元から年頭礼を受ける。

			6・10 徳川家康が二条城に入る。 6・22 徳川家康が参内する。 7・1 徳川家康が伏見へ下向する。 7・17 竹千代（徳川家光）出生。 閏8・14 徳川家康が伏見を発ち、江戸へ下向する。
慶長　十	一六〇五	64	正・9 徳川家康が江戸を発つ。 2・5 徳川家康が駿府を発つ。 2・19 徳川家康が伏見に到着する。 4・8 徳川家康が二条城に入る。 4・10 徳川家康が参内する。 4・15 徳川家康が伏見に到着する。 4・16 徳川秀忠が将軍宣下を受ける。 5・15 徳川秀忠が江戸へ下向する。 7・5 徳川家康が伏見城の本丸作事のため、西の丸へ移る。 7・21 徳川家康が二条城に入る（8・22まで滞在）。 9・15 徳川家康が伏見を発ち、江戸へ下向する。 10・28 徳川家康が江戸に到着する。
慶長十一	一六〇六	65	3・15 徳川家康が江戸を発つ。 4・6 徳川家康が伏見に到着する。

和暦	西暦	数え年	関係事項
慶長十一	一六〇六	65	4・14 徳川家康が諸大名の年頭礼を受ける。
			4・28 徳川家康が参内する。
			6・1 国松（徳川忠長）出生。
			7・27 徳川家康が二条城に入る。
			8・11 徳川家康が義直・頼宣と参内する。
			8・12 徳川家康が伏見に下向する。
			9・21 徳川家康が伏見を発つ。
			11・4 徳川家康が江戸に到着する。
慶長十二	一六〇七	66	2・29 徳川家康が江戸を発つ。
			3・11 徳川家康が伏見に到着し、駿府城の普請が開始される。
			7・3 徳川家康が駿府城の本丸御殿へ移る。
			8・15 駿府城の普請が一段落する。
			10・4 徳川和子出生。徳川家康が駿府を発ち、江戸へ下向する。
			10・14 徳川家康が江戸に到着する。
			12・12 徳川家康が駿府に戻る。
			12・22 駿府城が火災に遭う。
慶長十三	一六〇八	67	正・2 徳川家康が駿府城の仮屋で年頭礼を受け、豊臣秀頼・徳川秀忠の使者をも応接する。
			3・11 徳川家康が再建された駿府城の本丸御殿へ移る。

			8・18 徳川家康が駿府城で徳川秀忠と対面する。
			9・3 徳川秀忠が江戸へ下向する。
			9・12 徳川家康が江戸へ下向する。
			12・2 徳川家康が江戸を発つ。
			12・8 徳川家康が駿府に到着する。
慶長十四	一六〇九	68	正・1 徳川家康が駿府城で年頭礼を受ける。3月頃徳川家康が体調を崩す。
			4・7 徳川家康が回復する。
			10・26〜11・26 徳川家康が体調を崩す。
慶長十五	一六一〇	69	正・1 徳川家康が駿府城で年頭礼を受ける。
			正・9 徳川家康が名古屋城の縄張りと2月からの普請を命じ、鷹狩りのあと名古屋へ向かおうとするも、正・13駿府へ引き返す。
			10・14 徳川家康が駿府を発つ。
			11・18 徳川家康が江戸に到着する。
			11・27 徳川家康が江戸を発つ。
			12・10 徳川家康が駿府城に戻る。
慶長十六	一六一一	70	正・1 徳川家康が駿府城で年頭礼を受ける。
			3・6 徳川家康が後陽成天皇の譲位に伴う上洛のため駿府を発つ。
			3・17 徳川家康が二条城に入る。
			3・23 徳川家康が参内する。
			3・28 徳川家康が二条城で豊臣秀頼と会見する。

和暦	西暦	数え年	関係事項
慶長十六	一六一一	70	4・12 徳川家康が後水尾天皇の即位式を見物する。同日、諸大名から三ヶ条の誓詞を徴集する。 4・18 徳川家康が京都を発つ。 5・10以前に徳川家康が駿府に到着する。 10・6 徳川家康が駿府を発つ。 10・16 徳川家康が江戸に到着する。 11・23 徳川家康が駿府に戻る。
慶長十七	一六一二	71	正月に徳川家康が駿府城で年頭礼を受ける。 正・7 徳川家康が駿府を発つ。 正・27 徳川家康が名古屋に入る。 2・11 徳川家康が駿府に戻る。 3・17 駿府城で徳川家康が徳川秀忠と対面する。 4・10 徳川秀忠が駿府を発って江戸へ戻る。 閏10・2 徳川家康が駿府を発つ。 閏10・12 徳川家康が江戸に到着する。 12・2 徳川家康が江戸を発つ。 12・15 徳川家康が駿府城に戻る。
慶長十八	一六一三	72	正月に徳川家康が駿府城で年頭礼を受ける。 9・17 徳川家康が駿府を発つ。

			9・27	徳川家康が江戸に到着する。
			12・3	徳川家康が駿府へ戻るために江戸を発つ。
			12・13	徳川家康が相模国中原から江戸へ引き返す。
			12・14	徳川家康が江戸に到着する。江戸で越年する。
慶長十九	一六一四	73	正・1	江戸城で徳川家康が徳川秀忠等から年頭礼を受ける。
			正・21	徳川家康が駿府へ戻るため江戸を発つ。
			正・24	大久保忠隣の改易に伴う小田原城の城破を検分する。
			正・25	徳川家康が小田原で徳川秀忠と対面する。
			正・27	徳川家康が小田原を発つ。
			正・29	徳川家康が駿府城に戻る。8月に大仏鐘銘事件が問題化する。
			8・19	片桐且元が駿府に到着する。
			9・12	片桐且元が駿府を発って大坂に帰る。
			9・25	片桐且元より大坂城の不穏な情勢が伝えられる。
			10・1	徳川家康が大坂への出陣を表明する。
			10・11	徳川家康が駿府を発つ。
			10・23	徳川家康が二条城に入る。
			10・28	徳川家康が勅使を応接する。
			11・12	伏見城から徳川秀忠が二条城の徳川家康を訪ねる。
			11・15	徳川家康が二条城から出陣する。

和暦	西暦	数え年	関係事項
慶長十九	一六一四	73	12・20　大坂冬の陣の和議が成立する。
			12・25　徳川家康が二条城に入る。
			12・28　徳川家康が参内する。二条城で越年する。
元和　元	一六一五	74	慶長20年正・2　徳川家康が年頭の勅使を二条城で応接する。
			正・3　徳川家康が二条城を発つ。
			2・14　徳川家康が駿府城に戻る。
			4・4　徳川家康が駿府城から名古屋城へ向かう。
			4・10　徳川家康が名古屋城へ入る。
			4・12　徳川家康が名古屋城で徳川義直の婚儀を見届ける。
			4・15　徳川家康が名古屋を発つ。
			4・18　徳川家康が二条城に入る。
			4・22以降、徳川秀忠が伏見城から二条城を訪れ、徳川家康と対面する。
			5・5　徳川家康・秀忠父子がそれぞれ出陣する。
			5・8　豊臣秀頼母子等が自害する。同日に徳川家康が二条城に戻る。
			6・25　徳川家康が参内・院参する。
			7・7　伏見城で徳川秀忠が武家諸法度を発布するが、徳川家康は在二条城。
			7・13　元和と改元される。
			7・17　二条城で徳川秀忠とともに禁中并公家中諸法度を発布する。

			8・4	徳川家康が二条城を発つ。
			8・23	徳川家康が駿府城に戻る。
			9・29	徳川家康が駿府を発つ。
			10・10	徳川家康が江戸に入る。
			12・3	徳川家康が江戸を発つ。
			12・16	徳川家康が駿府城に戻る。
元和　二	一六一六	75	正・21	徳川家康が駿河国田中で体調を崩す。
			正・25	徳川家康が駿府城に戻る。
			3・17	徳川家康が勅使を応接する。
			3・27	徳川家康に任太政大臣の宣旨が披露される。
			4・17	徳川家康が病没する。久能山に葬られる。

（註）相田文三「徳川家康の居所と行動（天正10年6月以降）」（藤井讓治編『織豊期主要人物居所集成〔第2版〕』思文閣出版、二〇一七年）、藤井讓治『徳川家康』（吉川弘文館、二〇二〇年）、拙著『天下人の神格化と天皇』（思文閣出版、二〇一五年）、本書、東京大学史料編纂所「大日本史料総合データベース」をもとに著者作成。

野村玄（のむらげん）

1976年、大阪府大阪市生まれ。1998年、東京学芸大学教育学部卒業。2004年、大阪大学大学院文学研究科博士後期課程修了。博士（文学）（大阪大学）。専門は日本近世政治史。大阪青山短期大学ことばと文化学科専任講師、防衛大学校人文社会科学群人間文化学科講師、同准教授、大阪大学大学院文学研究科准教授を経て、2022年4月より大阪大学大学院人文学研究科准教授。著書（単著）に、『日本近世国家の確立と天皇』（清文堂）、『徳川家光　我等は固よりの将軍に候』（ミネルヴァ書房）、『天下人の神格化と天皇』（思文閣出版）、『豊国大明神の誕生　変えられた秀吉の遺言』、『徳川家康の神格化　新たな遺言の発見』（以上、平凡社）がある。

新説《しんせつ》　徳川家康《とくがわいえやす》　後半生《こうはんせい》の戦略《せんりゃく》と決断《けつだん》

2023年11月30日初版１刷発行

著　者 ── 野村玄

発行者 ── 三宅貴久

装　幀 ── アラン・チャン

印刷所 ── 萩原印刷

製本所 ── ナショナル製本

発行所 ── 株式会社光文社
東京都文京区音羽1-16-6（〒112-8011）
https://www.kobunsha.com/

電　話 ── 編集部03（5395）8289　書籍販売部03（5395）8116
業務部03（5395）8125

メール ── sinsyo@kobunsha.com

© Gen Nomura 2023　Printed in Japan　ISBN 978-4-334-10131-2

光文社新書

1250

会社のなかの「仕事」社会のなかの「仕事」

資本主義経済下の職業の考え方

阿部真大

際限のない「超」長時間労働、蔓延するやりがい搾取、働き手を蝕む過剰サービス。日本人の働き方は、どうすれば変えられるのか？　疲弊した日本経済に「職業の社会学」が新たな地平を拓く。

978-4-334-04657-6

1251

山本五十六、最期の15日間

歴史に埋もれた「幻の3番機」

池田遼太

〈語り〉青木藏男

「私は1943年4月18日、米軍に撃墜された長官機の後ろを飛んでいました」。99歳の元搭乗員が明かす、山本五十六の戦死の真相。日本海軍の頂点と地べたが交わる戦場ノンフィクション。

978-4-334-04658-3

1252

再考 ファスト風土化する日本

変貌する地方と郊外の未来

三浦展

全国各地のロードサイドに同じような商業施設が建ち並ぶ「ファスト風土化」によって、郊外とそこに暮らす人々の意識はどう変わったか。小説家、建築家、研究者ら13名の論考を収録。

978-4-334-04659-0

1253

コミュ力は「副詞」で決まる

石黒圭

「めっちゃ」「やっぱり」「じつは」「なるほど」「せっかく」「あいにく」「おかげさまで」…etc. 気持ちを効果的に伝える最強の助っ人「副詞」、その分類と機能を知り、使い方の勘所を学ぶ。

978-4-334-04660-6

1254

阪神タイガースはなんで優勝でけへんのや？

喜瀬雅則

歴史　看板　風土　戦略　育成　苦悩　誤解　派閥　そして「アレ」——9つの枠組で分析する優勝が遠のく理由。阪神ファンの元番記者だから書けた「新・阪神タイガース論」。

978-4-334-04661-3

1255

定年前と定年後の働き方
サードエイジを生きる思考

石山恒貴

定年前と定年後の働き方は、個人の思考ひとつで大きく変わる――。この時期を、どう働き、どう過ごし、どう生きるのか。幸福な働き方を実現する思考法を、研究理論と実例から探る。

978-4-334-04662-0

1256

編集者の読書論
面白い本の見つけ方、教えます

駒井稔

古典新訳文庫創刊編集長が綴《つづ》る気取らぬ読書論。話題は海外の書店や出版社、作家、歴史的人物、古典、短編、児童書へと縦横無尽に広がり、未読の本の存在にわくわくすること間違いなし！

978-4-334-04663-7

1257

超遺伝子《スーパージーン》

藤原晴彦

生き物の不思議を司る超遺伝子。メスの一部だけが擬態するナガサキアゲハなど、ダーウィンとウォレスが残した謎を解き明かして見えてきた、遺伝学の新たなフロンティアに迫る。

978-4-334-04664-4

1258

理想の職場マネージメント
一軍監督の仕事

髙津臣吾

個性豊かな選手がひとつの方向を向くチームをつくるには？セ・リーグ連覇、交流戦優勝、ゆとりローテーション、言葉の力――球界に革新を起こす名将が自らのマネージメント手法を語る。

978-4-334-04665-1

1259

参議院

倉山満

参議院を制する者が日本の政治を制する――。参議院とはいかなる存在なのか。誕生の背景から歴代政権のスタンス、そして現代日本政治まで、憲法学、政治学、歴史学の視点で検証。

978-4-334-04666-8

光文社新書

1260

東大生のジレンマ
エリートと最高学府の変容

中村正史

急増する休学者に、急進的な起業志向——保守的なはずの東大で、あえて「レール」を踏み外す学生が増えている理由とは? 激変する東大と東大生の「今」を、当事者たちの声が浮き彫りにする。

978-4-334-04667-5

1261

宇宙・0・無限大

谷口義明

私たちの想像が及ばないほど広大な宇宙は無限の大きさを持つのか。また、この宇宙に0となる物理量は存在するのか。シンプルながらも深遠な問いに天文学者が果敢に挑む一冊。

978-4-334-04668-2

1262

世界視点で読む
企業戦略とアート

上坂真人

なぜ世界のトップ企業は事業としてアートに投資するのか。日本には何が欠けているのか。ビジネスとしてのアートの役割と活用法を、豊富な事例とデータから分析・提言する。

978-4-334-04669-9

1263

教養を磨く
宇宙論、歴史観から、話術、人間力まで

田坂広志

哲学の究極の問い/「運命」とは何か/「人生百年時代」の覚悟/「死」とは何か/二一世紀の「利他主義」——教養とは答えの無い問いを問い続ける力。21世紀の「新たな教養」論。

978-4-334-04670-5

1264

戦時下のウクライナを歩く

岡野直

突如始まったロシアによるウクライナ侵攻。失われた日常に、そこに生きる人たちは何を思うのか。破壊された街で、ジャーナリストが歩いて、見て、聞いた、市民による〝戦い〟の記録。

978-4-334-04671-2

1265
アフガニスタンの素顔
「文明の十字路」の肖像
青木健太

カブール陥落から2年――タリバン統治の実態は？ 女性の権利は？ 和平実現への道筋は？ そして日本が果たすべき役割は？ 激変するアフガニスタン社会を広く深くリポート。

978-4-334-04672-9

1266
生理痛は病気です
邱紅梅

「我慢してやり過ごす」はNG！ 日本女性の生理が社会の犠牲になっていること、その先に待ち受けるリスクを解説。原因を根本から解決する「養生」の方法を中医学をベースに伝える。

978-4-334-04673-6

1267
ＣｈａｔＧＰＴの全貌
何がすごくて、何が危険なのか？
岡嶋裕史

ＣｈａｔＧＰＴと上手に付き合う方法を学び、その能力を最大限引き出すには？ 基礎知識からクリエイティビティ、今後の進化、人類の未来への影響までわかりやすく解説。

978-4-334-10013-1

1268
アートとフェミニズムは誰のもの？
村上由鶴

「みんなのもの」になろうとするエネルギーを持っているアートとフェミニズム。両者に対する理解の断絶が進んでいる現在の状況に風穴を開けるには？ 美学研究者による新しい試み。

978-4-334-10014-8

1269
不自由な社会で自由に生きる
「自由論」講義録
ウスビ・サコ編

社会は自由なように見えて、昔も今も違う形で不自由だ。宗教、表現、芸術、性、公共、そして私自身――。私たちを縛るものを知り、自由をつかみとるための8つのレッスン。

978-4-334-10015-5

光文社新書

1270

まんが 押川先生、「抗がん剤は危ない」って本当ですか？

押川勝太郎 おちゃずけ

怖いのは、闘う相手の正体を知らないから——治療の不安、医師との関係、お金、患者会、食事、周囲の人の心得など様々な疑問に、ＹｏｕＴｕｂｅで活躍の腫瘍内科医がまんがで答えます。

978-4-334-10016-2

1271

結婚しても一人

自分の人生を生ききる

下重暁子

しょせん、夫婦は他人——。大事なことは「求めない」「期待しない」etc. 夫婦がストレスなく暮らしていくためのヒントとは。50年続いた結婚生活と87年の人生を振り返りながら綴る。

978-4-334-10017-9

1272

日本のコミュニケーションを診る

遠慮・建前・気疲れ社会

パントー・フランチェスコ

本音と建前、過剰な遠慮、「キャラ」の空疎な会話。『アニメ療法《セラピー》』著者のイタリア人精神科医が、日本社会の独特なコミュニケーションによって心身を害する危険性に警鐘を鳴らす。

978-4-334-10066-7

1273

新書１００冊

視野を広げる読書

高橋昌一郎

いま、何を読んでおくべきなのか？ 今日のニュースの背景から、あの学問の最先端まで。多彩な分野のエッセンスを、この1冊に凝縮。「知」の足場を築くための珠玉のブックガイド。

978-4-334-10067-4

1274

恋愛結婚の終焉

牛窪恵

恋人は欲しくない？ 恋愛は面倒？——でも、結婚はしたい!? 改善されない未婚化と少子化の真の原因はどこにあるのか。昭和の常識から脱却し、「共創結婚」の重要性を検証・提案する。

978-4-334-10068-1

光文社新書

1275
朝、起きられない病
起立性調節障害と栄養の関係
今西康次

「だるさや頭痛、吐き気で起きられない」…中高生の1割が悩む起立性調節障害を栄養の観点から治療・改善させている医師が、発達に必要な栄養や周囲の対応について症例を交え解説。

978-4-334-10069-8

1276
人事変革ストーリー
個と組織「共進化」の時代
髙倉千春

個が活きる組織とは――。複数の外資企業や日本企業で戦略人事や人事制度改革に取り組んできた人事のプロフェッショナルが、これからの日本企業に求められる「新たな知恵」を示す。

978-4-334-10088-9

1277
愛とラブソングの哲学
源河亨

この世はなぜラブソングであふれている⁉ 共感できるから？ 愛が普遍的だから？ 生物学・脳科学・歴史学・社会学など様々な学問を駆使して、哲学研究者が問いの答えに迫る。

978-4-334-10089-6

1278
ワクチンを学び直す
岩田健太郎

効果、安全性、種類、活用法――最新の動きに加え、予防接種制度や海外のワクチンも含めたワクチン接種の全体像を、感染症の専門家が分かりやすく解説。今こそ、正しい知識を！

978-4-334-10090-2

1279
日本企業はなぜ「強み」を捨てるのか
増補改訂版『日本〝式〟経営の逆襲』
岩尾俊兵

「カネよりヒト」のスタイルこそ日本企業の強みだったが、自らその姿勢を手放してしまったのはなぜか。東大初の経営学博士号を取得した気鋭の経営学者が説く、日本経済復活への道。

978-4-334-10091-9

1280
新説 徳川家康
後半生の戦略と決断
野村玄

秀吉の没後、豊臣家と豊臣恩顧の大名たちからの制約の中で家康はどのように政治的な手腕を発揮し、幕府の礎を築いていったのか。一次史料から家康の真の偉大さに迫る。

978-4-334-10131-2

1281
発達障害児を育てるということ
柴田哲　柴田コウ

父は発達心理学を研究する大学教授。母は公認心理師。発達の専門家夫妻が軽度自閉症児の息子と送る日々を、保護者視点と研究者視点を行き来しながら綴った「学術的子育てエッセイ」。

978-4-334-10132-9

1282
教養としてのパンク・ロック
川﨑大助

「パンク」の語源は？　誰が「パンク・ロック」と名付けたのか？　なぜ髪を逆立てるのか？　なぜトゲトゲの付いた革ジャンを着るのか？　パンクの発想・哲学を名盤１０５枚とともに解説。

978-4-334-10153-4

1283
犯罪へ至る心理
エティエンヌ・ド・グレーフの思想と人生
梅澤礼

どのようにして人は犯罪に手を染めることになるのか。誰もが罪を犯しうるとしながら、それでも防ぐ方法を模索し続けた、20世紀ベルギーの精神科医・犯罪学者・作家の歩みを丁寧に辿る。

978-4-334-10134-3

1284
だからタイはおもしろい
暮らしてわかったタイ人の「素の顔」
髙田胤臣

経済格差、階級社会、利己主義……。微笑みの裏側には色々あっても、したたかに、サバーイ（気楽）に生きる。ともに暮らしてはじめてわかる、タイ社会とタイ人の本質とは。

978-4-334-10135-0